友情化する社会

友情化する社会

断片化のなかの新たな〈つながり〉

デボラ・チェンバース［著］

辻　大介
久保田裕之
東　園子
藤田智博
［訳］

岩波書店

NEW SOCIAL TIES

Contemporary Connections in a Fragmented Society

by Deborah Chambers

First published 2006 by Palgrave Macmillan,
a division of Macmillan Publishers Limited, Basingstoke.
This Japanese edition published 2015
by Iwanami Shoten, Publishers, Tokyo
by arrangement with Palgrave Macmillan, Basingstoke.

目次

序　章

人びとの社会的紐帯は、欧米社会において大きな変化にさらされており、家族や近隣、共同体の伝統的な結びつきが崩壊しているのではないかという不安を広くかき立てている。研究者や政治家、政策立案者からは、共同体のもつ価値や個人の責任が衰退しつつあることを懸念する声があがっている。その原因とみなされる要素にも、グローバル化、地理的・社会的な流動性の高まり、福祉国家政策、女性運動とジェンダー間の平等の追求、結婚の減少、離婚率の上昇、単身世帯の増加など、さまざまなものがある。個人の自立自存と関係性の〔自由な〕(以下、〔 〕内は訳者による補足)選択がきわめて重要視されるようになった時代にあって、人びとはたがいにどのように関係しあっているのだろうか？この問題に取り組むにあたって本書では、ジェンダーの差異とアイデンティティに焦点をあてながら、現代の欧米社会において、「個人的なもの」と「社会的なもの」との関係がどのようにとらえられているかを検討する。

インフォーマルな関係性の変化にかかわる見解の対立から生じたのは、「社会的なもの」や社会性

(sociality)という概念そのものの見直しである。コミュニタリアニズムのような欧米圏のユートピア観念は、想像上の理想化された過去を、断片化した現在の社会と対比することによって、伝統的共同体の紐帯というノスタルジーに訴えかける。そして、近年における社会的紐帯の変容を悲観的に解釈し、制度化された個人主義の隆盛と、血縁や共同体などの伝統的な形をとった社会的結合の衰弱を強調する。それに対して、ポスト近代主義の思想が見てとるのは新しい種類の社会的な結びつきの出現であり、その社会的紐帯は流動的で可変的な性質をもっている。インターネットや電子メール、携帯電話などの情報通信技術は、そうした新たな形の関係性と帰属《ビロンギング》が経験され構想される場にもなっている。

新たな社会的紐帯と友情という理想

本書では、友情というレンズをとおして、社会的・個人的な紐帯の変容を検討する。たとえば帰属という問題には、家族・近隣・共同体などの地域的な紐帯から、新しい情報技術を介して取りもたれる脱埋めこみ《ディスエンベッド》されたグローバルなコミュニケーション・ネットワークまで、さまざまな社会的なつながりが関係してくる〔訳注：関係性の「脱埋めこみ」とは、特定の場所や状況を離れて、たとえばネット上のように、時間・空間に束縛されることなく、また、たがいの社会属性・背景等を必ずしも共有することなく、関係性が取りもたれるようになることを指す〕。それらの全体と結びついているような観念や価値を探究し、問い返していくにあたって、友情という概念はある種の触媒の役割を果たしてくれる。現在、「友情」という語は大きな魅力をもち、さまざまな局面で融通無碍《ゆうずうむげ》に用いられている。これまでの社会文化理論においては、友情という紐帯は軽視されがちだったが、今日の欧米諸国の政策関係者のあいだでは、このインフォーマルな、しかし強く親密に取り結ばれることの多い絆は、きわめて重要な社会的資源とみなされ、広範な社会的サポートのネットワークを形づくる「社会関係資本」のひとつと考えられている。ここでいう「社会関係資本」とは、個人間の協力をうながし、おたがいに利益をもたらすような社会の組織形態を指す。それは社会政策においては、社会的紐帯の「生産性」の測定・管理に用いられる変数であり、交友ネットワークの規模や、スポーツ団体・宗教集団などの各種の民間組織や社交団体への参加状況などによって把握される(Putnam 2000)。かつては福祉国家制度によって社会的に供給されていた従来型のケアが縮減されつつある現在、こうした新しいインフォーマルな関係がどのように構成されているのかは、きわめて重要な問題となっている。こうした問題意識のもとに、本書は欧米社会における友情、アイデンティティ、コミュニケーション、帰属という観念の変化を探究していく。

友情という紐帯は、「共同体」という概念と結びついていた社会統合の感覚に取って代わる、ある種の親密性の表れとみなされ始めている。本書では、インフォーマルな友情のネットワークが、社会における それ以外の関わりや親密性の衰退を補完するものになりつつあるのかという問題をあつかう。弱まった家族や地域の紐帯は、重要で真正なる精神的・社会的な絆としての地位を、友情に譲り渡しつつあるのだろうか？　友情はいくつかの特徴を「共同体」と共有しているが、自発的に取り結ばれ、自己表出の行われる関係性であることが積極的に評価される点では異なってもいる。友情は、現代の流動的でありながらも緊密な社会的紐帯を表現するメタファー――たとえば「純粋な関係性」「家族としての友人」「友人としての家族」など——としても用いられる。ポスト近代において、関係性の重心が親族と共同体のネットワークから個人的な絆へと移行するなかで、友情は特権的な位置を占めつつある。そこで、友情は関係性のモデルとして、また〔関係性の〕近代化を進める原動力として機能している。義務的に取りもたれるのではなく、選び取られる関係性として理念化された友情は、表出的個人主義(expressive individualism)〔訳注：個々人の私的価値観を重視し、創造的な自己表現や自己実現を追求する個人主義〕を特徴とする社会に適したものであり、近代的なひとつに融け合う《コンフルエント》関係性に見られる、義務から選択への移行をよく表すものと言えるだろう(Pahl 2000: 120)。

「友情」という語のもつ魅力が強まったのは、今日の個人主義化の高まりに呼応するものだ。しかし一方ではまた、離婚率が上昇し、これまでのように関係を維持しつづけていくことの意味が疑問視され始めている。そうした状況にあって、友情は、関係を選択することと維持することとの深刻な対立を映しだしてもいる。友情に関する重要な研究を行ったレイ・パール(Pahl 2000)が述べるように、「良き友こそすべて」という考え方は、多くの帰結をもたらす。たとえば、これまで〔子どもなどへの〕ケアの責任は、法的・宗教的な制約のもとで婚姻関係や親族関係のなかに位置づけられてきたが、友情のようなより緩やかな紐帯がそれを担いうるのかといった、きわめて重要な問題が生じてくる。はたして今日の断片化した不定型な社会集団は、これまで国家やボランタリー・セクターによって支えられていた社会的ニーズに対応できるのだろうか？　こうした懸念のもとで政府や非政府組織(NGO)は、人びとをケアのネットワークに統合していくにはどのような価値や動機が必要かに関心を向けている。

欧米諸国の多くでは、国家による福祉の提供が縮小しつつあり、それに代わって共同体のネットワークが、はたして富の再配分と福祉の維持に必要な役割を担いきれるのかという懸念が生じている。欧米社会の政府や慈善組織はまた、増大する自己責任とそれにともなう対人関係の変容が、信頼と助けあいとケアの文化をむしばみ、危機的な状況をもたらしつつあるのではないかとも危惧している。このような問題意識のもと、第5章でみるように、政府や慈善団体は、市民参加や社会的信頼、ケアの形態の変化についての研究を手がけることになった。たとえば、一九九九年のケアの担い手に関するイギリス史上初の国家戦略『ケアリング・フォー・ケアラーズ』では、将来的にケアの限界をもたらしかねない諸要因を次のように指摘している。

　とりわけ懸念されるのは、ひとり親世帯とひとり暮らし世帯の増加、結婚形態の変化、家族成員の流動性の高まりであり、人びとが病気になったり障碍者になったり体が弱ったり衰えたりした際にインフォーマルなケアを与えてくれていた人間関係は、今後減少していく可能性が考えられよう。(Department of Health 1999: 20)

より最近では救世軍が、共同体・個人性・責任をテーマに掲げたイギリス社会の研究を行っている（Henley Centre and Salvation Army 2004）。そこで明らかになったのは、高齢者や身体・学習・視聴覚の障碍者など、弱い立場にある人びとへのケアがさらに不足するようになり、「社会が担うべき」「責任の空白地帯」が生じていることだ。また、在宅ケアのインフォーマルな担い手〔訳注：たとえば子を育てる親や老親を介護する子などのこと〕への支援策や子どもの保育施設も決定的に不足しており、加えて、女性が家計を支える経済的責任を以前より大きく負うようになったことが状況の悪化に拍車をかけている。

> 私たちの調査によれば、現在のイギリス社会では、多くの人びとが遠戚や近隣住民、社会の弱い立場にある人びとに対してケアの義務を感じていない。しかし同時に、自分の健康や経済状態、直系家族のケアには、ますます責任を負うようになっている。また、政府が自分たちにできること、すべきことに期待しなくなってもいる。
>
> (Henley Centre and Salvation Army 2004: 8)

公衆の不安をかき立てるさらに別の要因としては、結婚するよりもひとりで生活することを選ぶ者の急激な増加がある。この生活様式の変化は、アメリカ、イギリス、ヨーロッパなどの欧米社会に広く見られ、他者との生活・交流に関する価値観と形態の変化をうながし、種々の問題を生んでいる。[*1] イギリスでは二〇一〇年までに、全体の四六%が単身世帯となると推計されている。[*2] これらの社会変動は、現代の欧米社会においてインフォーマルな関係性やケアの提供形態がこの先どうなっていくのかを不透明にし、伝統的な家族や共同体のネットワークの弱まりをめぐる論争を引きおこした。公衆のあいだには、自分たちは今、対人関係と日常的な交流にもとづく責任や道徳、信頼が衰退した個人化社会を生きているのではないかという不安が広がっている。

これらの不確実性を帯びた状況の中心にあるのは、女性の社会的役割と〔家庭から仕事へなどの〕生活目標《アスピレーション》の変化である。現在の若い女性たちは、自律性を求め、結婚よりも自立とキャリアを取り、不幸な結婚生活よりも離婚を選ぶように見える。そのことを多くの論者は、社会における女性の伝統的なケア役割の放棄に結びつけてとらえてきた。また、女性は社会的あるいは親密な関係における平等な立場を求めるようになり、そのことも議論の的のひとつになっている。しかしながら、今日的な関係性のもつ柔軟さや平等性、相互尊重を強調することは、今なお性的関係や家族・親族関係を規定しつづけているジェンダーの階層秩序《ヒエラルキー》の存在を見えにくくしてしまう。

　本書では、主にフェミニズムの観点からジェンダーと権力の関連に照準しつつ、社会的・個人的な紐帯の変化を考察していく。また、社会学、カルチュラルスタディーズ、哲学、フェミニズム理論の知見を参照しながら、ポスト近代化やグローバル化、コミュニケーション様式の変化のもたらす社会・文化の変容が、従来の社会性の観念をどのように揺るがしつつあるのかを検討する。現代の女性的・男性的なアイデンティティは、インフォーマルなネットワークを通じて、表現され、統制され、規定されている。また、友情のネットワークは、ジェンダーと権力の結びつきを組織化するものでありながら、また問題化するものでもある。ジェンダー関係の変化をめぐる不安が高まり、ケアとその責任の担い手に関する懸念が公衆によっても研究者によっても語られるようになった。これらの点について、フェミニズムの諸研究は有用な示唆を与えてくれるだろう。

　友情は、急速に変化する社会状況のなかで、ある種の優れた面をもつ関係性として注目を浴びるようになった。なぜ友情という紐帯が私たちの社会において特別視されるのかについては、これから各章で見ていくように、数多くの点が指摘されている。しかし友情を定義しようとすると、途端につかみどころがなくなる。グラハム・アラン(Allan 1996)の指摘するように、友情は、血のつながり等にもとづくわけでもないのに、なぜか関係性が取りもたれているという、そのことだけをもって定義するしかないような、特異な紐帯である。近隣関係や親族関係、仕事仲間とは違って、ある人が友人かどうかを決める規準は、その関係性の性質しかない。アランが強調するように、「友情に含まれる範囲は確たるものではなく、だれが友人で、だれが友人でないかを決める、はっきりした境界線などない」のである(Allan 1996: 85)。

友情を判定するための広く認められた規準がないことは、たとえば「友人としての家族」や「家族としての友人」のような、この語のきわめて柔軟な用法を生みだしている。一方で、友情がどのように形づくられるかは、階級・ジェンダー・民族によって大きな差異がある。本書で論じるように、そのことが示しているのは、この個人間の紐帯が社会秩序のなかに深く埋めこまれたものであることだ。たとえば、社会学的な研究によれば、労働者階級の交友は、親族関係やクラブやパブなど地域での出会いから広がっていく傾向をもつ(Allan 1996)。それに対して中流階級では、友人との出会いを目的とした場がわざわざセッティングされることも多く、より計画的で意図的に友人関係が取りもたれる性質が強い。また、中流階級は労働者階級よりも友人数が多い傾向にある。このように社会構造による違いが認められるにもかかわらず、友情は、階層性や地位の差をあまり感じさせず、対等で互酬的な、そして利益追求を目的としない関係とみなされ、それが友情を魅力的に見せている。しかし実際には、友情は似たような地位や身分の相手と取り結ばれることが多く、そのことが階層秩序の存在を覆い隠しているのである。グラハム・アランやレベッカ・アダムズが主張するように(Allan 1996; Adams and Allan 1998)、友情というインフォーマルな紐帯についても、より広範な社会構造との関連のもとで、それがいかに構造化された権力と特権を助長し再生産しているのかを問いなおす必要があるだろう。第3章で見るように、フリーメイソンやロータリークラブのような男性限定の友愛会では、友情は経済的・政治的な利益を図るための手段にもなっている。また、友情はきわめて不定型な概念であるために、既存のジェンダー・アイデンティティや異性愛のあり方を否定するものでも肯定するものでもありうる。この点については、第3章および第4章で論じることにしたい。

ポスト近代の関係性とアイデンティティ

本書が大きな主題とするのは、関係性全般が危機的あるいは過渡的状況にあるととらえられているなかで、友情の言説が、力をもち始めていることである。ポスト構造主義やポスト近代主義、フェミニズムの脱構築的アプローチは、階級・ジェンダー・年齢・国家・民族といった従来のアイデンティティ標識が疑問にさらされて揺らいでいること、それらに代わって自律性を求める新たな動きが生じていることを明らかにしてきた。自己は、これまでにない形の社会化の場——性的マイノリティのコミュニティ、友人ネットワーク、新たな都市運動、グローバルな規模のコミュニケーション——によって再構成され、それらをめぐって帰属に関する新たな言説も生まれ始めている。そうした主体化の場のいくつかは、近年発達した情報通信技術に媒介されたものだ。

本書で展開する論点のひとつは、友情というインフォーマルな紐帯に階層性が存していることであり、それにもかかわらず、新しい非階層的な個人間の紐帯を求める人びとにとって、友情がそのような願望を託すメタファとなっていることである。友情がこのように位置づけられるようになったのは、社会的紐帯が家族・親族制度から解放され、近隣や伝統的共同体から脱埋めこみされていく時期にあたる。この点に関連して、ジェラード・デランティ(Delanty 2003: 144-5/邦訳二〇〇頁:一部改訳)は、次のように述べている。

友情はこのように、環境に応じて容易に動員可能な、柔軟で脱領域的なコミュニティだと考えることが可能であり、「薄い」レベルのみならず、「濃い」レベルでも存在することができる。というのも、友情はさまざまな形態をとるからである。それは私的・公的領域を超えると同時に、選択を強調するという点で、ポスト近代的なコミュニティの特徴ももっている。

私たちが生きているのが、ポスト近代なのか、移行期なのか、あるいは後期近代なのかは、今でも議論の分かれる問題だろう。近代とは一八世紀の啓蒙主義以降の時期を指す。そこでは自然や社会の合理的秩序を強調する見方がとられ、合理主義、人文主義、自由主義、社会主義、フェミニズム、文明と進歩などをその特徴とする。それに対して、二〇世紀後期からのポスト近代が表象するのは、普遍的な真理や進歩への信頼が失われたことであり(Lyotard 1984)、伝統と社会的階層秩序の衰退、高級文化と低級文化の区別の崩壊、断片化や不安定性・非継続性によって特徴づけられる社会関係の優勢である(Harvey 1990)。

一九世紀と二〇世紀の西洋における「想像の共同体」[*3]の構築——およびその想像上の崩壊——は、後期近代が到来し、ポスト近代的な意識が台頭するとともに中心的な関心事となっていった。しかしながら、この社会変化をめぐる諸説には、新しい社会的価値観や社会意識がどのような影響をもたらすかという点についての相違が見られる。たとえば、デイヴィッド・ハーヴェイ(Harvey 1990)は、ポスト近代を、分極化と拠りどころのなさを助長し、守りつづけられてきた価値が損なわれてしまう状況と解釈する。それに対して、ジグムント・バウマン(Bauman 1992)によれば、ポスト近代とは、近代の幻惑を抜け出て、より寛容で多面的な社会へと導くものであり、日常生活に倫理的な率直さや寛容、責任といった新たな指針をもたらすものとされる。バウマン(Bauman 1993)は、ポスト近代を、近代とは一線を画した社会状況とみなすのではなく、近代的な合理性の言説を旧式化してしまうような近代の成熟段階としてとらえる。権威主義を帯びていた近代思想の歴史的必然主義と道徳的絶対主義に代わって、今では偶有性《コンティンジェンシー》が強調されるようになり、解放や寛容、エンパワーメントの新たな規範をもたらしつつある。そこでは、伝統的な権力関係もまた、偶有的な関係に取って代わられる。教師から政治家、君主にいたるまで、あらゆる権威への不信が高まりつつあり、そのことが〔友情のような〕非階層的な関係性が希求される背景の一部をなしている。

こうした一連の変化のなかには肯定的な要素が含まれており、伝統的な「共同体」のなかで行われてきたさまざまな監視や統制は弱まっているように思われる。新たな社会的ネットワークの台頭とともに社会意識に変化が生じ、コミュニケーション様式や空間編成の変容によってアイデンティティもまた再構成されつつある。ポスト近代は、社会的・個人的な関係性についての近代主義的観念の後退と、再帰的で選択的な共同体の興隆によって特徴づけられる(Lasch 1994)。友情は、ポスト近代という状況をめぐる議論のなかで重要な位置にあり、本書では、インターネットや携帯電話、メールなどのコミュニケーションのもたらした社会的・個人的な関係性の変化にまつわるポスト近代の特徴を取りあげる。友情をひとつの概念装置として用いることによって、近年の社会的・個人的な関係性の変化とそれに関わる観念の歴史をたどり、人びととの結びつきと帰属の様態についての新たな視座を探究する。あわせて、新たな共同体とそれへの帰属形態を解明するには、帰属や共同体、社会的紐帯のとらえ方を更新する必要があることを論じる。また、〔ジェンダー・〕アイデンティティとその変化が、大衆文化を通じてどのように媒介されているかを、メディアテクストの分析によって明らかにする。ティーン誌や自己啓発マニュアル、テレビ番組『セックス・アンド・ザ・シティ』などに検討を加えるとともに、新たな社会的紐帯と結びついたアイデンティティに対する公衆の反応を幅広く見ていくことにしたい。

本書の概要

本書は、大きく三つのセクションに分かれる。第一セクションにあたる第1章と第2章では、友情・共同体・ネットワーク社会といった現在の諸概念に影響を与え、今なおその影響力が残存しているような、いくつかの観念の歴史を遠い過去から近年までたどっていく。第二セクションにあたる第

3章と第4章では、ジェンダー間の権力関係とジェンダー・アイデンティティが友情によってどのように形成されているか、また逆に、友情がジェンダー・アイデンティティによってどのように形成され、統制されているかを明らかにする。第三セクションにあたる第5章から第8章では、まず、今日しばしば強調される「共同体の衰退」というテーゼに批判的検討を加え、新たな帰属の共同体〔が現れつつあること〕を確認する。次に、第6章で「ネットワーク社会」に関する議論を概観した後、第7章ではネットワーク的社会性(network sociality)の事例を提示するとともに、オンラインデートや、ヴァーチャルなディアスポラの共同体、ケアの共同体をはじめとする、ネット利用のもたらした一連の親密な関係性の変化を追究する。また、統計データや社会学的な調査結果などの実証的資料を用いて、現在のインフォーマルな紐帯の変化に関する一般的・学術的論調の妥当性を評価していく。

第1章は、アリストテレス、スコットランド道徳哲学、古典社会学の系譜をたどり、友情、共同体、社会に関する観念・概念・議論の歴史を概観する。ここでの目的は、「共同体の衰退」というテーゼの歴史的な背景と、個人化の起源および近代的概念としての友情の起源を探ることにある。一九世紀の古典社会学においては「共同体の衰退」をめぐって議論がくり広げられたが、そこには個人中心社会の台頭と「個人的《パーソナル》なもの」が重視されるようになったことが関わっていた。その点を見ていくことを通じて、現在、自己と親密性が重視されるようになった経緯が明らかになるだろう。次に、個人的な関係性についての二〇世紀初頭の社会学的研究の見取り図を示し、一連の共同体研究において、「共同体」の喪失が嘆かれ、かつ同時に〔共同体の存続が〕追い求められてきたことを確認する。二〇世紀末までに、友情は私的で個人的な関心事であると解釈しなおされるようになった。こうした現在の友情の観念や変化動向を理解するためには、これまでの歴史的文脈をおさえておく必要がある。

第2章では、自己と個人的な関係性のとらえられ方がどう変化してきたかを追跡する。アンソニー・ギデンズ(Giddens 1992)は、現代的な「純粋な関係性」という理念型を提唱したが、この概念については、彼の主張するような対等な関係性への移行が必ずしも実証されていないと批判されている。たとえばジェミソン(Jamieson 1999)は、「純粋な関係性」という理念と実際の親密性の経験には乖離があることを指摘している。そうした問題点はあるものの、「純粋な関係性」という概念はやはり重要なものである。というのも、それが人びとの強い願望(aspiration)を——性的な関係性における友情・対等性・相互信頼を求める欲望や感情を——言い当てているからだ。ここで照準するのは、現代的な関係性の移ろいやすい性質から生じる、関わり合いや信頼、ケアの不安定性である。こうした〔関係の対等性などの〕民主化を表す別の例としては「友人としての家族」などがあり、それらを検討しながら、個人主義化というテーゼのなかでいかにケアという問題が隠蔽され、ひいては、他者をケアすることをめぐるジェンダー間の権力関係が不可視化されているかを批判的に論じていく。男女間でのケアの責任の不平等な配分は、未だに取り組みの不十分なままであり、女性性を養育に結びつけることで、女性の地位の従属性を強めてしまっている。そのため、女性は関係性における平等を要求しても非難されるのであり、男性と平等に分担したいと望む責任さえも放棄しようとしているとみなされがちだ。

本書の第二セクションでは、ジェンダーの違いによって友情の形づくられ方がどう異なるか、また逆に、ジェンダーの差異が友情というインフォーマルな関係性によってどのように組織され形成されるかを見ていく。第3章は、公的領域における男性の連帯がどのように家父長制を再生産しているかを記述する。この領域の知見は依然として驚くほど限られているが、それでもここで紹介する研究は、友人関係のネットワークが男性エリート間での情報の流通にいかに影響をあたえているかについて、手がかりを与えてくれるだろう。この章では、政界や男性限定の友愛会、社交クラブ、スポーツチーム、学校の仲間集団などのインフォーマルな男性のネットワークが、男性や男子によってヘゲモニックな男性性を表現する場となっていること、また、政治・雇用・教育・余暇などの局面で権力を得るための資源として用いられていることを確認する。フリーメイソンやロンドンクラブといった男性限定の秘密結社もこうしたネットワークのひとつに位置づけられるものであり、学校での異性愛的《ヘテロセクシュアル》な男性性をめぐる仲間内の統制などの他の事例とともに、検討を加えていく。男性と女性のインフォーマルな紐帯の違いは、男性の友情が多かれ少なかれ権力の入手手段として用いられるという点にある。男性限定の、もしくは男性支配的な結びつきは、ヘゲモニックな男性性を再生産するものであり、女性に対抗する形で絆が結ばれることによって必然的に「共犯的 collusive」な関係となる。

一方、第4章で見るように、女性同士のネットワークも重要な資源として用いられているが、ただし、男性の場合と同じような形で「権力」への経路とされることはほとんどない。そのことは、女性の絆が、女性的な「ケアする自己」という観念によって特徴づけられ制約されていることと関係している。しかしながら、女性の友情を、親密性と無私のケアとして理想化することに対しては、フェミニズムから疑問が投げかけられている(Jamieson 1999)。個人主義化というテーゼの基調をなす「親密性」「自己開示」「自己の投企《プロジェクト》」などの要素が、ジェンダー化された性質を有していることを、ギデンズは見落としている。そのため、女性性を意味づける親密性とケアの接続関係も無視されることになり、「純粋な関係性」における対等性と選択性は、無私的というよりも利己的な企《プロジェクト》てであるととらえられてしまうことになる。

女性たちの友情は、ケアを必要とする人たちのサポートに不可欠なネットワークを形づくっており、公的領域でそれに匹敵するようなインフォーマルなネットワークは存在しないだろう。加えて重要なのは、都市部で余暇活動を楽しむ女性集団に見られるように、女性の友情が自由への欲望を満たす手段にもなりうることである。しかし、そうした女性の自律性を求める試みがしばしば友情をとおして実行されることは、ジャーナリズムや大衆メディアにおける女性集団の友情への非難を引きおこす結果にもつながっている。若い女性の生活様式はうわついた落ち着きのないものと見られており、夜の街にくり出して騒ぐ酔っぱらいの若者女性集団というイメージが強調されることによって、無責任さが印象づけられ、広範な社会的危機感が煽られる。「息抜き」は依然として男性の専有物とみなされているのである。そうした女性グループの友情に対する批判は、若い独身女性の自立した生活様式が公衆に与えている不安から、すなわち彼女らはもはや妻やケアの担い手になってくれないのではないかという不安から生じている。また、こうした問題とも関連づけながら、「女性の群衆 female crowd」という、確固とした形態をもたないながらも示唆的な点を含む概念を取りあげ、流動的なポスト近代の「選択的」関係性と「境界事例的な」共同体にジェンダー化された性質が認められることを明らかにする。

第三セクションでは、まず第5章で、ロバート・パトナムによる社会関係資本の衰退というテーゼを取りあげ、共同体の崩壊をめぐる議論を評価・検討する。パトナム(Putnam 2000)は、アメリカ合衆国における社会関係資本と市民参加の衰退が、社会的な絆の著しい弱体化をまねき、アメリカが急速によそ者《ストレンジャー》同士の国になりつつあると主張している。それに対してここでは、社会関係資本という概念の問題点を指摘し、共同体への参与やその弱まりが文化や階級によって制約されていることに着目する。人びとの社会関係における変化は、必ずしも社会的不関与につながるわけではなく、(たとえばグリーンピースやアムネスティ・インターナショナルのような)政治的対抗運動にもとづく新たな形の社会関係や、情報技術を介した新たな様式のネットワークを生んでもいる。この章では、パトナムのテーゼが等閑視している新しい帰属形態の例として、ゲイやレズビアン、バイセクシュアル、トランスセクシュアルなどの、抑圧され周縁化された人びとの集団に目を向け、そこで投企的アイデンティティ(project identity)が育まれていることを論じる〔訳注：「投企的アイデンティティ」とはマニュエル・カステルの用語であり、「社会における自らの位置づけを再定義し、それによって社会構造全体の変革を試みる新たなアイデンティティ」とされる(M. Castells, 2004, *The Power of Identity*(2nd ed.), Blackwell, 8)〕。「クィア・コミュニティ」「選び取る家族 families of choice」「非標準的な親密性」は、より流動的で可変的、複合的な帰属のあり方を例示するものであり、ポスト近代社会におけるポスト社会的な関係性〔訳注：従来と異なる形態・特徴をもった社会関係のことを指す。第7章の「結論」部二五二頁を参照〕を特徴づけるものでもある。「カミングアウト」したことで家族からも疎外されてきたような人びとにとって、こうした新たな共同体やインフォーマルなネットワークの重要性は大きく、クィア・コミュニティは社会規範から外れたアイデンティティを探求することのできる安全な場を提供している。クィアとしてのアイデンティティは、ネット上の共同体によって、また、公的空間を文化的にクィア化することを通じて再／媒介され、語り《ナラティヴ》の場を与えられている(Bryson 2004; Binnie and Skeggs 2004)。

社会的衰退に関する諸説もまた、社会的交流を狭くとらえ、直接的な対面の相互行為や地域的なものに限定するため、現代社会においてむしろ主流的とも言える長距離コミュニケーションの重要性を看過しがちだ。そこで第6章と第7章では、ネットに媒介された親密性と「共同体」において、個人的な絆の「脱埋めこみ」がどのような意味をもつかを見ていく。都市生活者たちにとっては、ネットワークが伝統的な近隣関係や共同体に取って代わりつつあり、今日の都市環境を特徴づけるひとつの要素になっている(Castells 1996, 1998)。人びとの生活は、ネットや携帯電話などのインタラクティヴな情報通信技術によって、再社会化されつつある。第6章では「ネットワーク的社会性」という概念を取りあげ、情報技術を基盤としたネットワーク社会の興隆というカステルの所論について説明する。ポスト社会的な共同体という新しい概念は、ネット利用のもたらす創発的な情報のフローや、従来と異なる労働形態などを特徴としている。ネットは既存の個人的紐帯を強化し、新たな形の社会参加の機会を提供するものでもある。それらの動向を通じて、「ネットワーク化された個人主義」(Wellman et al. 2001)について考察する。また、現実の戦争の映像から着想されたコンピュータゲームという、倫理的問題を含む事例を参照しながら、「現実《リアル》的なヴァーチャル性 real virtuality」というカステルの概念を紹介する。次に、ネットがどのように「ヴァーチャルな共同体」を生みだし、領土横断的なディアスポラのネットワークを支えているかを見ていく。部族集団や民族的マイノリティ、ディアスポラは、情報通信技術の利用をとおしてつながり始めている。それによって、オーストラリアのアボリジニのような土着的民族集団が「ヴァーチャルな国家」を創設し、自らの文化遺産を保存し、アメリカやカナダの先住民族と連携することも可能になっている。「ネットワーク」は、このようなエンパワーメントの力を潜在させている。

第7章では、ヴァーチャルな空間における人びとの相互行為の主要な特徴を概観し、ネット上での親密性について検討していく。まず、チャットルームやオンラインデートなどの事例をもとに、ネットを介した恋愛や友情、社会的サポートの特性を確認する。つづいて、若者たちのあいだで、新しい様式の社会的交流を生んでいる携帯電話の利用について検討する。親たちは、子どもがこのインタラクティヴな技術を利用することに不安を抱えているが、その一方で、若者たちにとって、テクストメッセージのやりとりや携帯電話のシェア、料金支払いのポイント交換は、友情を築いていくための重要な暗黙の贈与儀礼にもなっている。この章では、ネット時代においては、もはや頻繁に対面的に接触することが、支配的なコミュニケーション様式ではないことが示されるだろう。

ネットやメール、携帯電話などの情報通信技術は、私的生活を再社会化し、変容させていく面をもつ。〔そこから生じる〕ポスト社会的な関係は、ポスト近代社会のひとつの特徴である。しかしながら、こうした社会的・個人的な関係性の変化が何を意味するかについては、いくつか注意をはらうべき点があるだろう。仮に新たな情報通信技術が、ネット時代のポスト社会的な関係を特徴づける「ネットワーク化された個人主義」をもたらしつつあるのだとすれば、信頼や責任、ケアの根づく場所はどこに求められるのだろうか？　最後の第8章では倫理的な論点に注意を向け、ポスト近代的な関係性における見かけ上の自由と選択性がもたらすいくつかの問題を探究する。利己的な価値観が高まり、信頼が失われつつあるように見えることは、欧米社会において道徳性が潜在的危機にさらされていることの兆候ととらえられている。この章では、「信頼」がどのように定義されているか、また、政府がどのように信頼の言説を統制の一手段として利用し、社会関係資本や健康、福祉などの倫理的問題に訴えかけることで「よき政府」を演じ、権威への不信の高まりに対処しようとしているかを明らかにする。

次に、友情、民主主義、社会正義に関するジャック・デリダ(Derrida 1997a, b)の論考を取りあげ、友情の個人化・脱政治化を超克する方法を探る。デリダの提示する、無条件の歓待と尊重というテーマを発展させることによって、私たちは友情を公的領域にあらためて位置づけなおす可能性を考えることができるだろう。そこでは、友情は、新たな倫理的ポリティクスを探究し、新たな集合感覚を取りもどすためのメタファとして用いられることになる。あわせて、ケアの倫理に関するフェミニズムの議論を参照しながら、新たな社会的紐帯をめぐる議論の中心に、他者への責任という問題を据えるべきであることを示す。

第1章　社会的紐帯の理念の変容

この章では、友情が、社会思想において近代の親密な関係性における平等の象徴として扱われるようになった起源をたどる。平等なパートナーシップと相互尊重という意味づけは、アリストテレスが友情を理想化した段階でもたらされた。重要なことに、友情の概念は平等というレトリックを通して、伝統的な階層秩序《ヒエラルキー》を隠蔽することになった。この近代にも通ずる平等主義的な友情の概念は、共同体ではなく個人的自己が中心単位となる社会に特有のものである。そこで、共同体から個人への価値観の転換に関する近代社会思想の起源を考察し、社会的紐帯の変化についての諸論を検討していく。また、社会と自己とのあいだに出現した緊張関係、すなわち、ユートピア的な善き「共同体」という観念と、利己的で猜疑的な「個人」という観念との緊張関係についても検討する。

現在交わされている「共同体」から自律的な個人的自己への退行をめぐる議論は、一九世紀の思想に端を発している。しかし、私たちはさらに時代をさかのぼらなければならない。自意識をもった合理的で個人的な主体の勃興は、確かに近代的な自己の中心をなすものだが、さらに前の時代から引き継がれた視座、すなわち、一七世紀後期から一八世紀の欧米圏における啓蒙主義哲学にまでさかのぼる。友情は、こうした古典哲学者にとって重要な主題であり、まさにこの時代に、アダム・スミスのような卓越した道徳哲学者によってアリストテレスの友愛概念が再発見された。アダム・スミスは、親密な友情を商業社会から生じた近代的な関係としてとらえたのである。近代的な商業社会は、友情という紐帯によって、それまでの村落社会とは区別された。興味深いことに、一八世紀の道徳哲学がアリストテレスを援用したのは、市場交換の束縛から解放された友情の理想を強調するためであった。これと対照的に、一九世紀と二〇世紀初期の社会思想家は、社会的・個人的な関係に多くの示唆を与える社会構造の変化の解明の方へと関心を傾けた(Pahl 2000)。

古典的な社会思想の残した大きな遺産のひとつに、近代社会の「進歩」が親族関係を基盤とした伝統的な地域共同体の衰弱をもたらした、という考え方がある。社会思想の変化は、たとえば産業化、都市化、社会移動、移民といった大きな構造変動への関心の移行をともなっていた。こうした構造変動は、本来的に地域に根を張った固定的な個人という想定を掘り崩すものだった。社会科学者によれば、産業化によって伝統的な慣習と共同体が揺るがされる一方で、国家に代表される大規模な社会的組織は、進歩と個人的アイデンティティの意味を動員し拡大した。そこでは、想像の共同体への帰属意識を通じて個人同士を結びつける重要な方法として、国民の理念が用いられた(Anderson 1991)。今日の民主主義は、市民的権利をもち自己決定する個人という考えに基礎を置いている。この「個人化された自己」が伝統的な共同体から遊離する一方で、親密な関係性は近代を特徴づけるものとして、ますます重要性を増してきている。経済的、文化的、政治的な不安定化による伝統的な共同体の価値の低下は、他方で、親密性、プライバシー、自己のプロジェクトといったものの上昇と軌を一にしている。後期近代の自己アイデンティティを特徴づける親密な関係へと社会理論が焦点を移してきたこと、および、こうした焦点の移行に際して友情が果たした役割については、第2章で引きつづき検討していく。

本章後半では、私事中心主義的な核家族の広がりと公的関係の没人格化をともなった、共同体の衰退に対する一九世紀の哀惜が、二〇世紀初期の社会学的実証研究において、共同体を探し求める郷愁をいかに刺激したのかを示す。資本主義が求める無駄のない流動的な労働力は、緊密な近隣の紐帯による共同体の伝統的な一体性とはうまく適合しない。性的な関係性と親子の親密な関係性へと照準を合わせることで、二〇世紀初期の機能主義的な社会学は、流動的で私事中心主義的な核家族を前景化した。この同じ時期に、友情は家族的紐帯から切断されて自由になり、時に道具的なものから、感情的なもの、利他主義的なものまでさまざまな目的に向けられた。今日では、打算や利害抜きのものという意味での一八世紀の友情の理念と、市場のように自由な、個人を中心としたものという意味での一九世紀の友情の理念が、併存している。しかし、こうした友情の理念は独特の文脈において作動しているのであり、第3章と第4章で見ていくように、このことは個人的な関係性のジェンダー化された意味と価値を検討することで浮き彫りになっていくだろう。以下では、急速に変化しつつある社会の中で、友情がいかに近代化の動因として機能するようになったのか、時代を追って検討していくことにしたい。

アリストテレスの遺産

ギリシャの哲学者アリストテレス(紀元前三八四〜三二二年)によって展開された友情の概念は、社会的なものと個人的なものの交わる領域を規定する倫理的コードに深い刻印を残し、今日もなお存続している。アリストテレスは、一七世紀後期から一八世紀にかけての欧米圏において、友情に対する啓蒙主義的なアプローチに影響を与えた。[*1] それは、個人の道徳性、礼節、美徳、忠誠、信頼の探究に関するものであり、これらはみな、急速に変化する現代において個人的なレベルとグローバルなレベルの双方で、強く追い求められ激しく議論されている価値である。アリストテレスは、アテネの有産階級の成人男性における三種類の友情を同定している。第一は有用性に、第二は快楽に、第三は市民的徳や福利にもとづくものである。有用性と快楽という最初の二種類の友情は一時的なものであり、なぜならそれらは、労働であれ余暇であれ、共有された活動に依拠しているからである。これに対して、市民的徳という第三の種類の友情は継続するものであり、それを通じて社会の向上のために努力を捧げることによって、自己をより理想の高みへと近づけていくことが可能になる。この第三の定義は今も生きつづけていると言えるだろう。アリストテレスは、公的領域のみならず、個人的なものと自己に対しても照準を合わせている。友情を理想にまで高めることによって、アリストテレス(Aristotle 1955)は友人を「第二の自己」と定義し、この絆を個人のアイデンティティの核に置く。アリストテレスのこうした考えは、騎士道的で、英雄的で、公的なものとしての男性同士の友情という私たちの理念に影響を与えつづけている。アリストテレスのアプローチは、驚くほど現代にも通じるものだ。政治的なものと個人的なものとの結びつきを検討することによって、アリストテレスは個人的な絆と市民的義務との結びつきを強調する。

市民的義務という公的領域に置かれることで、アリストテレスにおける友情は、政治理論における正義と民主主義を概念化し、相互に関連させる役割を担うことになった。友情は、道徳的な力として機能した。この絆は徳性を含んだものであり、たがいに善意をもった「優れた人格の男性たち men of good character」のあいだに存在した。それは、自発的なコミットメントを特徴とする、義務を越えた関係であった。幸福の追求と正義の探究は相反するものではなく、むしろ、友情という徳をとおして、たがいに延長線上に位置するような関係にあるものとされる。アリストテレスは、友情を、政治の内部において調和と合意の基盤となる関係として理想化したのである。政治を友人のあいだで担われる務めとみなすことで、アリストテレスは、アテネの民主主義が行われるギリシャのポリスを、友情という紐帯によって市民として団結した男同士のアリーナであると考えた。こうした政治は、今日でも高く評価される二つの概念を提起した。すなわち、権利の平等と親密性である。したがって、アリストテレスにとっての友情は、市民の理想像を友人に求め、また、友人の理想像を道徳的な導き手に求めるという点で、きわめて重要なものである。

しかし、それは男性と女性のあいだの、また、女性間の友情を排除するような友情のモデルである。それゆえ、理想の友情は、ジェンダー化された自己アイデンティティの観念を強化し、自律した個人としての男性という理念を正当化した。この自律的な自己という理念は、今日でもあてはまり、男性的な主体として確立され、当然視されている（第3章を参照）。一八世紀の啓蒙主義的な自己の概念は、特権的な個人主義を含んだ本質的に男性的な理念だった。古典的な思想における友情の理想化は、政治の内部において中心化された道徳的コードとして友情を定義するのだが、公的・政治的な状況における市民的義務と権利を、抽象的で絶対的な男性の行為者性《エージェンシー》と〔暗黙裡に〕結びつけることによって、友情の置かれている歴史的文脈を不可視化してしまう。その結果、女性の排除を通じて、男性の主体性と行為が正統化される一方で、女性同士の友情の可能性を閉ざすだけでなく、サンドラ・リンチ(Lynch 2002: 101)が主張するように、私的な家内領域における女性のケア役割を周縁に追いやることになる。

　伝統的な哲学研究において、友情は、鏡の中の自分自身という、不可能な理想として位置づけられる。理想的な「第二の自己」は、自己との差異が存しないため、自らにとって脅威とも問題ともなりえず、真正の他者ではありえない。同時にまた、友情は確固とした概念ではないため、似た者同士という面が強調されやすく、自らのナルシシズムを反映しただけのものにもなりうる(Lynch 2002: 101)。友情によって差異を無視できることは、ユートピア的な理想をもちだすことを可能にし、友人や市民を平等という観念に結びつける。デリダ(Derrida 1997a)は、友情に潜む深いナルシシズムに目を向けつつ、この伝統的で理想化された友情の概念は、本当に「自分自身を信じること」とつながっているのかと疑問を投げかける。道徳をめぐる議論においては、個人は自らの行為に対して責任を負わされている。そして、個人が〔行為の〕説明責任を負うことは現行法にも反映されている。こうした考え方は、近代の社会思想と社会的実践における友情の位置づけにも現れており、近代思想のなかにくり返し登場することになる。

スコットランド道徳哲学における自由と友愛の新たな価値コード

産業化、都市化、移民とともに生じた社会的・個人的な紐帯の変化を、一八世紀から一九世紀の研究者はどのように解釈したのだろうか。彼らの考えは、今日でも議論の背景を形づくっている。影響力のある一八世紀のスコットランド道徳哲学は、親密な友情を商業社会から派生した近代的な関係とみなした。アダム・スミス(Smith 1759)は、没人格的な市場が発達する以前には、友情はみな必要性にもとづいていたと主張した。こうした時代には、友情は〔共同体の内部で〕財政や福祉の必要《ニーズ》と切り離せるものではなかったため、市場経済の登場によって友情は初めて真に価値あるものとなった。産業社会の特徴である市場は、「共感的」な関係性から道具的で利己的な関係を分離することで、人間関係を財政的な目的から解放する。一九世紀までに確立された公共領域と私的領域のイデオロギー的な分離は、政治と商業の領域を男性に、家庭領域を女性に割りあてながら、この時期に拡大していった。個人生活が商業世界から分離することによって、男性の友情は、合理的で道具的なものというよりはむしろ、共感と感情によって構築されるようになった。イデオロギー的にも物理的にも、商業世界から個人生活が分離されていくにつれて、研究者は商業社会が個人的関係を市場から解放するだろうと論じるようになっていった。交換や有用性から切り離された、個人的な情愛にもとづく関係性のシステムが、没人格的な市場と併存するものと考えられた。

アダム・スミスは、交換理論の発展に対してのみならず、社会の非経済的側面もまた市場のメカニズムによって形成されるという世界観の展開に対しても、大きな影響を与えた人物である。にもかかわらず、彼は個人的な関係は商業的な領域の外にあると考えていた。アダム・スミスにとって、個人的な関係は定義し難いものであり、市場交換のような経済学的説明になじむものとは思えなかった。市場を対象とした交換理論は、個人的な関係へと移植することはできなかったのである(Silver 1989, 1990)。商業社会は、個人的な関係を損なうよりはむしろ解放するような経済的関係性として概念化されたが、それは個人的な関係が道具的・打算的な関係性から切り離される〔ことで自由に取り結べるようになる〕からだ。アダム・スミスによれば、人が私益を追うことなく利他的に行動しうることは、打算が支配する商業世界の外部に、道徳的統合と他者への寛容を呼び起こすものとされる。実際、かつては安全な市場取引の方法として重視されていた、血縁関係に閉じたマフィア流の親族的排他性は、徐々に衰退し、今では商売のやり方としては一部に残るだけになっている。

新しい商業社会の出現は、新しい道徳的アプローチの誕生と時を同じくしていた。というのも、そこでは、アリストテレスを想起させるような、リベラルで友愛的な価値の道徳コードの内に観念される、善意にもとづく社会的紐帯が強調されることになったからである。この時代の友情の理念は、新しい普遍的価値を奉じる市民社会において、必要《ニーズ》よりむしろ、共感にもとづくものであった。アダム・スミス(Smith 1759)は、友情の紐帯は、商業社会における社会移動に向けた経済的必要によって強化されると考えていた。しかしまた、アダム・スミスによれば、経済的必要は同時に、上下関係を特徴とする血縁関係が生みだす家族的紐帯や、忠誠心、同盟を消失させることになる。拡大家族のつながりに見られるような〔功利的に取り結ばれるわけではない点で〕友情に類似した関係は次第に弱められ、最終的には、友情のつながりに取って代わられると、アダム・スミスは主張した。スミスの議論におけるこうした傾向は、まさに現代の社会的文脈におけるポスト社会性の議論と、部分的に共通しているという点で興味深いものであるが、この点については後の章で検討していくことにしたい。

一八世紀における移民の増加にともなって、友人はますます善意にもとづくものと認識されるようになり、よそ者は、潜在的な敵というよりは、むしろ中立的な存在として位置づけられるようになっていった。一八世紀におけるスコットランド道徳哲学に関する重要な分析のなかで、アラン・シルヴァー(Silver 1989, 1990)は、スコットランドの道徳哲学者たちが、後につづくマルクスやテンニースのような一九世紀の古典的思想家以上に、友情の特徴と価値の変化が「商業社会」の勃興と結びついていたことをよりよく理解していたと主張する。忠誠と庇護を確実なものにするための階層的な結びつきとして後見人《パトロン》と家族が機能していた前の世紀と比較するならば、友情は原則として、家族を越えて広がるネットワーク内の「優れた人格の男性たち」の相互扶助にその足場を置いていたともいえる。第3章で議論することになるフリーメイソンやロンドンクラブがよい例であるように、志を同じくする男性同士の友愛的つながりは、近代産業社会の特徴と考えられていた。一八世紀後期にまでさかのぼるならば、フランシス・ハチソン(Hutcheson 1755)のような哲学者は、婚姻関係も互酬的で持続的な友情という関係性を見習うべきであると述べていた。

本書のひとつの主題でもある、友情が非階層的な関係への進歩を象徴するものとして用いられるようになった起源は、この時代にある。アリストテレスが理想とした対等なパートナー関係と相互配慮は、男性間の政治的公共領域のみならず、婚姻関係を含む私的領域にまで拡張されたのである。ここで決定的に重要なのは、対等さの象徴として友情を用いることによって、ジェンダー、階級、人種といった伝統的な階層秩序が隠蔽されていることだ。夫婦関係のモデルにまで拡張された友情の理念は、現実には女性は男性に従うはずだという家父長的な想定に背後から支えられており、また、その想定が理念を損ってもいる。このテーマについては、愛、親密性、自己アイデンティティの変容といった現代のジェンダー化された状況との関連で、次章で詳しく探求していく。その後で、新たな情報テクノロジーを通じて形成される新しい社会性のモデルについて検討していく。

一九世紀における共同体と個人の緊張関係

一九世紀における古典的な社会学の研究は、人間関係を包括的に理解しようとするなかで、単に友情を構成する関係性のパターンや、それが社会的一体性や共同体に与える影響に照準するのではなく、より広範な社会制度において仕事と家族がいかに形づくられるかを中心的にあつかっていた。親密性は、ジンメルの研究をとおして真の関係性における知覚可能な特徴として認識されつつあったものの、おおよそ社会学のなかでは、非家族的でインフォーマルな個人的な関係性は無視されていた。その結果、性愛と愛情との境界や、労働とケアとの境界をぼやけさせる可能性をもった、友情その他の非慣習的な関係性についての研究は進まなかった(Budgeon and Roseneil 2002 を参照)。

テンニース、マルクス、デュルケーム、ウェーバー、ジンメルを含む、一九世紀の社会学的伝統の創始者である知識人たちは、近代は社会関係の没人格化をもたらしたという大きなテーゼを示した。この時代、多くの社会学的研究の鍵となる主題は、産業社会における伝統的共同体の基盤となる関係の崩壊であり、もはや共同的生活の精神を表象しなくなった都市文化における、匿名的で利己的で断片化した個人の出現であった。たとえば、テンニース(Tönnies［1887］1974)にとって、伝統的な紐帯の回復は懐古的にしか取り組みえないものだった。伝統的で農村的で共同体を重視する社会は、匿名的で競争的で資本主義的な個人主義によって取って代わられた。一体性の感覚や、近隣と親族の絆によって結びつけられた特定の地域への帰属の感覚は、同質的で前近代的な経験とみなされ、近代社会の複雑さとは相容れないものとみなされた。「共同体の死」というテーゼは、新しい「自己」、自己中心的な個人を強調するものであり、友情、親密さ、個人的関係の様式の変容を意味するものだった。こうした解釈にもとづく社会的衰退についての悲観は、反対意見の存在にもかかわらず、「近代は共同体を破壊する」という一九五〇年代から六〇年代の論調にも流れこんでいる。

前世紀の転換期に、ゲオルグ・ジンメル(Simmel［1905］1950a, b)は、近代的大都市についての論考において、都市的な環境における人間疎外の主題をくり返し力説した。彼は、近代社会の生活は没人格化を強めていくと考え、社会的接触は、無愛想で、散発的で、利那的なものになると主張した。都市生活と貨幣経済は、こうした変化をもっとも象徴するものとみなされた。ジンメルによれば、それによって人びとは自らの拠りどころを喪失するような感覚に苦しめられるという。かつての伝統社会を支えていた継続性と安定性の感覚は、社会から流出してしまい、個人は、寄る辺なく無力感に包まれ、自らの生活を把握することも方向づけることもできず、対象のない漠然とした不安感を強めていく。政治的・道徳的指導者に向けられるシニシズムは、近代社会の強い特徴となり、権威の危機を助長する。人びとは、能動的な政治生活から私的領域へひきこもることで、私事化の兆候を深めていく。一八世紀の道徳哲学による、近代社会は解放の感覚と豊富な選択肢をもたらすという主張は、ジンメルにとっては疑わしいものである。

彼のこうした結論は、近代都市生活における個人的相互行為の特徴と集団力学の効果の検討を通じてもたらされたものである。ジンメルは小集団が近代社会においては重要性を増すと考え、互酬的な関係の特徴の探索を通じて、二者関係の形成が理想的な関係を構成すると論じた。二者関係の親密性、閉鎖性、責任の感覚は、第三者がそこに入ってくるやいなや溶解してしまう。〔第三者が加わることで〕個人を超えた位相に存在し作動するように思える匿名的な構造が形成され、それによって二者関係は変容させられるのである(Simmel［1901–8］1950b: 127–8)。ジンメルが問題視したのは、大集団の成員資格と結びついた潜在的な匿名性であった。というのも、それによって個人の責任が放棄されるからだ。彼は、社会的な集団形成を「集合体」ないし「共同体」の形式に枠づける「客観的な構造」によって、個人が果たすべき責任が社会に転嫁されると主張した(Simmel 1950b: 133)。それに代えて積極的関与をうながし、真の関係性を測る重要な基準になるものと考えられたのが、親密性である。この時代には、都市社会の社会的集団が、問題含みで、疎外的で、匿名的で、没人格的であるとみなされがちだったことが、ジンメルの議論からはよくわかるだろう。

そこでは、大都市生活における信頼の欠如と、社会における安心の欠如が強調され、都市での物質的利害をめぐる衝突に見られるような、関係性の商品化が指摘される。彼の主張は、それ以前のアダム・スミスの見解と鋭く対立するものだ。アダム・スミスにとっては、商業社会は解放的なものであり、道具的な関係と、共感と愛情にもとづいた関係の区別を可能にする重要な美徳を有していた。これに対して、ジンメルにとっての近代社会は、より打算的な態度で友人に接するような社会である。第2章では、ギデンズの自己の再帰性に関するアプローチを取りあげるが、そこでの個人主義のとらえ方とはきわめて対照的に、ジンメルは、自己開示は理性的な主体にとって危険なものであると主張する。こうした自己抑制と自己開示の二分法は、友情を理性的なもの、愛を分別に欠けるものとする考え方にも反映されている。ジンメルにとって、責任をともなう親密な関係性は、感情的で自己開示的な主体という概念とは相容れないものなのである。このように彼の時代には、理性を重視することと、自由な感情表出を重視することのあいだには、依然として大きな緊張関係が存在しつづけていた (Lupton 1998: 83)。近代的主体は、感情や身体を理性的に統制することをもって特徴づけられていたが、一方ではまた、それとは逆に、自らの感情に忠実な自己表出を行う新しい力をもつ主体とも考えられていた。こうした二分法もしくは「二元的な感情へのアプローチ」の残滓は今日でも認められるものであり、男性は関係を道具的にとらえがちで、女性は感情的なつながりを重視するといったジェンダー差が見られることや、そうした志向性の違いを解消するため、夫や父と他の家族成員とのあいだに新たな感受性が求められていることなどは、その例と言えるだろう。[*2]

ジンメルは、社会的統制の弱体化と個人的自由の増大によって、多様な個人的関係が発達しやすくなるだろうと予想した。彼は、将来的に、人びとの社会的な出会いが、純粋に社交として、それ自体が目的としてとらえられるようになることを的確に予見し、階級や民族的アイデンティティ、国民性といった古い共同体の伝統や遺産よりも、個人的な関係によって人びとは自らをとらえるようになるだろうと考えた。ジンメルは、共同体の崩壊に関する古典的思想の代表格であると同時に、現在のポスト近代社会におけるポスト社会的関係を特徴づけるような、流動性や可変性をもった多元的な帰属形態(本書後半部で論じる)を同定してもいたのである。

こうした点で、ジンメルの関心は、帰属の問題が重要性を増すポスト近代という時代の不安定さ(Delanty 2003: 131/邦訳一八二頁)を先取りしていたとも言えるだろう。彼は、現代における個人主義と社会的共通善との緊張関係を指摘し、自由と平等の関係が劇的に変化したこともまた、一九世紀の思想が取り組むべき中心的な主題であることを明らかにした。こうした関心は、多様な広がりをもつ社会主義と個人主義の対立、たとえば、自由なき平等を特徴とする社会主義と、独自性や特異性、精神的孤立にいろどられた個人主義との対立にも、つながっていくものだろう。ジンメルが「差異の個人主義」として同定した近代社会における新しい個人主義の台頭にともない、多様な社会的要素を統合するための社会的な共同性が必要とされ、目標とされるようになった。ジンメルにとって、そこで求められる共同性は、贈与と返報といった互酬性に基づくものであり、個人中心の社会が生き残るためにどうしても必要なものであった。

注目すべきことに、一九世紀の社会主義者と保守主義者のレトリックは、双方とも「共同体の死」

テーゼを掲げて、かつての黄金時代と、不信と利己主義がはびこる現在を対比している。当時のヨーロッパにおける共同体についての社会学理論は、共同体を、すでに失われてしまって決して取り戻すことのできない何ものかとして描く、空想的で反近代主義的な言説を特徴としていた(Delanty 2003)。しかし、一九世紀の北アメリカの政治に関するアレクシ・ド・トクヴィル(Tocqueville 1969)の研究は、再生可能なものとしての共同体についての言説を生みだした。『アメリカのデモクラシー』[*3]において、トクヴィルは、伝統を、そして国家と市民社会の有機的な調和を回復しようと試みた。彼の研究は、共同体の概念を規範理論として援用する政治哲学の一部をなしている。トクヴィルにとって、国家と市民社会は互換可能なものである。国家とは、国民の政治的具現であり、ここでいう国民とは、共通の言語、習慣、歴史を通じて形づくられた文化的ないし市民的な共同体の表現である。トクヴィルは、結社をつくり参加することへのアメリカ人の情熱に、彼の時代における社会のもっとも顕著な特徴をみた。彼のアプローチは、市民性《シティズンシップ》を共同体への忠誠や連帯、積極的参与《コミットメント》によって定義づけるようなコミュニタリアニズムと結びついている。こうした言説は、アメリカの近代的な共和主義を鼓舞することになったが、政体の市民的基盤に焦点をあてながらも、帰属に対する問題関心を古典的社会学と共有している。政治的共同体の規範理論を構築することによって、トクヴィルの議論は、伝統的な共同体の概念と、近代という状況とを両立させるというコミュニタリアニズムの理想を具体化している。そこでは、たとえばナショナリズムは、政治的な統合を、過去の文化的共同体への懐古的な見方と接続させる試みと位置づけられる。

　トクヴィルのアプローチは、ロバート・パトナム(Putnam 1993b, 2000)のような研究者によって引き継がれ、市民的な共同体にもとづく、市民的共和主義の伝統の一部をなしている。現代のアメリカにおける市民参加と市民性に関するパトナムの議論は、第5章で見るように、共同体的価値と市民参加の衰退についてのネオ・トクヴィル的な視座を形成している。パトナムは、市民参加を「社会関係資本」という観点から定義し、社会を維持する責任が国家ではなく市民社会によって果たされることを求める。市民社会は、国家によってではなく、よりよい公共的な制度を創りだす市民社会それ自体によって繁栄させせられる。第二次大戦後のアメリカにおける共同体へのノスタルジーをもちだすことによって、パトナムは、現代のアメリカ社会が、無関心、利己心、公的生活からの退避といった社会関係資本の衰退によって特徴づけられると主張する。

このように、資本主義的な産業化がもたらした負の側面を強調することによって、一九世紀から二〇世紀初期の古典的社会学および政治学のなかでは、道徳性、共同的なケア、連帯に関する危機が告発されてきた。この見解は、さまざまな社会思想家の立場の違いにもかかわらず、今日の社会理論に広く影響している。近代は、標準化と多様化、中心化と脱中心化というように相互に矛盾する諸力をもたらしてきたにもかかわらず、近代についての説明は、個人という原子化された存在を強調してきた。クノール＝セティナ(Knorr-Cetina 2001)が述べているように、個人は自由であるけれども快楽主義的であり、能動的であるけれども統合されておらず、分断されているけれども受動的である。個人中心社会の浮上は、個人の経験がいまや、社会的・個人的な関係性を分析するための中心軸となったことを意味している。しかし、一九世紀の研究者がその回復を熱望した伝統的な共同体は、主に個人が生まれおちた義務的な紐帯にもとづいていた。一九世紀の思想の遺産としてもたらされたのは、当時の幻想と神話をひとまとめにしたスローガンとして「共同体」を用いることであった(Delanty 2003)。こうした共同体の危機が、現代のグローバル化という新しい文脈において私たちと無縁ではないことは、人口や商品、知識の地域的あるいは国家横断的な移動と、新しい情報通信技術によっても例証されている。「友情」という語は新しい社会関係における対等性と柔軟性への欲求を表すものになったが、問題は、ポスト近代の状況下で、はたしてそれが共同体の喪失という感覚を乗り越え対処するために有効なものでありうるのか、という点である。この主題については第5章などで探求していく。

一九世紀の社会思想家・政治思想家は共同体の衰退に取りつかれていたが、しかしジンメルによる研究の重要性はむしろ、彼が都市化の過程における小集団の重要性を強調していたことにある。こうした小さなネットワークは、新しい出会いと経験を具体化するような、新しい種類の集団形成をうながす場としての都市の可能性を示している。ジンメル(Simmel 1955)によれば、異なる集団やネットワーク間の対立は、単に集団・ネットワーク内で価値観を共有する以上に、アイデンティティ形成の強い基盤になりうるものだという。それゆえ彼は、異なるネットワークが交わり、多様性に順応するなかから、都市的な一体性を立ちあげることは可能だと考えていた。ロバート・パーク(Park 1952)とシカゴ学派は、都市に、多様性を受けとめ多文化的な空間の繁栄をもたらす可能性をみた。今日の都市は、セクシュアリティの面でも民族性の面でも多様な集団によって彩られる、多元的な「場面」と共同体の空間として称揚されている(第5章と第6章を参照)。

二〇世紀の共同体、家族、友情

近隣における共同体の探求

友情が階級構造や結婚制度を再生産する、あるいはそれらと競合することについて経験的研究を行う社会学的伝統は、二〇世紀初期の欧米社会には存在しなかった。この時期の国勢調査は、当然のように友人関係を除外していた。二〇世紀の後期までには、数は少ないものの重要な研究が登場し、友情がいかにして階級や婚姻の地位を維持するかを検討している(Allan 1979, 1989; Willmott 1987)。二〇世紀前期の共同体についての古典的な研究は、私事化のパターンを〔もっぱら家族として〕同定するとともに、友人関係が共同体生活において何ら重要な役割を果たしていないと結論した。一九二〇年代のロバート・リンドとヘレン・リンドによるアメリカ社会の経験的研究『ミドルタウン』(Lynd and Lynd 1929)では、多くの家族が近隣に友人をもっていないことを示し、近隣との信頼や交流が欠如し、親戚との交流が重視されていることを明らかにした。車の利用が始まると、友だちづきあいを保つために街の中心に住む必要もなくなった。家族がそれぞれ別の場所に住んでいたとしても、家から離れて余暇活動をともにすることも、遠く離れて暮らす友人との関係を維持することもできるようになった。その結果、多くの人びとは近隣のごく一部としかつきあわず、もはや友情や社会的サポートを求めて近隣を頼ることもなくなってしまった。

私事中心主義は、中流階級から始まり、労働者階級に広がったとされ、人びとがおたがいに依存することを恐れて、隣人との交友を好まなくなったと考えられている。近隣住民たちはもはやおたがいのことをよく知らず、代わりに離れた場所に住む友人を訪ねるために時間を費やしているというリンド夫妻の観察は、失われた共同体についての一九世紀の嘆きを焚きつけることになった。こうした知見は、地理的・社会的移動によって促進され、社会的孤立と結びついた所有的個人主義(possessive individualism)についての議論へと、社会学者たちを導いた。しかし、より詳細な検証を通じて明らかになったのは、さまざまな接触の形式のなかでも物理的近接性だけを特別あつかいすることで、「共同体」を「身近な近隣」へときわめて限定的に定義しているという点であった。物理的・身体的に近くに存在することは、関係の強度を定義するうえで、際だって重要なものと考えられていたのである。

二〇世紀前期の研究は、人びとが長距離移動のコストを考慮して、たがいに近くに住むようになれば、友情はさらに活発化するだろうと考えていた(たとえば Festinger, Schacter and Back 1950)。こうした身近な関係へと関心を注ぐ研究によって、距離を隔てた関係は無視されることになった(Adams 1998)。それは、近接性と対面的な相互作用を特権化し、家族、近隣、職場の同僚といった主要な集団をとおして社会のなかに埋めこまれた個人を概念化するという、社会学の伝統を反映していた。社会的相互行為の中でも、視覚的な手がかりや非言語的で対面的なコミュニケーションは決定的なものであると考えられた。その結果、交通、電話、メール、その他の情報技術を介したコミュニケーションといった社会的相互行為について、後の研究者が、それらを社会統合に十分つながりうるものと位置づけて論じることを困難にしてしまった。

デイヴィッド・リースマンらによる『孤独な群衆』(Riesman, Denney and Glazer 1951)は、北アメリカの文脈において、社会的変化を否定的に解釈してきた一連の社会学的研究の好例となっている。北アメリカの都市郊外は、厳格に分離されたジェンダー役割を特徴としていた。一九五〇年代の都市郊外における、男性のキャリア志向と女性の家族役割の強調は、都市の男性化と郊外の女性化を招いたといわれている。しかしながら、『ミドルタウン』とは対照的に、『孤独な群衆』は、物質的利益と成功を求めて社会的・地理的な移動がうながされた結果として、親族関係さえも消費可能になったことを嘆いている。リースマンらは、いずれ仕事の機会を求めてこの場所を離れるときに、つらい思いをしなくて済むように、人びとは、はじめから望んで共同体に溶けこもうとしないだろうと考えていた。こうした議論は、共同体の剝奪というノスタルジーを温存している例と言えるだろう。

核家族の機動性

「近代家族」を定義するもっとも重要な要素として、親密性、プライバシー、対等性が強調されるようになったのは、一九四〇年代から五〇年代にかけてである。失われた共同体を追い求める二〇世紀前期の悲観的な研究とは対照的に、タルコット・パーソンズ(Parsons 1949, 1951, 1966)によるアメリカの機能主義理論は、社会秩序の中心に核家族を再配置することで大きな影響力をもった。小規模で機動的な近代家族は、多くの機能を担い社会との多様な接点をもっていたかつての拡大家族とは好対照をなしている。パーソンズによると、現代の欧米における核家族は、都市社会にもっとも適合的であり、社会的、政治的、宗教的、教育的義務の負担を〔かつての拡大家族よりも〕免れている。より広い親族と友人は、この〔近代家族という〕感情的な自己充足をもたらす単位からは、周縁に位置づけられた。

　広義の親族ネットワークの衰退と、政府・研究者・メディアによって推進された核家族という形態は、世帯が二〇世紀においてますます私的で感情的に緊密な単位となったことを意味していた。週末に祖父母を訪ねる習慣でさえ、数キロ離れたところに住んでいる場合には、もはや家族の義務とはみなされなくなった。ひとり暮らしの高齢男性と高齢女性は、祖父母であれ、いとこであれ、おじやおばであれ、気にかけられなくなった。その結果、高齢者の精神的・身体的ケアの問題と、彼らの社会的周縁化についての公的議論が巻き起こることになった。周縁化された親族に代って、友人関係は、少なくとも原理的には、友情そのものを求めて取り結ばれるようになり、それ自体の観点から評価されるようになった。しかし友人もまた、小規模化した核家族からは周縁的なものとなり、親密性は夫婦間と親子間に独占されていた。夫の道具主義的な合理性は、友情による婚姻関係、すなわち「友愛結婚 companionate marriage」の内部においてのみ、養育的な母親役割を担う女性の感情主義と調和できると主張された。友人関係は、結婚相手を見つけるまでのあいだと、結婚相手を失ってしまった後という、人生における特殊な移行期にのみ重要なものとされた。パーソンズは、仲間との友情を主に若者にとって重要なものとみなしながらも、大人へと移行するライフサイクルの過渡期においてのみ、友情は心理的サポートを提供するにすぎないと考えた。こうした心理的サポートは、仲間が結婚に向けた関係に専念していくにつれて、閉ざされていくことが含意されている(Parsons 1964a)。

　ここで重要なのは、夫婦関係を強固なものにするための、近代的な関係のモデルとして友情が機能したことである。たとえば、ヤングとウィルモット(Young and Willmott 1957: 30)が指摘するように、「新しい仲間づきあい new kind of companionship」において夫婦を「パートナー」とみなすことは、妻の地位の上昇と拡大する両性の平等を示すものである。婚姻パートナー間での緊密な相互行為は、家庭の外における無秩序の感覚を遮断することで、安定した自己の感覚を維持することに貢献しうるという主張もなされている(Berger, Berger and Kellner 1974)。そこでは、家庭というプライバシーの場の外に広がる混乱は、社会的に構築された世界が脆弱であるために生じるものとみなされている。しかし、ジェミソン(Jamieson 1999)が強調するように、家族生活を肯定的に説明しようとする見方は、個人的な生活を構造化するジェンダー不平等を過小評価している。カップルは親密な「友人」になる必要があるという議論が、家族の価値の崩壊についての公共的な議論と重なるのは決して偶然ではない。

友人関係を模した結婚の具体例は、実際にはそれほど多くあるわけではない。フィンチとサマーフィールド(Finch and Summerfield 1991: 24)の社会的ネットワークの研究によれば、仲間づきあいの理想にもっとも近い夫婦形態は、ロンドンのイーストエンドのような中流階級の住む地域に見いだすことができる。なかでも、ウッドフォードのような地域であれば、夕食の時間を妻とともに過ごすために、夫が職場から家庭へ駆けつけることもよくある。これに対してイングランド北部のヨークシャー、アシュトンのような労働者階級が暮らす地域の研究によれば、鉱夫の家族では男性と女性は別々の生活を営むことが多く、夫の娯楽が家庭の外にあることもめずらしくない(Dennis, Henriques and Slauhter 1956)。この例に見られるような、給料を稼ぐことを男性の義務とし、家庭を守ることを女性の義務とする契約に強く基礎づけられた結婚は、フィンチとサマーフィールドに対して「仲間づきあい」が中流階級の属性に過ぎないことを示唆している。この時期に存在した結婚の多様性は、階級差のみならず、職業的・地域的文化の差によるものでもあり、また、変化の速度の違いによるものでもあった。不平等に構造化された生活を送る異性愛カップルの経験と、社会学者が描く親密で対等な理想の関係とのミスマッチは、今日までくり返されているが、この点については第2章で論じていく。

　機動的な核家族と友人のような夫婦関係の前景化はまた、同性同士のプラトニックな友人関係が果たしてきた役割にも影を落とした。友人関係は、さもなければ孤立せざるをえない核家族に対してきわめて重要なサポートを提供しており、伝統的な親族ネットワークを個人的な友人関係へと置き換えるものである。個人生活においてもっとも重要な関係としての友愛結婚の浮上は、同時に同性愛のスティグマ化をもたらした。異性愛者については、男女間の献身的で感情表出に富んだロマンティックな友情が性的なものとみなされる一方で、同性間のロマンティックな友情は病理化された(たとえばFaderman 1981; McIntosh 1968; Raymond 1998; Smith-Rosenberg 1975; Weeks 1981)。

　二〇世紀前期において友情が低く価値づけられてきたにもかかわらず、夫婦間・親子間を含む家族のつながりとして親密性が強調されるようになったことは、友情の再評価につながる可能性をもつものだった(Pahl 2000)。一般化された意味において、自己表現と「開示的な親密性 disclosing intimacy」は、今ではあらゆる家族的な関係に適用されている。そのため、友情はもはや、失われたより広い共同体に埋めこまれていたものとは認識されていない。レイ・パール(Pahl 2000)が主張するように、友情の絆は「開示的な親密性」の自発的で利他的な愛情として再編成されている。しかし同時に、二〇世紀前期には、私的な核家族の外に広がる、競争的で革新的な社会が強調され、パーソンズに見られるような、市場の合理性にもとづく新しい機能的な立場から個人的・社会的関係をとらえ直すことにもなった。その際、市場の合理性は、社会を束ねる接着剤とみなされたのである。

こうした功利主義的アプローチの例として、パール(Pahl 2000: 46)はデール・カーネギーの『友情を勝ち取り影響を与える方法』に言及している〔訳注：日本での初訳は加藤直士により『人を動かす』の書名で原著と同じ年に創元社から出版されている〕。この本は、一九三七年に出版され、経済的な成功を獲得するための道具として、友情を没価値的に描いている。カーネギーの主張によれば、友情は、経済的利益ばかりでなく健康的な生活をもたらすものでもあり、「うまくつながった」人はより長寿であるという。このように、二〇世紀半ばの研究によって社会的・個人的関係が私的なものになりつつあることが確認されたのと同時期に、友情は、キャリアを上昇させ個人的な利益をもたらすものとして称賛されるようにもなった。ピーター・ブラウ(Blau 1964)などの一九六〇年代の研究者は、カーネギーのような、友情に対する道具主義的な見方を共有していた。交換理論の影響のもと、友情は、社会的報酬の期待によって動機づけられた関係とみなされ、物質的な利得のために他人と交流することが奨励された。こうした議論は、印象操作を含む人間関係への一連の功利主義的なアプローチの源流となり、人と関わりをもつインセンティヴとして、潜在的な返報を強調した(Pahl 2000: 50)。これらの議論に見てとれるのは、道具的な合理主義が物質的利得の追求をうながし、そのことが社会の進歩につながるととらえる、当時の支配的な言説である。同じ傾向は現在も支配的であり、たとえばキャロル・ストーンの『ネットワーキング——友だちづくりの技法』(Stone 2000)のようなセルフヘルプのマニュアル本と結びつくことで、ネットワーク論の言説へと発展している。

地域の労働者階級と洗練された中流階級の友情

一九五〇年代から六〇年代にかけて、個人をとりまく共同的な基盤を強調するために「社会的想像力」[*4]が動員されるようになると、多くの研究が、都市のスラム[*5]や郊外[*6]における共同体の復権を試みるようになった。注目すべきことに、距離を隔てた友人関係はこうした研究からは排除されていた。代わりに照準が向けられたのは、新しい地域共同体の創造であった(Adams 1998: 159)。郊外部で調査を行ったウィリアム・H・ホワイト(W.H. Whyte 1956)は、近さが地域の関係において重要であることを強調している。彼は「組織に取りこまれた」家族が〔郊外の新興住宅地で暮らし始める〕以前の生活からいかに離れていくかを端的に描きだしている。だが、人びとが以前の居住地や出身共同体における友人や親戚との関係をどう維持しているかについては検討していない。

二〇世紀の半ば以降には、グラハム・アラン(Allan 1979, 1989, 1990, 1996)の優れた研究をはじめとするイギリスの経験的研究が、階級によって地域の重要性が異なることを明らかにしてきた。友情は、労働者階級の置かれている社会状況のもとでは、中流階級よりも強固に取りもたれていた。共同体の結びつきは、労働者階級の男性ばかりでなく女性にとっても同じくらい重要なものであった。男性が仲間づきあいやサポートを求めて集う場が、パブや労働者クラブ、ビジネスマン・クラブだったのに対して、女性がもっぱら社交の場としたのは私化された家庭であり、大きな困難に直面すると近くに住む親戚や近隣を頼りサポートを求めていた。教会への出席はこの時期には減少していたが、宗教組織は女性と子どもが助けを求める際には重要であった。「母親組合 The Mother's Union」や「女子友愛協会 Girl's Friendly Society」は、女性が友情と相互扶助を求めて他の女性と出会う機会を提供していた(Davidoff et al. 1999: 219)。

イギリスの労働者階級は、友人よりも親族の紐帯をはるかに重視しており、交友を広げるためにはあまり時間を使わないことも、研究によって明らかにされた(Allan 1979)。労働者階級の社交様式には、昔からの少数の友人および親族と密につきあう傾向が強く見られ、学生時代の友情が長くつづいていることが多かった。アラン(Allan 1979, 1990)によれば、労働者階級の交友範囲が特定の相手に狭く限定されるのは、労働者階級の状況の制約から生じる適応的な習慣であるという。たとえば彼らの家屋は、親族以外の訪問者を想定した設計ではなかった。労働者階級の家族は、金銭面でも交通手段の面でも時間的余裕の面でも、〔交友範囲を遠距離にまで広げるための〕資源に乏しかった。労働者階級における緊密な接触のパターンは、ひとつにはこうした物質的な制約の結果だろうが、それはまた、親族と近隣の紐帯に重きを置く時代に形づくられたものでもあるだろう。

これに対して、中流階級がより活発に友情を育む習慣は、二〇世紀半ばにははっきり認められるようになっていた。中流階級における団体加入数は、労働者階級の二倍に上り(Goldthorpe 1987; Hall 1999)、また、職場の外で同僚と交流する機会も二倍多かった(Hall 1999)。中流階級の交友は、このように幅広く多様なものになる傾向をもつが、しかしパール(Pahl 2000)は、中流階級のあいだでは友情が深い不安の源泉になると主張している。今日の友情のなかでも、とりわけ男同士の兄弟愛的な絆にみられるような、功利的で道具的な性格は、友人に「ふさわしくない」人物の特徴にもなりうるものだろう。近代の友情は、一方では、見返りに関わりなく求めるべきものとみなされる。だが他方では、社会的な地位や階層を上昇していく妨げになるような友人をもつことは忌避され、それによって友情は切り縮められてもいるのである。

上昇志向を帯びた友情は、中流階級の結びつきとして重要なものになっている。中流階級にとって、家庭は友人をもてなすための典型的な場とみなされているが、その家族、とりわけ妻にかかる負担はきわめて大きい。中流階級の友人関係において、儀礼的な贈与が中心的な役割を果たすようになると、ディナーパーティは中流階級の互酬的関係において不可欠の要素となった。そこには、厳格だが暗黙のルールがあり、それにしたがって現代的な形での〔儀礼的贈与として〕料理の提供が行われる。テレビ番組や週刊誌は、ディナーパーティ用の適切な飾りつけ、テーブルの配置、エチケットに関する豊富な助言と秘訣を提供し、中流階級の人びとが友情を育むための秘密の指南をしてくれる。友人も、家庭生活のスタイルも、広範な地理的文脈から混合的に選ばれている。彼らは安定した職業と郊外の住宅を維持する一方で、休暇にはエキゾティックな外国へ出かける上流階級のように享楽的な余暇のスタイルを身につけていき、それとともに、コスモポリタンとして遊牧民的に頻繁な移動を重ねることは、中流階級にとってひとつの達成とみなされるようになった。

労働者階級における地域に根ざした親族中心の個人的な関係性と、中流階級における距離を隔て「脱埋めこみされた」つながりという対照的なパターンは、研究者のあいだに、「友人」という語の意味するものが、リベラルな倫理観にうまくなじむ、自由に選択される関係性という中流階級的な概念になっているのではないかという疑念をもたらした(Allan 1979, 1989; O'Connor 1992; Pahl 2000)。社交のパターンの階級差については、第5章で社会関係資本の議論を行う際に再び取りあげることにしたい。

二〇世紀後半の欧米社会における、ディアスポラの共同体の社会的紐帯に関する研究の多くは、親族関係に焦点をあてていることに特徴がある。いくつかの民族的マイノリティが社会的紐帯を形成する場合においても、親族関係は中心的なものである。これらの民族的マイノリティは、同一世帯内に親族居住を拡大する傾向がある。アラン(Allan 1996)が指摘するように、民族的マイノリティの共同体における社会的紐帯は、社会経済的な状況に敏感であるとともに、「家族」内の宗教的・道徳的な原理と、関係性の序列にも結びついている。親族とインフォーマルな友人関係の「バックアップ」は、イギリスへ移住する際にも、イギリスのどこに住むかを決める際にも、きわめて重要である(Ballard 1994)。親族の紐帯と友人関係の紐帯は、特に移民を受け入れる共同体が敵対的で、民族的マイノリティが差別されているような環境では、決定的に重要なサポート源となる。人種差別的な社会において、生育環境や宗教や経験を共有できることは、〔マイノリティの共同体に〕帰属することの重要な一側面になっている。ネットワークの中に緊密に編みこまれることによって、経済的な安定のみならず、精神的・文化的・社会的なサポートが確実に得られるようになることも多い(Warrier 1994)。

しかしまた、民族的マイノリティの共同体における親族と友情の紐帯は、周囲の経済的・社会的状況に適応し、また、伝統的な生活様式が新しく組み替えられていくなかで、多様化し、活発に変化するものでもある。母親中心の親族関係を特徴とするアフロ・カリビアンの黒人共同体では、子どもなどのケアを組織化し、賃労働と子育てのバランスをとる方法として、女性間の友情が不可欠なものとして位置づけられている(Allan 1996)。これは、夫の親族が慣習的に夫婦の社会的ネットワークを形成する南アジア人の共同体における社会的紐帯とは対照的である。東アフリカからイギリスへ移民してくるシーク教徒は、核家族世帯で暮らす傾向がある(Bhachu 1985)。第二世代の民族的マイノリティのあいだでは、伝統的な慣習が新しい形に組み替えられ、新しいアイデンティティが出現しつつあるが、それは、グローバルな規模での情報通信技術の普及がもたらした新しいコミュニケーション様式によって支えられている。第6章で見るように、こうした情報通信技術は、人びとに国境を越える新しい共同体の感覚と個人的アイデンティティの感覚をもたらし、新たなディアスポラのネットワークを生みだしつつある。

二〇世紀中期における地域主義の衰退

レベッカ・アダムズ(Adams 1998)が指摘するように、一定の領土内における物理的近接性を特権化する社会統合の理論から、遠く距離を隔てた相互行為やヴァーチャルな相互行為をあつかう理論への移行は、かなり最近になって生じたものだ。とはいえ、距離を隔てた関係それ自体は、植民地化や移民人口の増加にともなって、近代の夜明けとともに存在していた。都市社会学者は、特に友情に注目してはいなかったが、一九七〇年代における交通と通信の技術的発達の影響を研究するなかで、変わりゆく共同体の関係について、いくつかの重要な洞察をもたらしてきた。地域主義の衰退について検討したメルヴィン・ウェバー(Webber 1973)は、都市とは何よりもまず、相互に依存した専門職間のコミュニケーションのコストを引き下げるために形成されるものだと主張している。技術の進歩によって、人びとは地理的には分散していても、仕事仲間やその他さまざまな相手と、リアルタイムに緊密な連絡を取りあえるようになった。居住地の共同体への忠誠心が減退するとともに、信念と利害にもとづく共同体が出現した。社会的ネットワークの研究者は、「パーソナルな共同体」という用語を作りだすことによって、近隣の共同体から、都市や国家の境界を横断するネットワークが形づくる「脱空間化された共同体」への移行を記述しようとした(Craven and Wellman 1974)。

その後の一九八〇年代から九〇年代にかけての研究では、インターネットや携帯電話などの新しいコミュニケーション技術によって取りもたれる、距離を隔てた関係の特徴が詳細に調査されるようになった。ネットワーク分析を行った研究からは、共同体は衰退しているわけではなく、むしろ近隣と親族関係の空間的な境界線から解放されていることを示唆する結果が提出されている(Fischer 1982; Wellman 1996)。一九八〇年代以降、研究者たちのあいだでは、電子的コミュニケーションが社会的統合をもたらすのか、それとも社会的孤立をもたらすのかについての議論が始まった(たとえばPool 1983を参照)。二〇世紀後期からは、新しいテクノロジーの発達が、たがいに面識をもたない者たちさえもつなげていき、人びとの関係性は巨大な規模で形成され維持されるようになっていったのである。こうした変化については、第5章から第7章にかけて検討していく。

この章では、一九世紀の古典的な思想家の打ちだした共同体の衰退というテーゼが、どのように普及してきたのかを検討してきた。それは、社会が一体性を保っていた黄金時代を、利己性と疎外にまみれた現在から区別するものであった。そこでは、前近代社会は概して、争いや変化とは無縁な調和的で一体的なものとみなされるのに対して、産業化以降の近代社会は、権力性、多様性、変化によって特徴づけられる。こうした現代的日常の満たされなさは、社会変化がもっとも激しい都市の状況と固く結びつけられていた。このようにして作りだされた過去へのノスタルジーは、古典理論における近代の区分とそのとらえ方の根幹に影響を与えた。「共同体」は理想化され、社会的一体性への不安という神話の先駆けとなり、今日の社会観にまで影響を及ぼしている(Rundell 2001: 25)。

アリストテレスの友情概念は、名誉と情愛を重んじるコードと文化に基礎づけられたものである。古代の奴隷制と家父長制にもとづく道徳コードの内で生まれたその概念が現在に受け継がれているのは驚くべきことだろう。しかしながら、一九世紀から二〇世紀の思想のなかで、社会的・個人的な関係性の変化が論じられる際には、もっぱら自己、家族、共同体に焦点があてられ、友情は無視されてきた。そのために、名誉や騎士道精神と結びついたギリシャの古典的な友情概念が温存され、現在における友情のとらえられ方にまでその痕跡をとどめることになったのである。友情は、道具主義的な合理性の海の上に浮かぶ、精神的な理想として保存されつづけてきた。この理想化された友情がどのような内実をもつものかが、吟味されたり問題にされたりすることはほとんどなかった。そのため、友情は、個人主義的な自己が求めるものを自由に投影できるような、可塑性の高い概念になっている。そこに投影されるのは、たとえば、流動的で非階層的な関係への欲求であり、帰属とつながりへの欲求であり、信頼し信頼されることへの欲求である。それゆえ、近代社会においては、友情の理想と、複雑で煩雑な日常における友情の現実とのあいだに、きわめて大きなミスマッチが存在している。こうした欲求は、個人の自立自存と選択〔の自由の重視〕と結びつきながら、与えられる関係から選択する関係への移行とともに生じたものであり、今日の移ろいやすい関係における信頼とコミットメントの問題をもたらしている。次章では、この点を主題として議論を進める。

第2章　対人関係における自由と選択

一九世紀から二〇世紀の欧米社会では、地理的・社会的な人口移動が加速するにつれて、親族や近隣のつながりが弱体化していき、新しい形の親密性が希求されるようになった。その結果として、後期近代における社会関係には、矛盾するようにも思える二つの傾向が認められる。一方で、今日においては愛情と性的親密性が強調され、緊密で性的な人間関係が他の社会的つながりに対して特権的に扱われているように見える。しかし他方では、そうした緊密な人間関係は、より流動的なライフスタイルに見合った、移ろいやすい不安定なものであることが強調されている。新しい形の世帯の出現や、人口移動、離婚率の上昇、メディア技術を介した交流によって、旧来の社会関係のモデルは再考を迫られている。現代の欧米社会では、人間関係の自由と選択可能性が高まっているように見えるが、そこからは新たな問題状況が生じてもいる。本章では、こうした現代における個人間の紐帯の特徴を検討し、また、異性愛と同性愛の双方を視野におさめながら、友情が親密な性的・家族的関係の支配的なモデルとしていかに利用されているかを考察していく。それとともに、近代的な関係性における自由・選択・対等性が追求されるなかで、友情という概念に何が願望(aspiration)されているのかを明らかにしたい。

二〇世紀半ば以降の学術的言説と大衆的言説は、信頼にもとづく対等な異性愛関係という親密性のモデルを唱導してきた。「友愛結婚」は、友情にもとづく性的関係のもつ魅力を端的に示すものだろう。第1章でみたように、こうした友情による婚姻関係の形成に注目した研究を行ったのが、イギリスのヤングとウィルモット(Young and Willmot 1957)や、アメリカのパーソンズ(Parsons 1964a, b)であった。その思想的系譜は、一九九〇年代のギデンズ(Giddens 1992)やベック(Beck 1992)などの研究に受け継がれている。ギデンズの定式化した「純粋な関係性」は、対等性と相互の自己開示を特徴とする。友情のもつ諸属性——仲間意識、対等性、自己開示——はまた、性愛をとらえ直す際にも中心的な役割を果たすようになっている。一八世紀スコットランド啓蒙主義の哲学者たちは、友情を近代的で進歩的な関係性ととらえていたが、今日の欧米社会における友情はまさにそのようなものであり、〔友愛結婚をはじめとして〕持続的な性的関係に承認を与える近代的要素ともなっている。つまり、友情の理想と価値は、近代的な性愛を正当化するためにも利用されているのである。

個人を中心とする社会

二〇世紀半ばに多くの社会学者が問題視していたのは、従来のような社会的連帯が消え始め、もっぱら仕事関係のつながりとネットワークを重視するような、より個人主義的な傾向が広がりつつあったことだった。人びとは心の拠りどころをもはや私生活のなかにしか求められない孤立した存在であるとみなされるようになった(Berger, Berger and Kellner 1974; MacFarlane 1978)。〔子どもや高齢者などの〕ケアや保護監督は「伝統的な共同体」が担うべきものという昔ながらの価値観は衰退し、道具的個人主義〔訳注：個人的利益を満たすための自由を重視する個人主義〕や表出的個人主義にもとづく社会観が力をもつようになる。工業化と都市化によって伝統的な親族関係や共同体のつながりが崩壊し、人びとは物質的にも精神的にも自力に頼らざるをえなくなる。この新しいシナリオのもとでは、もはや家族や共同体ではなく個人が世界の中心をなしており、伝統的な共同体は、個々人の努力と私的な幸福の強調に取って代わられている。そこにはまた、新たな様式の人間関係と個人中心の想像力の現れを見てとることができるだろう(Knorr-Cetina 2001)。

二〇世紀後期には、こうした社会性の変化がもたらす否定的な側面と肯定的な側面の両方が論じられるようになった。クリストファー・ラッシュ(Lasch 1979)は、工業化と近代化から帰結する脱共同体化の問題を重く見て、近代における個人主義的な自己の強まりを悲観的にとらえている。工業化された技術社会における自己は、拠りどころのない、混乱した不定型なものとなる。それは、かつての伝統社会における安定した自己とは、きわめて対照的だ。伝統的な共同体では、人びとは生まれた場所で死ぬまで生活し、固定的なアイデンティティを持ち、同じ仲間と生涯を通じてともに働き、強固な社会階層によって制約を受けていた。個人の行為者性《エージェンシー》についてのラッシュの悲観的な解釈は、個人の満たされなさとそれを生みだす社会の欠陥への不安を基調としている。彼によれば、自己愛と自己中心主義に彩られたナルシシズムの高まりによって、人びとは他人と関わりたがらなくなっており、こうした状況では自らのアイデンティティを投錨する道徳的地平をもてないために、個人はきわめて内閉的で不安定なものになっていくという。それゆえラッシュは、共同体や家族、宗教のもっていた価値を見なおすべきだと主張する。

親密性の条件

ラッシュとは対照的に、アンソニー・ギデンズやウルリッヒ・ベックによる近代的個人のアイデンティティ形成に関する分析は、より楽観的な見方を提示している。ギデンズとベックは、後期近代の個人主義のイデオロギーによって伝統的な連帯の正当性が揺るがされているとしても、人びとの生活は伝統による束縛からますます自由になり、ますます個人的な選択にゆだねられるようになっていると主張する(Giddens 1990, 1991; Beck and Beck-Gernsheim 1995, 1996)。都市における社会的紐帯が伝統的な形で取り結ばれることはもはや少なくなっており、自己アイデンティティと相互関係を重視する、互酬的な個人主義にもとづいた新しい共同性が出現しているという。このような「個人化」の過程は、ベックの場合は社会的・個人的関係における選択という要素に(Beck 1997, 1998; Beck-Gernsheim 2002)、ギデンズの場合は親密圏の変容(Giddens 1990, 1991, 1992)に関わるものとされる。

ギデンズ(Giddens 1992)は、後期近代におけるコミュニケーション、技術、関係性、アイデンティティに関する一連のグローバルな変容によって、親密性の再編成が進行していると主張する。グローバル化は、社会的経験を取りまく身近で個人的な状況を塗りかえるものであり、遠く離れた場所での制度変更やできごとが、身近な場所での活動に影響することも増えていく。こうした変化によって伝統的な権威が弱まるにともない、より民主的な知の形態が現れつつある。ギデンズによれば、情報や娯楽の新しい移送・伝達手段の登場は、グローバルな規模の社会的実践において、時間と空間の「脱埋めこみ」をもたらすものだという(Giddens 1990)。この脱埋めこみのプロセスは、近隣や地域共同体といったローカルな状況から切り離された社会関係を可能にすることによって、新しい形の社会的交流を出現させている。かつての共同体はローカルな空間を基盤として強いアイデンティティ感覚を提供していたが、放送やインタラクティヴ・メディアなどを介して形づくられる新たな共同体は、遠く離れた場所で起こったできごとの情報で満たされている。携帯電話やメール、ネットが媒介する社会的相互行為は、新しいアイデンティティとヴァーチャルな共同体を出現させつつある(これについては第5〜7章で論じる)。マスコミュニケーションの隆盛は、組織や個人が大量の情報を収集し蓄積することを可能にし、再帰性を増大させていく。その結果、ギデンズ(Giddens 1991)によれば、個人は生活に専門家システムを取り入れることによって、さらに〔伝統的共同体を頼らなくなり〕自立性を高めていく。

近代以前の社会におけるアイデンティティは、親族や性、宗教、社会階層によって生まれたときから固定されていた。しかし今日の人びとは、つねにネットなどの情報源にアクセスすることを通じて、行為や活動を調整し自己管理《モニター》している。こうした変化の結果として、自己と自己アイデンティティは、親や教師や近隣の牧師のようなかつての伝統的権威による支配と統制から解放されつつある。今日におけるアイデンティティは、あらかじめ決まっているものというよりも再帰的なプロジェクトであり、個人が自らの人生の著者として責任をもつべきものと考えられている。それは今や、個人が自らの生活史と関連づけながら、再帰的に行動することをとおして絶えず改訂を加えていくような、ある種のプロセスとして認識されている。統合された自己という安定的な感覚は、これまで生きてきた日々の連続性の感覚を通じて育まれ、独自性を保ちながら発展していく自分自身についての語り《ナラティヴ》によって他者へと伝えられる(Giddens 1991: 54)。したがって人生とは、「自己の語り」を維持するために、何をその語りに含めるかを決めていく作業の連続でもあると言えるだろう。一貫した自己の語りを生みだすために、個人は絶えず選択しつづけなければならない。また、その一貫性は親密な関係性のなかでの確認を必要とし、その結果として、社会的・個人的な関係はより自己統制的なものになりつつある。

伝統的権威の衰退によって、人びとはまた、家族や共同体のつながりに頼らずに、自ら積極的に性的パートナーを選択しなければならなくなった。こうした変化は、異性愛のあり方と家族生活を根本的に変えるものでもあった。愛は今日の個人主義において中心を占めるものとなり、人生の意味を探し求めるうえでもっとも重要な手段となった(Beck and Beck-Gernsheim 1995)。利己性と虚栄心は、個人主義化が本質的にともなう危険と言えるだろうが、愛のイデオロギーと感情的な自己はそれらを中和するようにはたらく(Lupton 1998)。愛を追い求め、情緒や感性、熱情を重んじることは、合理的で近代的な統合された自己に対して疑問を投げかける。繊細な感性をもつことや親密性を強く求めることを特徴とする感情的な自己は、かつてはもっぱら女性的なものとみなされてきた。それに対して、専門家の関与する現代のセルフヘルプグループに関する研究では、たがいの感情にふれあうことは、だれにとっても肯定的な価値をもつ自己充足につながると考えられている。このように愛は自己形成の鍵になるものとして重視されるようになったが、しかし他方で、愛はまた拒絶に対して脆く不安定で傷つきやすいものでもある。こうした独特な性質をもつ〔愛という〕親密性の強調は、離婚率の上昇によって不安がかき立てられる今の時代には、ますます魅力的に映るようになっている。ベックとベック＝ゲルンスハイムによれば、この不安はまた、親子のつながりを緊密にして、子どもとの愛情の絆を永続させたいという欲望を喚起しているという(Beck and Beck-Gernsheim 1995)。

ギデンズは、子どもへの愛情よりむしろ性とロマンティック・ラブに注目し、それらが近代の親密な関係と自己アイデンティティの中心となっていると主張している。ロマンティック・ラブは、自己のプロジェクトにおいて特権的な地位を占める(Giddens 1992)。そこでの性的なつながりは、たがいの自己開示や対等性を特徴とする「純粋な関係性」として位置づけられる。今の男と女が発展させているのは、「ひとつに融け合う愛情 confluent love」にもとづく関係性であり、「自由に塑型できるセクシュアリティ」と結びついた感情的・性的に対等な関係性である。セクシュアリティはもはや生殖の欲求に拘束されるものではなく、関係性を取りもつある種の「コミュニケーションのコード」になっており、自己実現の手段として、また親密性を表現する手段として機能している(Giddens 1991: 164／邦訳一八五頁)。法の下での万人の平等は、家父長的な関係の正当性を掘り崩しつつある。ギデンズによれば、ゲイやレズビアンの関係は、これまで関係性を規定していた要因を組み替え、保守的な異性愛のあり方を乗り越えることによって、この新しい「純粋な関係性」にとって先駆的な役割を果たすものとされる。

友情としての「純粋な関係性」

社会的関係から個人的関係へという重心の移動は、見方を変えれば、一九世紀から二一世紀にかけての社会の本質をめぐる議論を特徴づけてきた、二つの変化として記述できるだろう。ひとつは「伝統的共同体」にかわって「親密性」が強調されるようになったことであり、もうひとつは「連帯」に代わって「個人間の愛」が強調されるようになったことである(Jamieson 1998)。しかしながら、家族や地域共同体などの伝統的な紐帯の衰退によって生みだされた不確実性は、個人にきわめて大きな負荷を強いている。かつては家族や親族が提供していた存在論的な安心を埋め合わせるものとして、信頼に足る親密な関係はますます重要になっている。ギデンズによれば(Giddens 1992: 58／邦訳九〇頁)、今日の人びとは自己アイデンティティを「純粋な関係性」の領域で形成するのであり、この新しい民主的な関係性は、外的な要因によって取りもたれるのではなく自発的に取り結ばれ、それが当事者双方に満足をもたらす限りにおいて存続する。それは、双方または一方が望めばいつでも終わらせることのできる対等な個人間のある種の契約である。この新たな関係の際立った特徴は、もはや規範的システムによって制約されていない点にあり、それはむしろ、当事者双方がたがいの親密な絆を監視しつづけることによって保持される。性がもはや結婚のような形態に束縛されなくなったことで、生活様式の多様性が広がり、カップルは自分たち独自のセックスのルールを取り決められるようになった。それによって関係性は、おたがいにより大きな満足を与えうるものとなったが、同時により脆いものにもなったのである。

現在のように、自ら運命を選択しなければならない状況のもとでは、友情のもつ近代的な性質は、不安を管理するために不可欠な要素として、性的関係のなかに取りこまれている。他者への信頼と相互の自己開示は、存在論的安心にとって重要な心理的条件になっている。後期近代において友情は性愛ほどの魅力をもたないものの、しかし一方で、性的な親密性は友情との類似性をますます強めつつある。ジェンダー間の平等にもとづく親密性についてのギデンズのような楽観的な見方は、友情に見られる諸性質を適用することで可能になっている。恋人たちは友愛結婚への動機に目覚めて親友となり、そこでは友情が性愛のモデルにもなっている。こうした平等主義的な関係への移行にともなって、たがいに気持ちを開示しあう文化が強調されることになり、感情や感覚、愛着、情熱、気分などが、その人の人間性を示すものとして注目され、査定され、また表出される。恋愛関係を通じた「自分探し」が広がるにつれて、性的親密性はきわめて重要な自己探求の一形態になっている。友人と同様に、恋人たちは親密さの証を日常的に必要とする。たとえば自分たちで特別な情報を共有することであり、具体的には、秘密を打ち明けたり、助言を与えたりといったことである。「純粋な関係性」の安定性は、こうした一連の自己開示の実践にかかっている。実際、打ち明け話をすることは、忠誠を示すための戦略となっている(Pahl 2000)。この不安にさいなまれる時代にあって、恋人同士の友情は、内的自己の支援メカニズムとして、また育成システムとして、きわめて重要な意味をもつようになっている。

強く親密な関係が性的ではないこともありうるが、身体と性的快楽はやはり今日の大きな関心事となっている。それらは自己形成と純粋な関係性の構築においても中心的な位置を占めており、それゆえ、親密な関係のなかでもとりわけ性的関係が注目されることになる。アリストテレスの見解を受け継ぐかのように、現在の友情は理想的な関係性として概念化されており、その平等主義的な諸属性——相互尊重や自己開示、仲間意識——が強調される。友情は自発的に取り結ばれる関係性であり、後期近代における新しい性的関係もその性格を共有している。それは友情の理想を引き継ぎ、もはや「家族」的な紐帯としては定義できないものであり、もっぱら相互の利益と幸福のために結ばれる性的関係である。それは友情と同じく、当事者の双方または一方がもはや無益とみなせばいつでも終わらせることができ、必ずしも生殖と結びつかない関係である。こうした動向は、かつて新婚夫婦の一体性を祝福していた結婚式が簡略化されていくなかにも反映されている。今日の結婚式は、より形式ばらずカジュアルで、仲間内の雰囲気のなかで行われるのが一般的だ。自分たちが特定の親密な関係にコミットしていることを示す法的手続きや公的儀式をしなくても、性的パートナーに打ち明け話をすることは、より深く親密な関係へ移行しようと呼びかける強力なシグナルとなっている(Reis and Shaver 1988)。実際には友情のなかで必ずしも相互理解が求められないとしても、また、多くの場合に友人関係が不平等な権力関係をともなっているとしても(Allan 1989)、「純粋な関係性」における友情の概念は、長期的な性的関係における対等性と選択性への欲求にとって重要な意味をもっているのである。

自由と選択

近代的生活における偶有性と選択の自由は、意味の喪失と孤立というリスクの増大をともなっていた(Bauman 1996: 50f)。もはや一貫したライフコースとアイデンティティを提供してくれる伝統的な共同性に立ち戻ることはできない以上、個人は新しい形の共在性を構築するために、自らの資源をもっぱら頼りにすることを強いられる。伝統的な権力と統制の崩壊は、解放的な力をもちうるとバウマンはとらえていたが、一方で、現代の欧米社会におけるこうした選択性と行為者性《エージェンシー》の強調は、負の側面をもつものでもある。このことは、人生のあらゆる側面で成功しなければならないという個人に負わされた重荷からも明らかだろう。私たちはほとんどすべての事柄に挑戦できるだけの十分な自由と機会をもっているという考え方は、自分が望んだ高みに到達できなかった場合には、自らを恥じることにつながる。個人化の言説の内にある限り、教育であれ仕事であれ愛であれ、もし人生のある局面でうまくいかなかったならば、自分自身を責めるしかなく、より広範な社会レベルで作動している構造的不平等に目が向けられることはない。

さらにまた、ギデンズの言うように、後期近代の親密な関係は自発性にもとづくものであるため、それを築いていく決まったやり方があるわけではなく、どのように人に関わりケアしていくのかもより不確かなものになる。現代では、結婚と性的パートナーは個人が自由に選択すべきものというイデオロギーが支配的になったため、家族が結婚相手を探してくれる慣習は薄れてしまった。心理学者も、人びとはどうやって出会いを得ればいいのかわからなくなっていると指摘している。「スピードデート」は、こうした問題状況に答えるひとつの例と言えるかもしれない。それは二〇〇〇年代初めのニューヨークでの流行に始まり、気軽に楽しめるある種のデートゲームとして、仕事に追われる独身者たちに受けいれられていった。彼らにとってスピードデートは、「うまくことを運ぶ」ことのできる魅力的で効率的な方法だったのである。[*1]

恋愛模様を中心に三〇代女性の生活をえがいたアメリカの連続テレビドラマ『セックス・アンド・ザ・シティ』のなかでも、スピードデートは「手っ取り早く恋が見つかることを請け合う」[*2]ものとして取りあげられていた。スピードデートでは、相手に「アピールするか、スルーするか」を見定めるには三分あればいいとされる。その広がりと人気には、近代の都市文化における「金持ちの時間貧乏」という問題のみならず、都市空間における交流の細分化が表れている。スピードデートは、ある種の娯楽活動であるばかりではなく、きわめて断片化した表層的な社会の状態を示すものでもあるだろう。それは「長時間勤務」の文化がもたらしたものであり、若者にとって意味のある出会いの場は、もっぱら都市の狂乱的なクラブシーンだけになりつつある。

こうした俗悪な側面への注目は、自由で選択的な対人関係がどのような社会的帰結をもたらすかについての不安を高める。アメリカの人類学者ウォルター・ウィリアムズは、はたして人びとは「自分たちのパートナーシップがいつまでつづくのかわからない不安のなかで心地よく生きられるのか」と問う。「これは多くの人を恐怖させる問いであり、人びとは愛のスリルへの欲望と、長期的な関係という安心のあいだで引き裂かれていく」(Williams 1992: 193)。ジャワ島の伝統社会に関するウィリアムズの研究によれば、男女の親密な関係が見合い結婚に限られ、デートの概念をもたない文化に生きる人びとは、英米圏のような性的関係に衝撃を受けるという。

アメリカの物質的な豊かさを賞賛する一方で、インドネシア人はしばしば「なぜアメリカ人は自らを惨めにすることに熱心なのか」とたずねてくる。いっしょにアメリカ映画を観た後、アメリカ人が恋に落ち恋に破れることであまりにも多くのストレスを経験するようすに、インドネシア人が何度も困惑していることに私は気づいた。「なぜアメリカ人はそんなにも脆い個人的関係を築くのか」と私は訊かれた。ひとりのインドネシア人が仲間を代表して、自分が受けた印象について私に次のように語った。「アメリカ人は何もよりどころがないみたいに見える。彼らの関係にも、友人にも、他の誰とも真剣に関わろうとはしていないみたいだ」。西洋のロマンティシズムも、伝統的な家族生活も、多くのアメリカ人にとって役に立っていないことは、インドネシアの人びとの眼にも明らかだった。

(Williams 1992: 193)

ジャワのような伝統的文化では、必ずしも愛情をともなわない見合い結婚は儀式によってその関係性を正式に承認され、また、その儀式のなかでは夫婦の経済的社会的な義務が確認される。そこで「愛」その他の感情の表現がなされることはない。興味深いことに、ジャワの見合い結婚における親密性の不在は、同性の友人関係が個人間の感情的なニーズを満たすことによって補われている(Williams 1992)。ウィリアムズはまた、アメリカの核家族がますます近代的生活のストレスに対処できなくなっていることを指摘し、「進歩的な世論」でさえ家父長的な核家族に代わる新たな未来の理想像を提示できていないことを問題視している。

「自己の再創造」

愛と結婚における感情的な自己開示を重視する現在の支配的な言説は、心地よく響く反面、危ういものでもある。自己開示は信頼を通じてつながりの中へと染みこんでいくものであるが、同時に、つねに拒絶されるリスクをはらんでいる。それゆえ「ドゥ・イット・ユアセルフ」な生き方はつねにリスクをともない、絶え間なく危険にさらされつづける状態でもある(Beck and Beck-Gernsheim 1996: 25)。ギデンズによれば、〔セラピストなどの〕専門家による助言のシステムの隆盛は、近代生活における「存在論的不安」に直面した個人を支えるために生じたものであり、脱伝統社会の重要な特徴とみなされる。そこでは、個人の性的関係は、しばしばきわめて自己中心的なものとして扱われ、他者への共感を体系的に排除していく。しかし、ギデンズは心理学から都合のよい学説を選ぶことによって対等な関係の民主的な側面を強調し、他方で、コンフリクトと不平等に注意をうながす学説は控えめにしか提示していない(Jamieson 1999)。

いずれにせよ、こうした専門家の関与する自己セラピーという説明図式は、ギデンズによる再帰的近代化論のなかでも説得力をもっており、セルフヘルプに関する一般的な言説の中にも反映されている。自己の感覚や行動規準は、伝統的には家族や宗教、教育などの社会制度から生まれるものだったが、それに代えて今日の私たちは、自己啓発をうながす医療カウンセリングや自己管理法、セルフヘルプに関する書籍やマニュアルに頼るようになった。こうした専門知を活用することによって、確かに私たちは親密な関係でどうふるまうべきか判断しやすくなり、再帰的に行為できるようになった。たとえば、セレブたちの私生活に関するゴシップやうわさ話を集めた『ＯＫ！マガジン』の二〇〇四年三月号を見てみよう。「健康の秘訣」という特集では、フィオナ・ハロルド著『自己の再創造』という本が次のように紹介されている。

ライフコーチであるフィオナ・ハロルドによれば、人生を変えるのに、遅すぎるなんてことは決してありません。彼女の新刊『自己の再創造』(四・九九ポンド、ピアトカス出版)では、あなたの目標を達成するために知っておきたい七つのステップが紹介されています。フィオナは言います。「真に実りある自己の再創造とは、あなた自身を深く掘り下げて、あなたの可能性が開花するのを妨げてきた古くさい信念や態度を脱ぎ捨て、あなたが本当の自分だと感じられるような自分になれたとき、初めて達成されるのです」。

(『OK!マガジン』二〇〇四年三月号、一二四頁)

そこに掲載されているこの著書の表紙には、タイトルの下に「新しいあなたに生まれ変わるための七つのステップ」という見出しがついている。やっかいなことに、「新しいあなた」を再創造するためには、「本当のあなた」を探さなければならない。自分をどんどん掘り下げていくと、あなたは本当の自分を発見するが、それは想像上のものであると同時に現実のものであり、作られたものであると同時に自然なものである。もっとも、ライフコーチが私たちの混乱をきれいに取り払い、私たちの秘めた可能性を満たしてくれるのであれば、悪い話ではないだろう。しかし、専門家は単にライフコーチといった形で介入してくるだけではない。心だけでなく体を手入れするための化粧品を勧めるという形で、広範にわたって介入してくるのである。『OK!マガジン』にちりばめられた広告は、読者にアピールするために「奥深さ」「若々しさ」「新しさ」「自然さ」といったことばを用いて、専門家の助言と丹念な手入れを力説する。たとえば、「完璧なブロンド」のための専門的ケア、ニベア・ヴィサージュのフェイスマスクを使った「丹念な手入れ」、「クール・ウォーター・ディープ」のような男性用コロン、「若々しさ」を提供するメイベリンの「エバーフレッシュ」化粧品、「カンタン、キレイで自然なしあがり、新しいあなたのための」ヘアカラーなどである。このように自己の再創造は、自らの身体イメージの再活性化や再秩序化をともなうものとして位置づけられている。

『OK!マガジン』のあらゆるページに掲載されている膨大なセレブたちの写真は、自分をどれほど美しく見せることが可能かを(そして油断するとどれほどひどいところを見られるかを)私たちに示し、また、自分の手入れを怠らなかった者だけが夢見ることを許されるライフスタイルを示している。ただ、それ以外に私たちが学ぶべき人生訓はほとんどない。イギリスのテレビ番組『サッカー選手の妻たち』(ITV)に出演している女優のゾー・ルカーは、ショウビジネスでの成功について次のように洞察している。「たぶん、テレビを見てる人たちって、お金はたくさんもってるのに、どうしようもなく不幸な人たちを見るのが好きなのね。お金よりも大切なことがあることに気づくのは悪いことじゃないわ」(同誌二〇〇四年三月号、七二頁)。また、ハリウッド映画界のスターダムに躍り出たキーラ・ナイトレイは、「次のビッグスターとしてもてはやされるのってどんな気分?」という質問に対して、「そうね、この業界は今日もてはやされても明日には見向きもされない世界だから、明日だれがスポットを浴びているかなんて、だれにもわからないわ」と答えている(同、四二頁)。ハリウッドの「おいしいゴシップ」を伝えるアシュレイ・ピアソンのコラムの場合はこうだ。「ついにブリトニー・スピアーズが自らの電撃結婚について口を開いた。今度のツアーは自分を見つめなおすいい機会になるだろうと彼女は語る。「私にとってツアーは、世界と向きあうセラピーみたいなものね」(同、八七頁)。「専門家」の助言が目的としているのは、人びとに対して、たがいに強く関わりあう権利と義務をもっていることを確認させることだ。そこで提示されるのは、相手と関わる前にまず、自分の「気持ち」と「ふれあう」ことによって自分自身を愛するようにならなければならないという考え方である。それは、社交性よりも主体性を重視する思考法であり、対人関係は自己との関わりから派生する二次的なものとして位置づけられる(Knorr-Cetina 2001: 524)。

専門家の助言は、いまや海外旅行においてもパッケージ販売されており、旅行を通じて自分自身とも パートナーとも効果的にコミュニケーションをとるための技術を学ぶことができる。「ラブボートで行く地中海クルーズ一週間の旅」[*3]では、カップルがたがいの関係をどうやって深めていくかを学ぶための、さまざまな特別イベントが用意されている。新婚または婚約中のカップルを対象とした「本場トスカーナで学ぶイタリア料理の旅」は、二人で過ごす時間と平等に扱われる機会を提供することによって、よりよい関係をうながしていくことを目的にしている。料理作りに忙しく追われる一日が終わると、キッチンは食べ物を送りだすベルトコンベアから、二人でワインを傾けながら夕食を楽しむ心地よい親密な空間へと変わるのだ。[*4] こうした新しい形をとるセラピー的活動や書籍のなかでは、性的関係や家族関係を意味づけるために、しばしば友情のメタファが用いられるようになっている。セラピストや性科学者、心理学者による助言は明らかに大衆化しつつあり、こうした専門家システムの隆盛を、ギデンズは、一貫した自律的な自己を強めることにつながる肯定的な動向としてとらえるのである。

「純粋な関係性」への批判

感情的な自己開示を強調する民主的な関係は、確かに魅力的な概念ではある。しかしながら、異性愛関係においては、対等な関係への根本的な移行が実現されたとは言いがたい。リン・ジェミソンが指摘するように(Jamieson 1999)、そもそも私生活について経験的なデータを収集することは、その性格からして難しいため、ギデンズが一般化した親密性に関する主張を検証することは容易ではない。それでも彼女は、利用可能なデータに依拠しながらギデンズの議論の難点を——ギデンズが見落とした、対人関係における文化的な理想と構造的な不平等との乖離を——浮き彫りにしている。それによれば、「純粋な関係性」というレトリックは、ある種の共犯関係をセラピー言説と取りもちながら、ジェンダー間の不平等を覆い隠しているという。

ギデンズは、純粋な関係性の特徴として、対等性とたがいの自己アイデンティティの探求を過大評価している。このことをジェミソンは、若者の性的な価値観・アイデンティティ・関係性についての実証研究を引きながら示してみせる。その研究によれば、若者の異性愛関係は、相互の快楽や感情的な親密性、対等性を特徴とするとは言いがたいものだった(Holland, Ramazanoglu Sharpe and Thomson 1994, 1998)。このことは、第3章で紹介する一〇代の性道徳に関する調査でも確認されている。また、筆者が関わった共同調査でも、一〇代の性的アイデンティティは、同性愛嫌悪と女性憎悪をともなういじめによって集団的に統制されていた(Chambers, Tincknell and Van Loon 2004b)。二〇代以上の年齢層の異性愛カップルに関する調査によれば、女性は親密性の不足に不満を感じていたのに対して、男性はセックスの不足に不満を感じていた(Duncombe and Marsden 1996)。また別の調査では、夫婦間で家内労働や育児の分担の不平等さに不満がつのっている場合には、親密性と自己開示が得られにくくなるという知見が得られている。その一方で夫婦はまた、さまざまな戦略を駆使して、育児や家事、家計の管理等の家内労働分担に関する不平等が表面化するのを避け、あるいは目をつぶることによって関係を保ってもいた(Brannen and Moss 1991; Pahl 1989)。たとえば、妻はしばしば、夫の収入の分だけ自分は家事の責任と義務を負担していると考えることによって、たがいの関係を対等なものとみなしていた。こうした愛とケアの実践的な形態は、緊密な相互の自己開示よりも重要な意味をもっているのではないか、とジェミソンは示唆している。

彼女はまた、ギデンズがセラピーにおける自己開示の積極的な価値を当然視する一方で、専門家依存のもたらす負の側面に関する研究を軽視していると批判する(Jamieson 1999)。対人関係におけるジェンダーと権力に関するフェミニズムの研究は、たとえば精神疾患やＤＶの領域で、セラピー言説が女性の制度的従属を温存するジェンダーステレオタイプを生みだしていることを明らかにしている(Busfield 1996; Dobash and Dobash 1992)。ラッシュにとって、このような個人とセルフヘルプの強調は、まさにナルシシズム的パーソナリティにつながるものに他ならない。彼は、こうした傾向の負の側面を社会統合が崩壊しつつある兆候とみなし、「世界がますます脅迫的な様相を帯びるにつれて、人生は健康と幸福を果てしなく追求する場と化し、エクササイズやダイエット、薬物、各種のスピリチュアルな生活規制、精神的セルフヘルプ、精神病理学などがその手段となっていく」と主張する(Lasch 1977: 140)。バウマン(Bauman 1990)もまた、自己開示には関係を破壊する面もあるとして、私たちが相互に告白へと駆り立てられることの過酷さに関心を向けている。

自己開示を存在論的安心と他者への信頼を導く創造的なプロセスとしてとらえるギデンズに対して、フーコーはセラピーが規制と管理のメカニズムとして機能していると主張する。フーコー(Foucault 1977)にとって、人生の選択と責任をサポートする「専門家」の急増は、私たちを自己陶酔へと導くような統制形態の強まりを示すものだ。専門家は人びとの自己に集中的にはたらきかけて、社会的に統制された仕方で行動するように動機づけようとする。ニコラス・ローズ(Rose 1990)が主張するように、私たちは自分の人生を決めるのは自分自身だという魅力的な妄想のもとで生きているが、しかし私たちの親密な感情や欲求、関係性は、〔専門家という〕「魂のエンジニア」集団によって形を与えられているのである。それは、家族においてであれ職場においてであれ、あるいは自分の身の処し方においてであれ、個人を管理統制する中心的な役割を果たしている。こうした一連の「主体性のテクノロジー」は、政治的権力が、市民の心理的(精神的かつ感情的)な能力を開発し向上させるための専門技法に依存していくなかで発展してきた。こうした技法は、自己の統制の一環として常時行われる監視によって可能になっている。私たちの人間関係を、私たちの子どもを、私たちの生活を、どのように管理していけばいいか助言することを通じて、セラピストやカウンセラーは優しく甘いことばで、私たちを新しい考え方や感じ方、ふるまい方へと誘導していく。私たちの主体性は、〔専門家という〕新たな知の客体となり、新たな権力の対象となったのである(Rose 1990)。

「純粋な」民主的関係性の出現を過大に評価するギデンズはまた、社会における公的領域と私的領域の相互接続関係を見落としている。結婚とパートナーシップのあり方やそこにかけられる期待は変化しつつあり、制度としての結婚から関係としての結婚へと重心を移してきた。しかし、デイヴィッド・モーガン(Morgan 1996)が批判するように、二〇世紀に広まった家族の「制度」から「関係」への移行という物語は、誤解を生みやすいものである。というのも、ジェンダー間の不平等が、家庭内の役割分業や、労働市場における職域分離、所得と福祉の不公正な分配など、広く公的領域と私的領域を縦断する形で存続しているからだ。ジェミソンは、「ギデンズが描いた現状は経験的にも理論的にも検証することができず、また、「親密性の変容」は構造と行為の相互関係から奇妙にも切り離されているように思える」と批判する(Jamieson 1999: 482)。こうした問題については、第3章と第4章で、対人関係におけるジェンダーのアイデンティティと差異に関連づけながら、あらためて論じることにしたい。

ギデンズの「純粋な関係性」は、このように経験的実証性の乏しさとジェンダー要因の見落としという問題をともなってはいるが、今日の欧米社会においてこうした種類の紐帯が切望されている、あるいは理想とされていることを指摘した点は重要だろう。仮にそれが平等を約束するものだとすれば、それはまさに女性が探し求めてきたものに他ならない。こうした願望は大衆的なメディア言説のなかでくり返し語られ、検討を加えられ、ティーン誌や女性誌、ハリウッドの恋愛映画、『フレンズ』や『セックス・アンド・ザ・シティ』などのテレビドラマのなかに、その姿を現している(あわせて第4

章を参照)。

友人としての家族？

今では「友人としての家族」や「家族としての友人」といった表現が広く使われるようになったが、そこには、個人の自律性への欲求と、家族への帰属による安心感との緊張関係を見てとれるだろう。家族関係がより複雑で輪郭のあいまいなものになるにつれて、「友人」と「家族」という語の結びつき方も変化してきた。現代における親子の紐帯は、かつての拡大家族における子どもとの関係に比べて、精神的な側面を重視するようになっており、そのことが近代的な核家族の絆の信頼性を担保している(Davidoff et al. 1999)。実際、一九七〇年代から子ども中心型の家族へと移行するなかで、子どもと友人のような関係をもつこと――「親密性の開示」――が強調され、子どもが精神生活の基盤に位置づけられることになった(Beck and Beck-Gernsheim 1995; Jamieson 1987, 1998)。人びとは今では、家族成員と友人のようなつながりをもつことを期待するようになっている。また、離婚や別居が一般化し、親族とのつきあいも薄れており、そのため、家族とのつながりに乏しい人びとにとっても、友人はより重要な存在になりつつある。対等性と相互の自己開示という友情の属性が、現代の家族関係を近代化し、刷新するようなはたらきをしていることは、実証研究からも裏づけられている。

このまま友人は、後期近代において、家族や親族よりも重要なものになっていくのだろうか？　それとも家族と友人は、そこにかけられる期待や行動様式の面で、何かしら似通ったものになっていくのだろうか？　この点に関して、パールとスペンサー(Pahl and Spencer 2001)による実証研究は、重要な示唆を与えてくれる。彼らはイギリスで幅広く個人と家族を対象として、家族生活における友情の役割についての聞き取り調査を行った。そこから明らかになったのは、友人が家族の機能の一部を代替しており、過去と比べてサポートネットワークの中でより重要な位置を占めていることだった。家族と友人のカテゴリーの境界が曖昧になっていることは、人びとが交流を保ち義務を引き受けるべき親族を選り好みするようになったことにも現れている。先行研究では、家族と友人を区別する決定的な要因は選択であるとされてきた(Finch and Mason 1993)。パールとスペンサーの調査もまた、家族が所属するものであるのに対して、友人は選択するものであると考えられていることを明らかにしている。しかし、より重要なのは、親族と友人の境界が曖昧になっていることが確認されたことである。こうした傾向は、家族と友人の役割が交錯しつつあることからも、調査対象者の発言内容からも見てとれる。

「身内」〔親族 kin〕と「友だち」という語は、互換的に用いられる場合でも、異なるニュアンスを帯びていた。家族のだれかを「友だちみたい」と言うような場合には、「友だち」という語で表現されたその家族関係は、肯定的で価値のあるものとして扱われていた。友人が「身内《キン》」と呼ばれる場合にも、同様に、その関係が良いもので、強い絆であることを意味していた。しかし、ある友人関係が「義務」的な関係とみなされて「家族みたい」なものと形容される場合には、「家族」という語は侮蔑的な意味で用いられていた。このように、家族と友人の境界は敷居の低いものになっているのだが、

「友だち」という語が好ましい家族関係を形容し、その価値と魅力を表現するために用いられるのに対して、逆に「家族」が友人関係を形容する場合は、義務の感覚によって縛り付けられた否定的な意味をもつのである。

パールとスペンサーはまた、「友人としての家族」という語が、祖父母を除くあらゆる家族成員を含みうることを明らかにしている。家族成員は、その関係が義務的というよりむしろ選択的と感じられる場合や、強い感情的な絆が存在する場合には、友人になぞらえて表現されていた。加えて重要なのは、自己開示を含んだ関係である場合にも、その家族成員はやはり友人とみなされていたことだ。何でも打ち明けられる仲であることはきわめて重要であり、その関係を「友人」とみなすに足るかの決定要因となっていた。それに対して、友人が「家族」とみなされる基準は、困難にさらされながら友人関係の維持にともに努めてきた場合や、長期にわたって精神的その他のサポートを提供してきた場合であった。幼なじみや、家族行事に招かれるような友人も、「家族の一員」とみなされていた。

パールとスペンサーによれば、打ち明け話をすることは、家族と友人との交流形態としてきわめて重要な意味をもっている。調査対象者たちは、家族や友人、性的パートナーに打ち明け話をしていたが、親はほとんどその相手に選ばれていなかった。親を動揺させたり批判されたりするのが恐いからだ。ジェンダー差という点では、女性は男性よりも打ち明け話のできる相談相手が多かった。男性の場合は、労働者階級よりも中流階級の方が多くの相談相手をもっていた。これは、労働者階級の男性は感情的なサポートをより妻に頼りがちであるという先行研究を裏づけるものでもある(Willmott 1987; Wellman1992)。第3章でも取りあげるが、男性の友人関係に関する研究によれば、男性は仲間の男性よりも女性に精神的なサポートを頼りがちであり、異性愛男性が女性パートナーに頼る場合にはこの傾向がより顕著に見られるという。パールとスペンサー(Pahl and Spencer 2001)の知見のなかでも重要なのは、友人関係が家族関係よりも心理的な肯定感をもたらすということだ。それは、友人関係が所属するというよりむしろ選択する関係性であることによる。このことはギデンズの「純粋な関係性」についての筆者の解釈を補強するものと言えるだろう。親密な関係性における選択と対等性は、実際には必ずしも達成されていないが、関係性のあるべき姿として願望され、高く価値づけられている。関係の選択性は、今では強制的な関係に代わるものとしてますます特権的な位置を占めつつある。

親族の重要性が薄れ、また、親族のなかでも友人になることができ、信頼と満足ある関係を取りもてる相手だけが選ばれるようになったことで、友情の価値はよりいっそう高められつつあるように思える。これは、友情がより支配的な関係となり、親族を価値なきものにしつつあることを意味しているのだろうか？　ジェミソンは「よき友こそすべてか」と問いかけ、「必ずしもそうではない」と答える。彼女がきわめて重要なポイントと考えるのは、「共同体」から「親密性」へという歴史的な移行によって、私たちが友人と親族を類似した関係性ととらえるようになったことであり、両者をともに「感情の共有にもとづく共同体の潜在的な構成員とみなすようになった」ことである(Jamieson 1998: 74)。彼女はまた、これら二つの関係性の重要な相違点を強調する。たとえば子どものいる家族の場合、育児期の母親は男性パートナーに継続的に依存する状態に置かれることになるだろう。そのような状況を考慮に含めることなく、家族関係における友情が強調されるならば、そこでの権力と葛藤が巧妙に隠蔽されてしまう。それによって、そのような関係性に何が求められ望まれているかという主観的な経験とは区別すべき、構造的な権力関係がぼやけてしまうのである。

家族と友人の関係についての主観的な経験と願望に注目した、パールとスペンサーの研究は、「友人のような関係」が今日もっとも求められる関係性を表象するものとなっていることを明らかにするものだった(Pahl and Spencer 1997)。こうした友人的な関係性は、親族の紐帯に取って代わるというよりも、むしろそれを強化するように作用している。友情という概念は、その不定形性にもかかわらず、家族的結束のメタファとして用いられている。このことは、友情という概念のもつ意味と諸特徴が、欧米社会において求められるべき近代的な関係性として位置づけられるようになったことを示すものだろう。

結　論

後期近代においては、非階層的な関係性にもとづくインフォーマルなネットワークが求められるようになり、人びとは自己の語りを再創造する可能性を手に入れた。こうした新しい生活様式に関する学術的考察から示されるのは、個人がより自立的で自己再帰的になりつつあることであり、社会的紐帯はより親密で私的で個人的なものに、また同時に、流動的で移ろいやすいものになりつつあることである。個人の能動的な行為者性《エージェンシー》における再帰性を強調するギデンズ(Giddens 1992)は、家族と友人関係が親密な関係性を民主化する場となっていると主張する。彼はまた、今日においては、近代的なひとつに融け合う《コンフルエント》関係性が仲間意識と友情を育むものとなったために、関係の選択性と互換性がより重視されるようになり、関係を維持しつづけることと取捨選択することとが深刻に対立するようになったと示唆している。

このような新しい生活様式と自己像は、友情のメタファにますます依存するようになっており、それに頼りながら、伝統的な核家族形態を乗り越える方法や、個人のアイデンティティの探求方法が模索されている。こうした情勢の変化のなかで、友情というシンボルは、性愛と結婚が民主的な関係性へと近代化されたことを喧伝するために利用されている。その一方で、友情の概念は、人びとがどのような関係性を願望しているかを指し示してもいる。家族や共同体ではなく「自己」のアイデンティティが社会の基礎となる時代にあって、打ち明け話ができることに象徴される友情の性質は、自己をめぐる新しいプロジェクトを支えるものとなった。後期近代において、仲間意識・対等性・相互の自己開示といった友情のもつ肯定的な性質は、学術的言説と大衆的言説のなかで、異性愛的な親密性を自己アイデンティティの不可欠な構成要素として正当化するために再編成されてきた。

だが、「純粋な関係性」という概念と、その友情との関連について、もっとも問題視すべき点は、対等性についての〔誤った〕想定である。友情のもつ平等主義的な性質は、性愛と広範な親族関係についての考え方を近代化するように作用する一方で、友情という理念は親密な関係におけるジェンダー間の不平等を覆い隠してもきた。後期近代における専門家システムの隆盛に関するギデンズの主張は、カウンセリングの流行やセルフヘルプの言説など、多くの事例によって裏づけられてはいるが、その反面、ジェミソン(Jamieson 1999)が指摘するように、民主的な「純粋な関係性」がすでに達成されたことを裏づける証拠はほとんど示されていない。

この章では、「純粋な関係性」という概念がいくつかの欠陥をかかえていること、しかしながら、友情の概念を、今日の親密な関係における対等性と関連づけることの内には、そこに平等と相互理解を求める――とりわけ女性の――切実な願望が現れていることを論じてきた。このような、恋人や夫とのより調和の取れた対等なパートナーシップを求める女性の欲求については、第4章で詳しくみていくことにしたい。

第3章　ヘゲモニックな男性アイデンティティと男同士の絆

ここからの二つの章では、異性愛、ジェンダー、権力が、友情と社会関係をとおしていかに編成され接合されているかについて探究していく。本章では、まず、異性愛男性の友情をめぐるこれまでの議論を概観する。伝統的に男性の友情は、集団への所属とそのネットワークを通じて、社会的・文化的資源として機能する面をもってきた。ここでは、そうした伝統的な男性のネットワークとして、フリーメイソンのような男性限定の秘密結社や社交クラブなどの例を取りあげ、同性間の個人的でフォーマルな関係が男性にとって資本の一形態(Bourdieu 1983a)となっていることを見る。次に、より一般的な男性間の友情に視点を移し、それがヘゲモニックな男性性を維持し強固にするものであることを示すとともに、そうした男性同士の絆が困難にさらされつつあることを指摘する。そして、男性的な友情が兄弟愛《フラタニティ》の言説によって輪郭づけられていること、女性性との差異・対立を強調する形で表現されることを論じる。ゲイやレズビアンのアイデンティティをもつ人びとの社会的紐帯は、異性愛が支配的な位置を占める関係性を揺るがし、超えていくことによって、個人的なつながりのあり方を変容させつつあるが、この点については、第5章でクィア・コミュニティにおける新たな帰属の形態と「選び取る家族」を論じる際にあらためて取りあげることにしたい。

以下では、ジェンダー・アイデンティティとジェンダー関係の複雑性と不確実性に注目しつつ、ジェンダー化された主体が権力と差異をとおして構築され、また、友情と個人的な絆をとおして編成されることを論じる。友情は、ジェンダーにかかわる正常さを管理するうえで、その中核をなす重要な社会的紐帯である。しかし、ジェンダーや友情が固定的なカテゴリーではなくなった状況下では、こうした正常さの管理ははたしてどのようになされることになるのだろうか？ ジェンダーは流動的でトラブル含みのものであるため、「正常」なジェンダー・アイデンティティやジェンダー実践という観念——すなわち正常な女らしさと男らしさ——の絶え間なき再生産による統制を必要とする(Butler 1990)。欧米社会における友情は、ジェンダー・アイデンティティの社会的、文化的、道徳的な統制の一部をなしている。たとえば第1章で論じたように、古典的な思想においては、友情は勇敢さや忠誠、市民的義務のような本質的に男性的な徳を意味するものとして規定されていた。[*1] 旧約聖書とギリシャ哲学の伝統の一部をなす、男性の仲間意識の美化されたイメージには、女性は真の友情を築く能力がないという主張が暗に含まれている。アリストテレスによれば、男性の友情は女性には禁じられた公的な生活のなかにもっぱら位置づけられるものであった。男性の友情は、このように女性の関係性と対置されながら、社会的に価値あるものと理想化されるのであり、また、物理的空間においても分離されるのである。

本章と次章では、ジェンダー化されたアイデンティティがどのように友情によって管理されるのか、また、友情がどのように「理解可能なジェンダー」によって管理されるのかを検討する。ジュディス・バトラー(Butler 1990: 17／邦訳四七–八頁)によれば、理解可能なジェンダーは、セックス、ジェンダー、性的実践と性的欲望のあいだに一貫した相互作用を編成し、安定性を維持するものである。ヘゲモニックな異性愛者の男性性は、性とジェンダーの差異にもとづきながら、理解可能な形へと構成されている。この章は、異性愛者の男性間の個人的な交際と友情をとおして、これらの差異がどのように提示されるかを見ていく。こうした男性に限定された交際によって、異性愛者の男性性は、それにとって他者の位置にある女性性やゲイ、あるいはヘゲモニックでない男性性などと関連づけられ、対置されることを通じて、特権化・正当化されるのである(Connell 1995)。

男性の友情に関する研究動向の変化

家族や雇用などの社会制度やアイデンティティが大きく変化したことは、異性愛白人男性という属性が占めていた特権的な地位に対する疑念をもたらした(Connell 1989)。離婚率の上昇とともに核家族は弱体化し、いわゆる大黒柱としての男性の地位も低下した。父親が離婚後も子どもとの関係の維持を望むようになったことは、広く認識されているものの、複雑な問題を生んでいる。反人種主義と多文化主義的な政治意識が高まり、ゲイ・レズビアン運動の活発化によって異性愛規範も揺らぎつつある。後期近代においては、自己開示を重視する「感情的自己 emotional self」が力を強めていくが、それは伝統的な男らしさへの疑念の高まりと軌を一にして生じている。

　こうした広範な社会変化が進み、また、「友情」が市民的義務を象徴するものから親密性を象徴するものへと移行したことは、男性の個人的な関係性についての見方の衝突をまねくことにもなった。一九八〇年代以降の男性の友情に関する研究は、男性学の登場と、ジェンダー研究や女性学における「男性性の危機」言説の高まりから影響を受けている(たとえばConnell 1987; Segal 1990を参照)。それらの研究は、「友情」をヒロイズムや公的責任ではなく、第2章で見たような情緒的な絆という性格をもつ近代的な関係性ととらえ、男性の友情を問いなおすことから議論を展開していく。人びとの関係性を編成する言説として「親密性」が支配的になるにつれて、女性たちの友情の実践と表現がモデルとされるようになり、そのもとで男性は否定的な比較対象として〔親密性の〕欠落を見いだされるようになった(Seidler 1992)。この見方は、男性の友情の分析枠組としては不十分なものだろうが、個人的関係のジェンダー差に関する近年の研究論文においては有力な観点となっており、女性は男性より「深い」友情を持っているという主張を強固なものにしている。たとえば、ヴィクター・サイドラーは、正統な男性の友情が「情熱的」で「没入的」なものであった過去の黄金期と対比させて、男性同士の関係が浅く表面的に見える現在の問題状況を描きだしている(Seidler 1992: 17)。また、スチュアート・ミラーは『男性と友情』のなかで、今日の男性の友情は「一般的に希薄さ、不誠実さ、さらには慢性的な警戒心によって特徴づけられる」と論じている(Miller 1983: xi)。このような解釈は、友情の古典的な役割の理想化と、親密な自己開示という点では女性の友情に遠く及ばない男性の嘆きを基調とするものだ。

こうした観点から行われた一九八〇年代から九〇年代の男性の友情研究によれば、欧米圏の中流階級の男性は個人的な弱みを見せたがらないため、彼らの交流には親密さが乏しく、また、感情表出的で率直であるよりも表面的で心理的に距離を置くものであることが示唆されている(Harvey 1999; Pease 2002; Reis and Shaver 1988)。男性は、親密さより仲間づきあいを、自己開示よりたがいへの献身を求める(Sherrod 1987: 221)。また、男性同士の親密性は恥に等しい感情を呼びおこすため、男らしい自制心とは両立しないものととらえられている(Helgeson, Shaver and Dyer 1987)。アンドリュー・シングルトンは、「男性間の関係における親密さの表れとみなされかねない行動は、文化上、支配的な位置を占める「ヘゲモニックな」形の男性性と、そこで期待されるふるまい方にそぐわない」ものであると論じている(Singleton 2003: 131)。男性は、相手が女性である場合の方が、男性である場合よりも打ち解けやすいことも確認されている(Derlega et al. 1985; Hacker 1981; Pahl and Spencer 2001)。たとえば、一九八〇年代にアメリカで行われた二〇〇名の男女に対する調査では、男性の三分の二が親しい友人の名前をあげることができなかったという(Rubin 1983)。名前をあげることのできた男性の場合も、その友人は女性であることが多かった。対照的に、女性の四分の三は容易に一～二名の、もしくはそれ以上の親しい友人の名前をあげることができ、その友人のほとんどは女性だった。独身女性だけでなく既婚女性も、もっとも親しい友人として女性の名前をあげていた。近年、パールとスペンサーによってイギリスで行われた研究(Pahl and Spencer 2001)では、女性は男性よりも秘密を打ち明けられるような親友が多いこと、中流階級の男性は労働者階級の男性よりも親友が多いこと、そして、男性が女性の親友になることはないといった知見が得られている。

これに対して、男性同士の絆をめぐる論争のもう一方の側は、「より貧弱な男性の友情」というレッテルを何とかして避けようとしてきた。スコット・スウェイン(Swain 1989)は、ルビン(Rubin 1983, 1985)のように、女性の親密な関係性をもとに設定した基準によって男性の友情を測定するのは誤解を招くおそれがあると論じている。スウェインは、男性の友情は「表立たない」「活動的な」形をとる親密性によって特徴づけられており、女性的な親密性のモデルをあてはめるべきではないと強く主張する(Swain 1989: 71)。バリー・ウェルマン(Wellman 1992)は、友情をより広く定義すべきであり、そうすれば男性の友情が女性の友情と同じくらい熱心に育まれていることが明らかになるだろうと論じている。彼は、友情を情緒的に支えあう仲間づきあいと狭く定義すると、そもそも男性はそのような形の関係形成を行わないため、誤解につながるものと考える。

同様にギデンズもまた、「純粋な関係性」の諸特徴と対比しながら、後期近代における新しい友情の定義を示し、男性同士の関係性は友情とは異なるものだと論じている(Giddens 1992: 126／邦訳一八八頁)。それによれば、男同士の関係性は、男性特有の経験を排他的に共有することから生まれる絆を必要とするものであり、「兄弟愛」的なものとされる。兄弟愛は、純粋な関係性の諸特徴とは対照的に、依然として男性の排他的な領域をなす関係形成システムのままであるのだ。一九八〇年代から九〇年代初頭にかけて男性学が隆盛していくとともに、「男たちの絆」への関心が急速に高まり、その結果、相対立する主張が現れることになった。一方の側は、男性の友情を他の関係性とは異なる独特なものとみなし、正統な男性の友情の復権を試みる。他方の側は、男性の友情を新しい親密な交流形式のひとつに含めようとするのである。

このように、今日における友情の概念が男性性に関係するものかどうかが問題とされ、また、特権化された男性的経験という観点から議論がなされる一方で、こうしたアプローチが死角に追いやってしまう権力の問題を問いなおす必要があると主張し、男性同士の関係性を経済的・政治的な生存競争という観点から論じる研究者も現れている。たとえば、マイケル・メスナー(Messner 1992, 2004)は、男性にとって友情が持つ意味と価値を研究するだけでなく、私たちは「これらの男性の友情のパターンが権力のシステム全体とどのように適合しているか」(Messner 1992: 217)を問うべきだと強く主張している。はたして今なお男性の友情は、権力と特権によって構造化されつづけているのだろうか？

男性の絆とジェンダーの差異化

ここまで見てきたように、男性的アイデンティティとジェンダー差の表れについての研究動向には、いくつかの重要な変化が生じてきた。それによって、男性間および男女間の関係性における男性の権力にも、再検討が加えられることになった。近年の研究において、ジェンダー・アイデンティティはもはや社会化をとおして学習された単なる「役割」とはみなされていない。今や男性／女性というアイデンティティの形成は、関係的なものとして、すなわち社会的相互行為を通じてたがいに対置されるなかで構築されるものと考えられている。ジェンダーに関する近年の研究は、ポスト構造主義理論や「クィア」理論を援用しながら、ジェンダーとは、生まれつき決まった変わることのない性別という観念が行為実践《パフォーマンス》を通じてくり返し提示されることで再生産されるものととらえる(Butler 1990)。後であらためて取りあげるが、ジェンダーと教育に関する研究によれば、ヘゲモニックな男性性は、男性や少年が他者と関わったり対抗したりするなかで、支配と従属という様式をとおして輪郭が与えられていくという(Davies and Harré 1990; Haywood 1996; Jackson 2002; Mac an Ghaill 1994; Mills 2001; Renolds 2004; Salisbury and Jackson 1996; Skelton 2001)。ヘゲモニックな男性性は、劣位の周縁化された他者と関係づけられるものであり、そのことが友情をジェンダー化されたカテゴリーとして定着させることにつながる。友情とは、性的な差異を演出することによってヘゲモニックな男性性を下支えする個人的交際なのである。友情は、ジェンダーの差異を演じる《パフォーム》関係性の枠組をなし、ジェンダー化されたアイデンティティを編成する場を構成する。そのため、男性と女性はたがいに対照的な形で友人関係を維持することになり、たがいに反目するような関係性をつくる傾向にある。こうしたことは、従来とは異なる形のジェンダー・アイデンティティを見つけだそうと奮闘する若者たちのあいだですら起こっている(Frosh, Phoenix and Pattman 2002; Paetcher 1998; Renolds 2004)。

政治と労働という公的領域は、従属化された女性的な関係様式、すなわち私的で家庭的とされるタイプのつながりと対比されることによって、男性的な友情を内在させた場として分節される。今日でも、高潔で排他的な男性の友情というアリストテレス派の言説の残滓は、『ベン・ハー』(1959)から『ロード・オブ・ザ・リング』三部作(2002, 2003, 2004)にいたるハリウッドの大作映画のような大衆文化の物語に広く認められる。ハリウッド映画やマンガやコンピュータゲームは、公的／私的という軸にそって、男性と女性の友情を暗黙裡にくり返し差異化し、少年や男性に向けて、公的な行動主導型・目的志向型の個人的関係性の表象を賞賛する。これは、女性の友情がテレビドラマという家庭的なメディアのなかで私的で家庭的で親密なものとして表象されるのとは対照的である。『コロネーション・ストリート』や『イーストエンダーズ』などのイギリスのメロドラマに典型的に見られるように、そこでは家内領域に焦点があてられるとともに、女性の友情は養育と関連づけられ、また、隣所や親戚、地域社会を固く結びつけることに価値を与えられている。このようにして、公私の二分法は、象徴的なレベルで現代の男性的な友情と女性的な友情に関する人びとの考えに影響を及ぼしつづけている。男性の友情の象徴は、伝統的に権力と特権のうえに築かれ、また、それらを再生産しようとする欲望を表してきた。大衆的なメディアが個人的関係性を物語化する際にしばしば見られる〔ジェンダーによる〕差異は、その名残をとどめるものだろう。

言語学的研究でも明らかにされていることだが(Cameron and Kulick 2003を参照)、ダフネ・スペインによれば、「(女性のように)私的な場で私的な問題について話すことと、(男性のように)公的な場で公的な問題をめぐって行動することを比較した場合、社会的権力という点では、前者は後者ほどのポテンシャルをもってはいない」(Spain 1992: 72)という。しかしながら、男性の兄弟愛、とりわけ中流階級の白人の兄弟愛が特権化された空間は、女性や非白人男性が、教育・雇用・政治といった公的領域に参入することによって、次第に揺るがされつつある。異性愛男性の絆に他者への権力が付与されていることに対しては、女性だけでなくゲイ男性からも異議が唱えられている。それとともに、近年の研究は行為者性《エージェンシー》に注目するようになり、ジェンダー化され性愛化されたアイデンティティの構築における個人の能動的な役割を強調するようになった。男性の親密性に潜在する同性愛の可能性は今でも仲間たちから警戒されるが、これに対して一九七〇年代からのゲイ解放運動は、男女間だけでなく男性同士のあいだにもある慣習的な権力関係に異議を唱えてきた。このことは男性間で友情が編成される方法にも影響を与えるものだった(Nardi 1992: 4)。それにもかかわらず同性愛関係は、第三世界の国々の都市部を外れた貧困地域だけでなく、第一世界から第三世界にわたって男性優位の関係性の見られる文化圏で敵視されつづけており、同性愛嫌悪《ホモフォビア》の引きおこす暴力やいじめ、悪口雑言の対象となっている。

イブ・コゾフスキー・セジウィック(Sedgwick 1985: 83–96／邦訳一二七－四六頁)が論じるように、男性間の交友関係が美徳や市民的義務によって規定されなくなったとすれば、強固な男性間の絆が〈同性愛ではなく〉「ホモソーシャル」なものであることを示す諸特徴を何に求めればいいかという問題が生じる。とりわけ男同士の絆が集団を効率的に組織化するために重要な領域では、それは重大な問題になるだろう。後期近代におけるアイデンティティの重要な属性として性を強調することは、「プラトニック」な、すなわち「精神的」で「非肉体的」な同性間の友情の境界を画定しようとする際に困難をもたらす。社会の性愛化は、たがいの関係性における身体や官能的な快楽、性的なふるまいへの注意を高める。そのことはつまり、エロス的な言説が血縁以上に個人的な絆を規定するものであることを意味している(Seidman 1991)。男性のアイデンティティは、スポーツ、軍隊、政治、あるいは重工業から多国籍企業の重役職にわたる職場環境など、男性に限定された制度のなかで取りもたれる強固な絆を必要とする。その際、非ヘゲモニックな位置にある男性性の周縁化は、次に挙げる諸事例で詳しく見るように、異性愛男性の関係形成を統制する重要な社会的メカニズムとなっているのである。

公的な男性の連帯の伝統的な形式

インフォーマルな公的権力

他者を排除することで権力を確保し再生産してきた男性の関係性は、これまで、男性に限定された政治やビジネスのネットワークをとおして、また、フリーメイソンやロータリークラブのような高度に管理された社交クラブや団体のなかで、明に暗に機能してきた。これらの社会的なネットワークは、男性のインフォーマルな権力の鍵を握るものであり、男性に政治やビジネス上の利益をもたらしている(Starr 1987)。今日の欧米社会では、フォーマルなものであれインフォーマルなものであれ、排他的な男性の空間とみなされる公的空間において男性が社会化される機会は、過去の数世紀に比べて減ってはきたが、いまだ豊富に残っている。社交クラブやパブ、居酒屋、アメリカの大学の友愛会、エルクスクラブ〔訳注：白人男性限定の友愛会としてアメリカで始まった社交クラブ〕やフリーメイソンの集会など、これらはすべて、男性の友情が女性の親密な関係性より非個人的な〔=公的な〕ものであることを男性に確認させる大規模な集合体の諸類型をなすものだ。そこでは一対一の関係は避けられ、集団性が強調されることによって、それが「もう一方の性」に対する連帯であること、また、しばしば他民族の男性集団に対する連帯でもあることが暗黙裡に示される。マックス・ウェーバー(Weber 1978: 907)やゲオルグ・ジンメル(Simmel 1950b: 364)が、女性の排除される権力の作用域として男子集会所や社交クラブを取りあげていることからもわかるように、白人中流階級の男性同士のつきあいは、権力と特権性によって空間的に構造化されつづけているのである。こうした男性限定の組織は、ヘゲモニックな男性性とともに家父長制が再生産され規律づけられる際に、友情がいかに決定的なはたらきをするかを物語るものと言えるだろう。

ワシントンDCの「コスモス」や「メトロポリタン」のような社交クラブが、差別を禁止する法律によって男性限定という規則の撤廃を強いられたのは最近のことだが、それまでは現代版の通過儀礼小屋のようなものとみなされていた(Feinberg 1988; Pressley 1988)。これらの社交クラブは、女性だけでなく、特定の人種や民族、宗教に属する男性も排除していた。男性の友情は、ビジネスや政治の世界においては、白人男性の権力を高める手段ともなっている。裁判所がこれらのクラブに対して男性限定の会員資格規則を禁じたのは、それが男性のみに社会的・経済的な優位を与えるものであることを事実として認めたからだ。男性の友情は、女性を周縁化し排除する作用をもった公的領域を作りだし、それに適合するような形で男性を社会化していく。以下で明らかにするように、このような男性のネットワークは、仕事上の取引や余暇でのつきあい、親族関係、階級や民族集団など、さまざまな面にわたって数限りなく張りめぐらされているため、目に見えにくいものになっているのである。

男性の友愛会と社交クラブ

一九世紀の北米におけるフリーメイソンやオッド・フェローズ〔訳注：一八世紀前半にイギリスで始まった友愛会で、一九世紀初頭にアメリカにも広がる〕のような男性だけの友愛会的な組織の研究によると、男性組織の増加は急速に社会が変化する不安定な時代に特有のものであるという(Clawson 1989)。この時代の友愛会団体は、一人前の男になるための単なる通過儀礼というよりむしろ、当時脅威にさらされつつあった「男である」ということを守るものとして機能していた。そこで脅かされていたものとは、より具体的には何だったのだろうか？　それはかつての職人気質的な男性像であり、三つの大きな変化――産業資本主義、女性的な価値の出現、男性性への文化的な批判――が、その像をむしばんでいた。男性限定の友愛会的な空間は、男性の権力を支えるために、男同士の連帯と女性からの分離をうながすものだった(Clawson 1989: 41)。男性的儀礼の文化に彩られた空間や集会、団体は、主としてネットワーク形成が目的とされ、女性の関係性のように親密な関係性を育む場にはなりえなかったのである(Hansen 1992)。

フリーメイソンは、男性だけの友愛会的組織の興味深い例としてよく知られていよう。この団体は非難を浴びることも多い男性の秘密結社であり、握手などの秘密の合図によっておたがいを見わける。メンバーとなるには、団体の利益に貢献し、同志たる兄弟に義務と恩恵を施すことを、厳格に宣誓しなければならない。イギリスのフリーメイソンの組織は主に中流階級のビジネスマンと警察官で構成されるが、それとは対照的に、フランスやイタリア、ラテンアメリカのフリーメイソンは、ファシズムに抵抗した歴史をもつ革新派の左翼組織である。この世界規模の男性団体は政界や官界に強い影響力をもち、政治やビジネスにおいて女性が組織的に周縁化されるのを助長してきた。一九世紀から二〇世紀のイギリスでは、軍の上層部、王族、政治家の多くがフリーメイソンの会員だった。ウィンストン・チャーチルは一九〇一年、二六歳のときに入会したが、職務の重圧のため一九一二年に退会している(Ridley 1999)。フランスでは一九世紀初頭から女性がフリーメイソンの集会に参加することが認められていたが、女性集会や男女混合の集会が定着することはなかった。イギリスでは二〇世紀の初頭に、女性を排除する条項が明文化された。この時期、フリーメイソンはファシズムの台頭に脅かされており、また、男女同権運動も高まりを見せていた。ヨーロッパ大陸で女性集会や男女混合集会が行われていたことは、イギリスでは警戒心をもって受けとめられた。今日なお、フリーメイソンの女性に対する態度に変わりはなく、友愛会組織に関するある著作は、その古めかしさを次のように記述している。

> フリーメイソンの女性に対する態度は並外れて時代遅れである。彼らは自身の妻や女性従業員にはすばらしく親切である。彼女たちがフリーメイソンの会員からハラスメントや失礼な扱いを受ける可能性は、他の多くの従業員や高い地位にある企業の重役から被害を受ける可能性よりもずっと低いだろう。だが、フリーメイソンの会員は自分たちの集団から女性を排除するだけでなく、女性を受け入れている他のいかなる団体とも関わりを持つことを拒絶する。
>
> (Ridley 1999: 277)

このような組織はイギリスの性差別禁止法には違反しない。私的なクラブの場合には、性別にもとづく排除が認められているからである。ビジネスや商業界、専門職業界で女性がより目立った役割を果たす時代になるとともに、欧米の民主主義圏ではフリーメイソンの規制が強く求められるようになった。たとえばスイスでは、フリーメイソンの活動を抑制することになる憲法改正の国民投票が一九三七年に行われ、人口の約三分の一が賛成票を投じている。イギリスでは、各種組織と専門団体にフリーメイソンの会員数を開示させるための立法を、一部の国会議員が要求しつづけている。イギリスでは一七九九年に、過激派と労働組合の解体を目的とした非合法結社規制法が成立したが、その際も中流階級中心のフリーメイソンは無傷のまま残された。この法律は他の政治団体に対してもあからさまな差別であると批判され、一九六七年にハロルド・ウィルソン政権のもとで廃止された。一九九七年には、フリーメイソンの会員は治安判事への登録義務を課せられるようになったが、欧米的な民主主義にとって、フリーメイソンは依然として賛否の交錯するアンビバレントな問題でありつづけている。当然のことではあるが、近年、こうした友愛会的な結社の多くは会員が減少している。男性だけの結社は一般的な男女平等の要求に逆らうものであり、また、多くの分野で透明性が要求されるなかで、その秘密主義が問題視されてもいる。

もうひとつ別の例を挙げよう。ロンドンの紳士クラブも、男性だけの空間を形づくりながら、ここ三〇〇年間のイギリスの社会史・政治史において中心的な役割を果たしてきた。それ自体はロンドン特有のものだが、似たようなクラブは世界中の主要都市に存在する。ロンドンの紳士クラブの歴史は、イングランドの上流階級における男性の社交の歴史でもある。セントジェームズ街やポールモール街にある初期のクラブの多くは、〔しばしば政治に関する議論が交わされた〕一八世紀のコーヒーハウスにさかのぼる政治的な素地をもっている(Lejeune and Lewis 1979)。そこでは賭博やうわさ話が主な娯楽となる一方で、政治も重要な話題となっていた。それぞれの紳士クラブは政党色をもっており、「ブルックス」はホイッグ党と、「ホワイト」はトーリー党と結びついていた。「カールトン」は今でもトーリー党の拠点でありつづけている。こうしたクラブの会員資格はかつては世襲の特権だったが、一九世紀には急成長した中流階級の入会を認める新しいクラブが数多く現れた。それらは政治色をもたないクラブだったため、社会主義の活動家を受け入れるところはほとんどなく、「概して、社会主義者は女性と同様にクラブのメンバーにはふさわしくない」という態度が見受けられたという(Lejeune and Lewis 1979: 14)。一九世紀後期のロンドンには二〇〇以上の男性クラブがあった。今日でも三〇ほどの大手のクラブがあり、さらに多くの専門分野に特化したクラブと〔夕食をともにしてさまざまな議論を行う〕ダイニングクラブがある。

もっとも有名な政治クラブ「カールトン」は、選挙制度改正法*2の反対者を結集させる拠点として一八三二年に作られ、現在は保守党の中央事務局が行っている多くの役割を一九世紀末まで担っていた。ディズレーリが一八三七年にトーリー党に加入して最初に行ったのは、カールトンの会員に選ばれるよう手はずを整えることだった。カールトンを舞台とした政治的事件としてもっとも有名なのは、一九一一年にボナー・ロー*3が保守党の党首に選ばれた会議と、一九二二年にロイド・ジョージと連立政権への支持を取りやめる決定がなされた会議だろう。一九七〇年代には、イギリス全土から保守党の後援団体の幹部がカールトンに招かれて、賛助会員となり、〔元首相〕ハロルド・マクミランが八三歳で会長になった。このように、イギリスの政治的な階層秩序は、男性の友愛会が決定的な場としての役割をはたす状況のなかで形成され、強化され、再生産されてきたのである。

社会階層のうえで対極に位置する労働者の男性クラブが登場するのは、二〇世紀半ばになってからである。これもまた男性向けの空間として作られ、女性は男性が同伴する場合のみ入ることを認められた。今日では、労働者階級の男性クラブは家族のための組織として運営され、女性は男性と同様にクラブの業務に責任をもち、そこでの催しを「家族の娯楽」となるように変えてきた(それまでは通例、女性と子どもは排除されていた)。イギリスの男性労働者クラブは、多くの町で社会生活と余暇の中心になっている。しかしながら、労働者クラブ連盟は一〇〇年前の規則を保持しつづけており、そのため女性は準会員にもなれず、また他の男性労働者クラブを訪れる際には非会員として署名して入らなければならず、地域支部の委員や全国的な幹部の選挙に立候補することも禁止されている。この状況を変えるために多くの試みがなされてきた。二〇〇三年には、ヨーク近郊のビショップソープ・ソーシャル・クラブの秘書が労働者クラブ連盟を性差別で訴えている。彼女は敗訴し、準会員になるのは認められなかったが、この問題への注意を喚起することには成功した。また、年次総会でも三分の二の多数派が旧態依然とした規則の廃止を要求したが、これも実現しなかった。これに関して労働者クラブ連盟は、私的な会員制クラブは性差別禁止法の適用外であるため、法には抵触していないと主張している。このように、同性だけのクラブおよび会員二五人以下のクラブが性差別禁止法の遵守を義務づけられていないことは、大きな意味をもつものなのである。

しかしながら、イギリスの男性支配的なスポーツクラブの多くは、財政上の理由から女性の加入を認めることを余儀なくされつつある。一九九〇年代末、メリルボーン・クリケットクラブは女性の入会を認めるようになったが、それは、女性の排除を理由にスポーツ評議会から四五〇万ポンドの助成を留保されたためだ。このクラブに対しては、二つの大企業も同じ理由からスポンサー契約を拒否していた。リーンダー漕艇クラブはイギリスでもっとも長い歴史をもち、全国代表メンバーを多く輩出してきたクラブだが、そこでも、女性を会員にすることを禁じた一七九年前の規則が受け継がれていた。この規則が一九九七年に廃止されたのは、公営宝くじ協会が一五〇万ポンドの助成金を支給する条件として、開かれた会員資格というスポーツ評議会の方針にしたがって女性を男性と同等に受け入れることを求めたためである。

公的な男性共同体

男性クラブが根強く残っているのは、単なる伝統の継承とは思えない面もある。ダフネ・スペイン(Spain 1992)は、先進国以外のさまざまな文化圏における男性の権力を、フォーマルなものとインフォーマルなものに分けて詳細に分析している。その結果、男性による公的事項の統制度と男性の連帯度は、仮説と逆向きの関連を示すことが確認された。つまり、女性が公的な活動に関与する文化ほど、男性の連帯は強かったのである。このことが示唆しているのは、女性の公的領域への参入が増えると、それへの対応として男性の連帯が強まるということだ。公的事項と男性との結びつきが女性の活動によって脅かされるとき、男性はより強く男性だけの同盟を求めるようになる。「公的領域において女性への優位を失ったとみなされるとき、男性の友情は、しばしば儀式小屋の奥でひそかに特権を再生産する」(Spain 1992: 68)のである。このことはまた、〔男女の〕領域の分離は、社会の発展にともなう現象というよりむしろ、女性を家内領域に閉じこめて、教育、専門職、政治から締めだすことを社会に強いるものであるという主張とも一致する(Davidoff and Hall 1994)。近年、イギリスの都市空間と大衆文化の流れのなかで登場し、男子学生や青年男性の一部に見られる「ラッド」〔訳注：大量にアルコールを飲み、スポーツとセックスと音楽に関心をもっているような男性」[*4]は、現代的な男性の絆のあり方を示す一例と言えるものだが、そうした男性像の出現も、女性の自律性の高まりによってヘゲモニックな男性性が挑戦を受けていることと関連しているように思える。

欧米文化圏における男性の友情はもはや明確に公的領域に位置づけられてはおらず、公的領域と家内領域の双方にわたるものとなっている。その一方で、〔男性の〕個人的な関係性とビジネス・政治・行政との結びつきが保たれることによって、ヘゲモニックな男性性が温存されてもいる。イートン校やハロー校のような私立中高一貫校や、オックスフォードやケンブリッジのような名門大学で形成される、イギリス上流階級の「OBのネットワーク」は、今なおエリート階級を確固たるものとする重要な連帯の形式として存続している。スポーツもまた、男性の連帯の特権化された領域として機能し、女性を他者として対置することによって、男性の友情を育む重要な文化的コンテクストでありつづけている。男性性を権力と公的領域に結びつけ、男性の特権を再生産する場は、パブ、競馬場、街頭や海岸、男性クラブ、非行集団、友愛会、インフォーマルなネットワークなど、多岐にわたる。男性の生活においてこれらの場所は、家庭や職場に次ぐ「第三の場所」と呼ばれ、私的でも公的でもなくむしろ「教区的 parochial」なものとして性格づけられている(Oldenburg 1999)。そのメンバーは、似たような社会的「背景」をもつ男性同士の流動的なネットワークを作りだす。こうした「公的な共同体」の形成の足場となる第三の場所は、そもそもは娯楽のために設けられたものだが、そこで得られるネットワークは仕事の面でも大きな価値をもちうるのである。

人種、階級と男性の関係形成

次に、ここまで見てきたような白人男性に限られた権力の場所とは際立って対照的なものを取りあげることにしよう。一九九〇年代初頭、クライド・フランクリン(Franklin 1992)は、労働者階級のアフリカ系アメリカ人と、より上層に移動した者を対象に、彼らの男性性の表出を友人ネットワークとの関連から分析している。黒人男性の友情に関する先行研究が限られるなかにあって、フランクリンは人種と階級によっていくつかの重要な違いが見られることを明らかにしている。アフリカ系アメリカ人の労働者階級の男性が示す友情は、熱烈で愛情のこもった自己開示的なものであることが多い。そのひとつの理由は、愛情や親密な会話、いたわり、全面的なつきあいなどを特徴とする文化様式が共有されていることにある。「よう、兄弟 yo, bro」「やあ、相棒 hey, home」といったやりとりは、抑圧と迫害をともにしてきた歴史的文脈のなかでは、「サバイバルや一体感、団結心を暗に示す政治性をおびた呼びかけなのであり、単なるあいさつと返答以上の」強力な意味をもつ発話なのである。インタビュー対象者のひとりは以下のように語っている。

> 俺が友だちと話をするとき、友だちは俺が何を言おうとしているかわかっているんだ。……俺の気持ちとか、俺が話そうとしていることとか、好きなこととか、嫌いなこととかね。これは白人のやつらにはまねできないよ。……それから小金持ちの黒人にもね。
>
> (Franklin 1992: 206 より重引)

上層移動した黒人男性は、こうした黒人男性同士の友情を妨げる白人主流派の社会経済制度に組みこまれるため、質と量の両面において男同士の友情の喪失を経験する(Franklin 1992: 203)。彼らは、伝統的に白人の男性性を規定してきた同性愛嫌悪のような偏見や、独立心・権力追求などの価値観を内面化しがちであり、そのため、自己開示をしなくなり、競争や自立自存を重視するようになる。上層移動した黒人男性には、深い関係性を育むだけの時間の余裕がないと言い立てる者も多く、「男同士に深い関係性が必要なのか」と疑問を口にする者もいる(Franklin 1992: 210)。このように、労働者階級の男性にとっては、しばしば人種が男性の友情を編成し構造化する変数となる一方で、上層移動した黒人男性にとっては、階級がそのような変数となりやすい。黒人男性であっても、白人男性の職業文化に感化されていくにつれて、親密さに乏しい距離を置いたつきあいという白人英語圏の男性性のイデオロギーを内面化するのである。

異性愛的な男性アイデンティティをめぐる仲間関係の役割

この節では、スポーツと学校における事例をもとに、少年期からの仲間同士のつきあいを見ていき、どのように異性愛男性としてのアイデンティティが確立されていくのかを検討する。ヘゲモニックな男性性は、少年や青年が仲間から受ける種々のプレッシャーをとおして再生産されている。それは教師による規制と支配への反抗から生まれるだけではなく、女性やゲイのアイデンティティに対抗する絆として形づくられていく。男性のスポーツ文化に関するこれまでの研究によれば、スポーツは男性の友情にとって、またジェンダー化された性的差異を維持するうえで、きわめて重要な役割を果たしている。小学校・中学校で行われたジェンダーと教育に関する多くの研究によれば、異性愛的な男性アイデンティティは行為の内《パフォーマティヴ》に示されるものであり、同性愛嫌悪や女性嫌悪を表すことばの暴力をともなうことが明らかにされている。

学校における少年たちの関係性と同性愛嫌悪

筆者は共同研究者とともに、イギリスの学校で一〇代の若者集団に見られる性的価値観と性教育への態度に関する研究を行った(Chambers, Tinknell and Van Loon 2004b, c)。そこから浮かび上がったのは、女性に対抗する男性の絆の形成が少年期に始まっていることだ。私たちは一二〜一四歳の少年少女を対象に、それぞれ同性だけのグループを作ってインタビュー調査を行ったが、少年たちには異性愛者であることをことばや行動で示すようにうながす強いプレッシャーがかかっていた。このプレッシャーは、少女に対する、あるいはまた、異性愛的男性性の基準から外れた少年に対する性的ないじめとなって発露する。一〇代の時期には少年も少女も日常的に猥談をするものだが、同性集団における性規範はもっぱらそのような隠微さと結びつきながら形づくられ、また、彼ら彼女らのジェンダー・アイデンティティを生みだし統制していく。私たちの調査から明らかになったのは、性差別的な嫌がらせには、少年への同性愛嫌悪的ないじめと少女への女性嫌悪的ないじめという二つの形態が見られることであり、それらはいずれも優越した位置にある異性愛的男性性の強化につながっていた。

一四歳頃から行われる少年たちのいじめは、少女や他の少年を標的としてその性的アイデンティティを貶めるものであり、猥談をとおして儀礼的な辱めを与える形で行われる。それはまた男性集団内で地位を高める重要な手段にもなっている。私たちの調査で、少年を少女と比較した場合に見られた特徴は、彼らが異性愛的な男性性を誇示するために、人目を引きつける乱暴なやり方で、他者を身体的・言語的に威圧することだ。これは学校における男性のふるまいに関する他の研究結果とも一致している。ナヤックとケイリー(Nayak and Kehily 1996: 218)によれば、侮辱的な言動はヘゲモニックな男性アイデンティティをもつことをひけらかすために行われており、男性の猥談が熱意をこめてあからさまに演じてみせられるひとつの理由もその点にあるという。私たちの調査した学校では、私立公立等の種別[*5]や所属階級の差を問わず、ヘゲモニックな異性愛的男性性が女性嫌悪的・同性愛嫌悪的ないじめと結びついている形跡が認められた。人種の違いも関係しておらず、アジア系の生徒が多い学校でも同様であった。「ゲイ」とみなされている少年を除いて、多くの少年は少女をもっぱら見下すべき対象ととらえており、女らしさを表すすべてのものを積極的に敵視する立場をとっていた。少女の性的な行為者性《エージェンシー》は、少年たちによって処女／尻軽女という二分法に還元され矮小化されるが、少年に対して用いられる同等の区別はない。少年たちの集団では、何が彼らの性規範に反するかについて、少女たちとは対照的な態度が共有されていた。たとえば、少年たちは避妊の責任について話すなかで、妊娠のリスクは男には責任のないものととらえていた。

　複数の民族が混在している集団では、少年たちは、少女を見下して「共通の敵」とすることによって、彼らのあいだにある民族その他の違いを巧みに処理しているように思われる。少年たちの猥談は

「ラッド」という共有文化の一部をなしており、私立校では一四歳頃までに、都心の公立校では一二歳までにその文化に染まっていく。そこには少女への嫌悪感だけでなく自分自身の心身〔の変化〕への嫌悪感が潜んでおり、彼らの性に対する不安が表れている。いくつかの研究でも明らかにされているように(Haywood and Mac an Ghaill 2000; Wood 1984)、少年たちが猥談のなかで用いるののしり文句は、男性的な主体性の強化に用いられる言説資源の一部をなしている。少年たちはからかいを通じて、ゲイであることはタブーなのだと、何度も声高にくり返す。それが少年たちに、相手に親しみを感じたら自分はゲイなのかもしれないという恐怖心を植えつけていく(Haywood and Mac an Ghaill 2000)。一二〜一四歳の時期に、同性愛嫌悪によるいじめの標的になる少年は、実際に同性愛を疑われることはめったになく、太りすぎていたり、やせすぎていたり、内気だったり、オタク的だったりして、身体や行動、性格の面で何らかの規範から外れていることが理由になりがちである。生徒数の多い公立校に通う九歳の少年は、「ゲイ」ということばをどんなときに使うかと訊かれて、一般的な悪口として使うと答えている。

九歳の少年：うん、そうだね、あいつらのことを「ゲイ」って言う……、うん、僕らはいつもあいつらのことをゲイって言ってるけど、そいつらは別にゲイじゃないんだ。
インタビュアー：君がゲイって思う男の子が本当のゲイでないなら、どんな子なの？
九歳の少年：ぶん殴りたいやつのこと。

これらの研究からわかるように、少年たちが言動《パフォーマティヴ》の内にマッチョな性的自信を表出することは、ホモソーシャルな絆の形成にとって重要な意味をもっている。デビー・エプスタイン(Epstein 1997: 167)は、「男性が〔同性愛等の〕レッテルを回避し、好ましい男性性を作りだすためには、少なくとも部分的には、女性と他の男性への嫌がらせが必要とされるように思われる」と述べている。異性愛的な男性性は、女性と同性愛男性に悪口を差し向けて、女性性と同性愛をともに笑いものにすることによって構築され、正当化される。男性の仲間集団は、セックスに積極的な男性に高い地位を与え、また、女性と仲よくする男性を女々しいと非難することによって、個々のメンバーが女性と〔友人として〕親しくなることを規制する(Messner 1992)。女性を性的客体化することによって、男性は女性に親近感をもってしまう恐れを回避するのだが、その一方でまた、男性は女性とどのような親密な関係をもつことになったとしても、友人には隠しておかなければならない。次に見ていくスポーツ研究でも指摘されていることだが、このような状況のもとでは、男性が女性と親しくなった経験を仲間に打ち明ける可能性は排除されるのである。

スポーツにおける男性の友情

マイケル・メスナー(Messner 1992, 2004)は、一九八〇年代にスポーツマンたちの友情と親密性、セクシュアリティに関する代表的な研究を行い、スポーツの場でも、女性に関する猥談が男性の絆を固めるように作用することを明らかにしている。猥談を交わすことで、男性は自分たちの親密さから性的ニュアンスを取りさり、女性との性的関係から親密性を切り離す(Lyman 1987: 151)。若い男性が女性との性体験を話したがるのは、それが男性同士の関係性において同性愛者ではないことの証になるからだ。それはまた、女性と関係をもつことへの不安を克服した証にもなる。彼らは女性や男女関係について冗談や猥談を交わすことで、自分たちの関係には性的な親密性が含まれていないことを確かめ合うのである。

メスナーの調査では、陸上競技であれ野球であれ、また、プロかアマチュアかにかかわらず、スポーツに参加する男性は、チームメイトとの深い友情の大切さにしばしば言及する傾向にあった。インタビュー対象者のひとりは以下のように語っている。

僕にとって有意義な関係のほとんどは、スポーツをとおして始まり、スポーツをとおして保たれています。絆を作るのにスポーツほど強力な手段はありません。戦場にいるのと同じようなものです。同じ塹壕のなかでともに生きのびようと奮闘した仲間よりも近しい友人なんていないでしょう。ご存知のとおり、困難は友情を生み、強烈な親近感を生みます。……〔友情を築くには〕ともに何かを耐え抜く必要があります——ともに汗をかき、ともに血を流し、ともに泣く必要があります。スポーツはその機会を与えてくれるんです。(Messner 1992: 218)

このように「逆境」のなかで形成され、「困難に耐え抜く」ことで築かれるというロマンティックな友情像は、男性同士の絆が共通してもつ特徴である。戦争や政治やスポーツは、男性にとって、〔自然と〕たがいを尊重し、歩み寄り、深い情愛をもつようになる状況を与えてくれるものであり、そこにはアリストテレスの理想化した男性の友情像が反映されている。

スポーツの場で鍛えられた友情は、男性にとってもっとも親密な絆になりやすいものだが、同時にそれとは別の性格も認められる。スポーツは人種をこえた男性同士の接触機会をもたらす。しかし、それがスポーツの場を離れた友情に発展しようとすると、社会や文化、家族からのさまざまな圧力にさらされるため、依然としてチームメンバー間の友情には黒人男性への差別が見られることも多い。スポーツはまた、本質的に競い合う活動でもあるため、おたがい感情的に距離を置かざるをえない面をもつ。メスナーによれば、それゆえ男性間の深い情緒的交流は、スコット・スウェイン(Swain 1989)の言う「隠された親密性」となるのであり、親密性をことばに表す女性の友情とは対照的な性質をおびる。男性同士の情愛は、「行動はことばよりも雄弁である」ということわざのとおり、まさに活動を共有することによって表現される。こうした伝統的な「深い」男性の友情をアピールする態度は、男性に広く共通して見られるものだ。

スポーツはまた、概して男性が肉体をさらけだす相互行為の場でもあり、その点で、彼らの絆は潜在的にエロティックな性質を帯びる可能性をもっている。メスナーの調査によれば、こうした可能性は同性愛嫌悪の表出をとおして排除されるとともに、「性欲を向ける先に女性を置いて、仲間内であからさまに性的な話題と実践の対象とする」ことによって回避されるという(Messner 1992: 227)。つまり、スポーツにおける男性の絆も、女性や男性性規範を逸脱する者を貶めることによって保たれるのであり、これは筆者らが学校で行った先述の調査の知見やその他の男性性に関する研究結果とも一致する(Frosh, Phoenix and Pattman 2002; Jackson 2002; Mills 2001; Renold 2001; Salisbury and Jackson 1996;

Skelton 2001)。

こうした支配的な男性性をもたない少年に侮蔑的なレッテルを貼ることは、仲間集団における集合的なジェンダー・アイデンティティおよび性的アイデンティティを形成し、統制する際の重要な一側面をなしている。スティーヴン・ハーヴェイ(Harvey 1999)は、アメリカで若い白人のスポーツマンの友情に関する研究を行い、たとえば攻撃性や支配欲を示せなかったり、大声で威圧できなかったりすることによって、従来のヘゲモニックな男性性規範から外れる男性が、女性と同様に性差別の対象になることを指摘している。そこでの絆の形成はチーム内の上下関係と密接に結びつく形で行われており、メンバー間のやりとりはヘゲモニックな男性性をもつ選手とそうでない選手の境界をうち立てるように機能していた。選手同士の交流のなかで、それぞれの身体的・心理的な序列が確立し、ヘゲモニックでない選手は周縁化されていく。彼らはスポーツをしない者をしばしば「人間のクズ」「頭でっかち」「軟弱者」と呼び、スポーツ大会や体育祭などの晴れ舞台では他の男性に対する優越感にひたる。たがいを愛称で呼びあい、チームを家族に、チームメイトを兄弟になぞらえることによって、家族のメタファに訴えかけ、集団のアイデンティティを固めて、自分たちを外部の人びとから区別する。彼らの多くは同性愛者とみなされることを恐れて、より親密でない絆を重視するようになり、選手間の親密な関係形成は妨げられる。一九八〇年代の男性の友情研究と同じく、ハーヴェイもまた、男性の友情は親密な感情の共有よりももっぱら外的経験の共有に依拠するものだと主張している。「男性の友情は親密な関係性を意味するものとは言いがたい。むしろ男性の関係性は、個人的なコミュニケーションの共有によってではなく、ともにスポーツに関わるなかで経験される感情の共有によって深められていくのである」(Harvey 1999: 102)。

このように、異性愛男性の友情は、性差別的あるいは同性愛嫌悪的な言説によって統制されており、男性の友情とジェンダー・アイデンティティは、女性とゲイ男性に対して権力を行使し、貶めることによって保たれている。女性との親密な友情は抑圧され、男らしさは女性を性的に征服することで証明されるものになっている。それは、女性とゲイ男性に対してだけでなく、異性愛男性にとってもきわめて抑圧的なものと言えるだろう。

オルタナティヴな男性性と男性の絆の形成

その一方で、シングルトン(Singleton 2003)やバイノン(Beynon 2002)をはじめとする研究者は、欧米社会に見られる変化に注目し、育児などに積極的で女性的な感性をもつ新しい男性のアイデンティティが、〔伝統的な男性性規範によって〕抑圧されてしまうことなく可能になりつつあることを示唆している。男性がたがいに、また女性に対して心を開き、親密な関係を取りもてるようになれば、今より多くのものを得られるだろうという見方は、学術的にも一般的にも広がってきている(Biddulph 1995; Clare 2001; Connell 2000; Segal 1990; Whitehead 2002)。男性や少年のなかには、ヘゲモニックな言説や実践に影響されることなく、むしろ多様な男性性が学校や職場などで交錯し競合する状況をのぞましいものとして、異性愛的男性性の規範を脱却しようとする者も多く現れている(Gilbert and Gilbert 1998;

Haywood 1996; Mac an Ghaill 1994; Martino 1999)。しかしながら、それらの研究によれば、そうした別様の新たな男性性《オルタナティヴ》もまた、たいていは女性や何らかの他者集団を劣位に置く権力との共犯関係に陥りがちであり、そのため、たとえばヘゲモニックな規範から外れた少年が犠牲にされ、大きな精神的代償を支払うはめになるという。オルタナティヴな男性アイデンティティを実演できるのは、もっぱら能力と文化資本に恵まれた中流階級の若い男性で〔より弱い立場の男性はその犠牲になってしまうので〕ある。

エマ・レノルズ(Renolds 2004)は、小学校で一年にわたって参与観察調査を行い、労働者階級と中流階級に属する一〇～一一歳の白人の少年たちが行為や言動のなかにヘゲモニックでない男らしさをどのような形でどの程度示すかを検討した。少年たちはジェンダーの分割線をまたぐようなふるまいをすると、〔いやがらせなどの〕罰を受けることになるが、それに対して、「ヘゲモニックな少年」はそうでない男性性を示した者をからかっても罰を受けることはなく、自分が〔男性性の規範から外れる〕他者の立場に置かれて侮辱的に扱われるようなことはなかった。ごく少数ながら、積極的に自分自身をヘゲモニックな男性性から外れる他者の立場に置きつづける少年もいた。その結果、彼らは習慣的ないじめと暴力を経験していたが、それは彼らにとって抑圧か祝福すべき解放かの単純な二分法には収まらないものだった。労働者階級の少年にとってもっとも困難なのは、こうした集団内の従属的な立場に耐えることだった。それに対して、オルタナティヴな男性性をもっとも保持しやすいのは、中流階級に属する白人の成績優秀者だ。彼らはいい成績を収めて他の生徒との差を維持すれば、教育の場ではもっとも居心地のよい立場にいられることを知っていた。彼らの男性性は、ヘゲモニックな男性性を転倒させるものでありながら、同時に女性や女性的なもの、「女の子っぽい」あらゆるものから距離を置くものであったため、ヘゲモニックな男性性を強化する面ももっていた。それにもかかわらず、三分の二の少年は、ヘゲモニックな男性性の圧力をいやがり、自分にはそのような男性性をもつことはできないとはっきり口にしていたのである。

オーストラリアにおける男性の信仰集団に関する研究を行ったアンドリュー・シングルトン(Singleton 2003)は、メンバーが集団活動に加わるなかで、伝統的な男性性のあり方を乗り越えて、親密な関係性を形成し保持し、たがいに信頼し合える関係へと発展していく過程を明らかにしている。これに限らず、親密な関係形成をうながすような男性集団は、男性のスピリチュアリティの探究や、男性の権利運動、反家父長制を掲げる啓発活動、怒りの感情管理など、多岐にわたる(Flood 1998; Pease 2000)。キリスト教男性集団を対象にしたシングルトンの調査によれば、参加者は集団と日常的な関わりをもつなかで、たがいの関係をより親密なものにしていたが、そうした変化は伝統的な男らしさの慣習《コード》を打破しようとして生じたわけではなかった。「彼らへの聞きとりからわかったのは、男性的な主体性や実践様式の再編が、さまざまな状況にわたって行われるわけではないことだ。むしろ彼らは、心を開くことが奨励される場に参加し、もっぱらその集団活動に関わっているときにだけ、他の男性と「親密につきあう」のだった」(Singleton 2003: 144)。シングルトンは、中流階級の男性が親密性を得るためには、こうした宗教のような正当化の文脈を必要とすることを指摘しているが、ほとんどの男性は通常そのような正当化の文脈と関わりをもたないだろう。

第2章で指摘したように、自己のプロジェクトの隆盛とともに、欧米圏では自己啓発についてアドバイスする専門家が人気になり、大衆向けの自己啓発の本や雑誌記事があふれるようになった。そのなかでも人間関係を扱った自己啓発の大半は、明示的あるいは暗黙裡に、男性ではなく女性に向けられている。それに対して男性向け大衆誌は、消費行動をうながす形をとりながら、モラルにとらわれない「ラッド」な男同士の連帯のイメージを強調する。筆者は共同研究者とともに、イギリスにおけるティーン誌と男性誌を対象に調査を行ったが、そこから明らかになったのは、『ローデッド』『FHM』『エスクァイア』『GQ』『ナッツ』などの男性誌が、性的快楽主義を強力に意味するシニカルな記号群から構成されていることだ(Tincknell, Chambers, Van Loon and Hudson 2003)。それらのテクストは、男性が主として関わりをもつのはモノである——性的にモノ化された女性を含めて——という観念と共犯関係にある。『ローデッド』のある号から典型的な例をいくつか挙げておこう。男優へのインタビュー記事に比べて、女優や女性タレントへのインタビュー記事は短く、軽薄で浮ついた調子で扱われ、たいていは彼女らが寝そべったり唇をとがらせたりしている写真が添えられていた。サイバーセックスに関する記事は「新しいツールを使ってオンラインでヤる方法」と題されており、また、アイルランドの独身者向け出会い仲介業に関する記事には「セックスに飢えたアイルランドのかわいコたちがひっきりなしに誘ってくるんだが、オレはどうすればいい?」という見出しがつけられていた。[*6]

男性誌で男性の人間関係が取りあげられるのは、スポーツか、または、車やバイク、銃などの機械がテーマになるときであり、これらのモノや活動はこれまでも慣習的に男性同士を結びつけ、男らしさを証立てるものとなってきた(Tincknell, Chambers, Van Loon and Hudson 2003 参照)。道徳的な無責任と快楽主義に彩られた「ラッド」の言説は、ありのままの「自然な」男らしさを表すものとして作用し、一九八〇年代に現れた「スナッグ」〔訳注：Sensitive New Age Guy の略。家事や育児も積極的に行うような男性像を指す〕以前の、正統的な男性性を取り戻そうとする動きと言えるだろう。『ベン・ハー』や『ロード・オブ・ザ・リング』三部作のような古風な叙事詩的形態をとるハリウッド映画は、アリストテレスの「有徳な男性」という観念を受け継ぐものだが、それとはまったく対照的に、今日のポピュラー文化において表象される男性の関係性はしばしば道徳への無関心によって特徴づけられる。もはやテレビドラマや雑誌から叙事詩的伝統を継ぐものは消えつつあり、また、フェミニズムに対する反動《バックラッシュ》も広がりつつある。そうしたなか、一九八〇年代に広告が中心となって作りだした「スナッグ」に代えて、「ラッド」が現れたのであり、それが青年男性の行動様式を規定するようになった（たとえば Faludi 1993 を参照）。テレビのコメディ番組や新聞や男性誌でえがかれる「ラッド」像は、道徳に無関心で「自己中心的、男であることを誇示する、女好きの」若者であり、スポーツにとりつかれているが、少年っぽい魅力的な弱々しさをもっており、女性をシニカルに性の対象としてあつかうことによって家父長制の復権に加担する存在である（Whelehan 2000: 5）。

一方、女性誌の場合は、筆者らの分析した結果によれば、男性誌とは対照的に、道徳的責任の言説によって性格づけられていた。『ブリス』『シュガー』『J17』『19』などのティーン誌にせよ、『エル』『コスモポリタン』のような成人女性向けの雑誌にせよ、そこで強調されていたのは、商品を買って「たっぷり手間をかけて」体を磨きこめば、女性であることの意味が感じられる男性との関係が約束されるということだ。「私が男性に自信をもてるようになった方法」という記事では、「関係を長つづきさせること」と「彼をひきつける自然なふるまい方」に焦点があてられていた。これらの少女誌や女性誌に特徴的だったのは、少年や男性との関係でどう「ふるまう」か――彼らとどのように関係を始め、維持し、終わらせるか――に関心が集中していたことである。それに対して男性誌の場合は、女性との関係でどう「ふるまう」かを、まじめに取りあげることはない。男女間の親密な恋愛関係や性関係をうまく取りしきるのは、女性がすべきことだと考えられているのである。自己に関する大衆的な言説という観点から見れば、男性誌と女性誌にはある共通点が認められる。それは、私たちのアイデンティティは私たちのセクシュアリティによって決定されるという強い主張である。

親密な関係性を取りもつための専門的アドバイスはメディア上にあふれているが、それが男性や少年に向けられることはほとんどない。それは学校での性教育の授業でも同じことであり、男子ではなく女子に向けて規範意識と責任が呼びかけられる(Chambers, Tincknell and Van Loon 2004b, c; Francis and Skelton 2001)。第2章で見たように、ギデンズは感情に関する言説が支配的になりつつあると論じているが、それはまた、もっぱら女性に向けて語りかける女性化された言説でもある。男性アイデンティティの変容に関する研究のなかでもっとも注目すべき知見のひとつは、現代における自己のプロジェクトの一部にもなっている感情的な自己開示(Giddens 1992)を、異性愛的な男性性をもつ者がどのようにして回避するかに関するものである。支配的な男性性を「実践する」には絶え間なき自己と他者のモニタリングを必要とするため、ヘゲモニックな男性性には強い行為者《エージェンシー》の感覚が求められることになる。それとは対照的に、「自己のプロジェクト」が女性的な企てになるのは、それが自己開示を必要とするために、ヘゲモニックな男性性にとっては異質な、きわめて問題含みのものであるからだ。

結　論

この章では、男性の人間関係の主要な特徴として、個人の利益のために友情が利用されること、〔女性等に対して〕集団的な同盟関係が結ばれること、異性愛的男性性の支配的地位が再生産されることを明らかにしてきた。男性の友愛会組織に見られるようなネットワークは多元的に張りめぐらされており、男性はそうしたインフォーマルなネットワークを通じて権力を手に入れ、また、ビジネスや政治、スポーツなどの制度化された場における権力を再生産する。社会構造のなかに占める異性愛男性の特権的な立場は、男性同士の絆の形成をうながすが、そこで生まれるのはあまり自己開示をしない関係性である(Nardi 1992)。男性の絆はジェンダーの差異を固定化するものであり、仲間集団の統制のもとで、幼少期から女性性とゲイをあからさまに貶めることによって、ヘゲモニックな異性愛男性性を強化していく。

伝統的な異性愛男性同士の関係は、女性と周縁化された男性アイデンティティに対して取りもたれる「共犯的」関係だが、一方で、男性の地位と幸福は、公的領域における女性の補助的役割(秘書、看護師、ウェイトレス、オフィスの掃除係など)と、家内領域において身体的なケアを行う女性役割によって支えられており、気持ちを通わせあうような会話をする際にも女性に頼ることが多い。しかしながら、女性が自立心を高め、男女関係の民主化を求めるようになり、また、レズビアン&ゲイ・プライドのようなセクシュアリティに関する政治運動が広がるとともに、異性愛的な関係性が本質的に不安定なものであることが露呈し、ヘゲモニックな男性性の特権的な地位も動揺し始めている(第5章を参照)。異性愛的男性性にもとづく関係は再考されるべき時期にさしかかっている。男性だけの公的空間は、他者化された〔ジェンダー・〕アイデンティティを排除することによって特権づけられてきたが、オルタナティヴな男性性の登場は、そのような空間が解体されつつある、あるいは将来的に解体されていく可能性を示すものとも考えられよう。次の章でも、こうした可能性を示すいくつかの動向を見ていくことにしたい。

第4章　女性のアイデンティティと女同士の絆

この章では、異性愛女性のアイデンティティが友情をとおしてどのように形成され取りあつかわれるのか、またそれとは逆に、女性の友情についての観念が女性性に関する言説によってどのように形づくられるのかを探求する。都市に暮らす独身の、あるいはパートナーのいる若年・中年女性のあいだでは、従来のような親密な二者関係に代えて、集団的な友情という特徴をもつ新しい一連の社会的相互関係が徐々に広がりつつある。今や欧米社会のいたるところで、女性たちがパブ、クラブ、カフェ、バーといった大都市の公共的な場所において同性だけの集団で余暇を過ごしている姿が目立つようになっている。これらの公共空間は、最近では若い女性が自主性を主張する重要な場となった。注意すべきは、これらの傾向が、メディアによって特異で憂慮すべきものと評価されていることだ。現在、独身のキャリア女性に広がりつつある集団的な形態をとる女性の絆は、かつては男性のものだった公共空間への女性の参入を示すものである。しかしながら、男性に同伴されずに余暇を楽しむ女性は、さまざまな大衆的メディアにおいてやっかいなものとして表象されている。その一例として、まず、欧米諸国で非難の対象になっている、労働者階級の独身女性が酒場で行う馬鹿騒ぎについてのイギリスでの報道を分析する。次に、「女性の群衆」という観念について検討を加え、女性たちの多義的な関係性が、ポスト近代の「選択的な」つながりや、〔共同体と言えるかどうかの〕「境界事例的《リミナル》な」共同体とどのように結びついているかを跡づけていく。その後、『セックス・アンド・ザ・シティ』のようなテレビ番組が、三〇代の独身女性の友情をモラルに乏しい自己陶酔的で貧弱なものとして表象する方法の事例分析を行う。

以下では、若い異性愛女性の友情の様式変化を探る前に、家庭をもつ女性たちの関係形成に関する動向を押さえておくことにしたい。そこでは、女性が一般的に直面する家庭と仕事における責任というきわめて重要な制約と、女性性についての言説がどのように女性の友情に対する姿勢を形づくるかを概説する。そのうえで、すべての女性の関係性を規制している、相互に関連した女性性の二つの要素を確認する。それは養育役割と世間体《リスペクタブル》のよい女性であることである。養育しケアする自己や、世間体のよい女性であることとの身体的な表現やふるまいは、個々の女性が当然備えるべきジェンダー特性とみなされている。女性たちは、自立に向けて努力するなかで、他者のケアというエートスによって構造化された特定の女性役割への従属を強いる、多くの社会的・文化的重圧にさらされつづける。本章は、職場や個人的な関係性のなかでジェンダーの平等を目指す女性の努力が、妻や母としての潜在的立場を暗にほのめかすことによって牽制されていることを示す。それと同等の抑制は男性に対しては存在しない。そのことは、なぜ都市的な余暇活動のなかで女性同士で友情を築くことが、しばしば女らしい礼儀正しさへの反逆とみなされるのかを説明するものだろう。

男性の友情と女性の友情のもっとも明白な違いは、友情が、経済的なものであれ社会的なものであれ文化的なものであれ、権力に接近可能な資源として用いられるかどうかと関係している。女性の友人ネットワークは彼女たちにとって不可欠な資源にはなっているが、一方で、女性が同性間の友情を男性のように権力への手段として利用できることはめったにない。「女性」というカテゴリーは権威性を欠くからだ。実際、女性の地位は慣習的に男性に依存し、男性の権威によって承認を得る。二〇世紀半ばまで、欧米社会では女らしい礼儀正しさの条件に、公的な場では夫か男性親族に付き添われることが含まれていた。世界中の多くの場所で、男性に同伴されていない女性は、規則に反することとして、自由な行動を抑制されつづけている。たとえば、サウジアラビアでは女性が自動車を運転することが禁じられている。女性は慣習的に、父親や夫、男性雇用主の承認をとおして、男性との関係によって自分の地位を保つことが義務づけられているのである(Raymond 1986)。

第3章で見たように、古典的な思想では友情は市民的義務の一形態としてあつかわれ、それによって女性は公的事項から排除され、市民権を否定されてきた。より近年の欧米社会でも、働く女性は昇進につながる情報が得られる職場のネットワークからしばしば非公式に、あるいは違法に締めだされている。余暇活動の場合には、「同伴者のいない女性」がクラブのような一般に開かれた場で拒絶されることは次第に少なくなってきているものの、前章で示したように、女性はいまだに「他者」として位置づけられている。

女性の友情と養育する自己

学術的あるいは公式的な議論の場では、女性の友情について親密性や情愛、共感性が強調される。それは、養育役割という女らしさの言説によって下支えされている。「ケアする自己」という観念は、女性のアイデンティティを統制する女らしさの規範として確立されてきた。それは子どもがいるかどうかにかかわらず、女性の日常生活を評価する基準として用いられ、女性の絆の特徴を表す強力な記号でありつづけている。二〇世紀初期の宗教、医学、教育、学問などの公的・公式的な言説は、女性を「養育の担い手」とすることによって、家庭での役割をとおしてジェンダーの差異を維持していた。社会学においては、家族の機能主義的モデルが、他者を精神的に支える関係性の専門家として女性をカテゴライズしていた(Parsons 1959)。また、当時の欧米社会では、女性の養育役割は「自然」で生物学的に決定されたものと主張されるにもかかわらず、女性的なケアする主体を生みだすには入念な訓練が必要とされ、学校や大学の課程をとおして制度化されてもいた。イギリスでは、女性は学校の女子向けの教育課程において、料理、衛生、裁縫、手芸といった家庭内の実務を教え込まれた。そのような訓練と雇用によって、若い女性はヘルスケア、ソーシャルケア、看護、小学校での教育に向いた存在と位置づけられた。掃除やケアに関わる職を女性のものとする性別職域分離は、それらを家庭内における家事や育児と等置する形で進められた。

このように、二〇世紀初期には、国家によるカテゴライズと教育投資をとおして女性的なケアする自己を創りだすことが、積極的に制度化され統制されたのである。女性がケアする主体になるよう訓練する学校や大学の課程は、他者への親密性、思いやり、奉仕が女性のアイデンティティの主要な構成要素であることを保証するものだった(Skeggs 2002)。低賃金のケアの仕事は、労働者階級の女性にとっては世間体のよい働き口となり、一方で中流階級の女性は、同じ仕事を専業主婦として引き受けるか、労働者階級の女性を家政婦や子守りとして雇うことになった。従属的地位として女性に割り当てられたケアする自己の制度化は、労働者階級の女性においてもっとも成功したと言えるだろう。ベヴァリー・スケッグス(Skeggs 2002: 61)の表現を借りて言えば、地位の低い仕事を意味する「トイレと床を掃除する」経験は、女性が、とりわけ労働者階級の女性が、世間体のよさを得るために必要な義務として構築されたのである。

二〇世紀後期の少女の友情についての研究は、この養育という言説が、彼女たちのアイデンティティと少女同士の関係性の基礎として、日常生活のなかでいかに内面化されていくかを検討している。ヴァレリー・ヘイ(Hey 1988)は、一三歳と一四歳の少女の学校と家庭における交友関係について民族誌的な分析を行い、少女たちがホモソーシャルな同盟関係を発展させていく過程に、母娘の養育関係における経験が複雑に結びついていることを明らかにした。少女たちは、親密性と思いやりを重要なものとする女性のケア提供者〔母親〕によって育てられる。ヘイによれば、このことは少女たちがたがいに世話をしあうよう肯定的に作用する。だが、それはまた抑圧的で排他的な一夫一婦的関係性を生みだすという否定的なはたらきもする。しかしまた、少女たちのサブカルチャーにおける緊密な友人グループは攪乱的な側面をもっており、学校での少年たちや、教師、大人による公的な支配を不安定にし、異性間の社会関係と異性愛を弱体化するものでもありうる。注目すべきは、少女たちが少年たちのように、教師、親、少年といった、自分たちに権力をふるう相手からの監視や支配に抵抗するために、友情を用いていたことだ。従属的位置に貶められた女性のケアする自己の制度化は、このような形で挑戦を受けている。

妻や母という女性の「自然な」養育役割の文化的な強調はまた、親族や共同体とのつながりを強固にする責任を、当然のように女性に負わせることにもつながる。ウィルモット(Willmott 1987)の行った、一九八〇年代のロンドン北部における社会的・個人的な関係性の研究によれば、女性は自分自身のためと同じぐらい、夫や家族に代わって友情を維持する役割を引き受けている。男性のスポーツ大会で飲食物を手配することから、子どもが病気になったとき仕事を休むことにいたるまで、女性は男性と子どもの必要とする精神的・身体的なケアの提供者に任じられている(Aitchison 2003)。独身か結婚しているかにかかわらず、すべての年代と集団における女性の友情は、家族にとっての価値によって評価される。このようにして、女性の友情とそのネットワークは、「ケアする自己」という女性性の言説に拘束されているのである。

一方でまた、親密性と利他主義が強調された女性の友情という文化は、一九七〇年代から八〇年代の女性運動を特徴づけるラディカル・フェミニズムによって賞賛されてもいた(Faderman 1981; Raymond 1986)。この時期は家庭が抑圧の場とみなされた時代でもあり、女性が孤立や家庭内暴力や家庭生活の重圧と戦うための主要な資源として、友情には大きな意味が与えられた。一九八〇年代には、男性の友情と女性の友情の比較をとおして、女性の友情のもつ、親密で無私無欲でたがいを世話しあう側面が、フェミニストによって理想化された(O'Connor 1992)。しかしそれに対して、オコーナーは、社交的な相互行為の重要性を論じたジンメル(Simmel 1971)を参照しながら、女性の友情を親密さと共感にもとづく関係性ととらえることに異議を唱えている。

フェミニズム研究者は、一九八〇年代後半から九〇年代初めにかけて、親密性と無私無欲なケアを提供するものとして女性の友情を理想化することを問題視するようになり、報酬の支払われるものであれ支払われないものであれ、すべてのケア提供者が構造的に従属化されていることを強調するようになった。「これ以前には、女同士の友情が他の観点からとらえ直せるなどとは、ほとんど思いもよらないことだった」(O'Connor 1992: 63)。この疑問視が始まると同時期に、社会理論のなかでは、個人化という命題が、選択的な関係における親密性の強調とともに、後期近代を特徴づける広範な社会変化の兆候として注目されるようになっていた。第2章で概観したように、親密でケアをする女性化された主体は、ギデンズ(Giddens 1992)によれば、後期近代の自己のモデルに位置づけられるものだ。しかし逆説的にも、「自己のプロジェクト」を構成する「親密性」「自己開示」という要素がジェンダーと暗黙の関連をもつことは見過ごされてきた。女性性を暗示する親密性とケアの結びつきは、純粋な関係性における「親密性」を、無私的というよりむしろ利己的なプロジェクトとして再編成することによって隠蔽された。ケアする関係を親密な関係と単純に等置することによって、夫や子どもや高齢者のケアを女性の担うべき従属的な役割とする権力構造への批判もまた回避されてしまう。ギデンズの議論は、ケアを、男性を含む社会全体の責任とすることに失敗しており、そのため、女性たちが自己実現ばかりを追い求めて彼女たちの負うべきケアの責任を怠っているという主張を暗に掲げることになってしまっている。

一九九〇年代に入るまでには、女性の友情のもつ肯定的な側面も否定的な側面も論じられるようになった。情熱的で親密な絆は、女性にとって根源的な幸福感を確保する有益な方法とみなされている。しかし、女性はしばしば学術研究や大衆的な言説のなかで、利己的で裏表があり、うわさ好きで神経質で、正常な性心理の発達において未熟な段階にあると表象されてもいる(Hey 1997; O'Connor 1992; Raymond 1986)。こうした否定的な反応は、同性との緊密な友情を変則的なものとする異性愛支配的な見方から生じるものだろう。つまり、同性との友情は異性愛の充足に向かう発達過程の過渡的段階としてのみ存在するという見方である(Duck 1983)。「養育的なもの」/「親密なもの」として女性化された友情は、異性愛の言説をとおして絶えず統制され正常化されなければならない不安定なものとして意味づけられる。それは、レズビアニズムによる性的な価値転覆を含意することもあれば、公的・市民的でヘゲモニックな男性の絆と対置され、異性愛規範に則した女らしいケアする自己につながっていくものと意味づけられることもあるのである。

家庭をもつ女性の支援ネットワーク

最近の調査では、女性は一般的に市民参加や「社会関係資本」[*1]が男性よりも高いレベルにあることが示されている。[*2] ロバート・パトナム(Putnam 2000)によれば、慈善活動やPTA活動など、市民社会を維持する機能をもつ自発的な集団活動においては、女性が社会的責任の担い手になっているという。しかし、家族や子どもをもつ労働者階級の女性にとって、友情は、地域社会や政治的なつながりや仕事上のつながりを強化する方法というよりむしろ、うまく家庭生活をこなしていくための重要な手段であることが多い。女性性と養育役割が慣習的に結びつけられているため、男性パートナーと子どものいる女性は家庭生活で感情労働を強いられる傾向にある。小さな田舎の集落であれ大都会の行政区であれ、一般的に母親は幼い子どもを学校に送り迎えする負担を担っている。学校行事や、子どもの放課後のクラブ活動・スポーツ活動をとおして、彼女たちのあいだには接触が生まれ、きわめて重要な女性だけのネットワークが形づくられる。二〇〇二年にイギリスの健康保険会社BUPAが行った調査によれば、子どもが病気になったとき看病のために仕事を休んだことのある母親は八〇%にのぼり、また、五〇%が子どもに関する問題を処理するために昼休みをつぶしている。[*3] 保育サービスや近所にいる親戚やパートナーといった育児を支援するサービスやネットワークの利用可能性は、母親が築く交友関係の種類を決定づけるきわめて重要な要素である。イギリスや北アメリカでは、貧困家庭の女性の友人ネットワークが手頃な保育サービスの欠如によって限定的なものになっている。

このように、幼い子どもをもつ女性にとって、親族や友人などによる社会的サポートは家庭生活を円滑に進めるための必需品と言える。イギリス政府の統計によれば、女性は危機に陥ったとき助けを求めることのできる相手が男性よりも多い。[*4] 彼女たちは男性よりも近所の人を知っていてよく話をする。相手からも近くに住んでいる人だと認識されており、また近所の人を信用している。一方で、男性の方が居住地域をよい環境ととらえる傾向にあり、女性よりも暗くなってからひとりで近所を歩いても安全と感じやすい。このことは女性がひとりで公共空間にいると心細さを感じることを示している。イギリスの「総合的世帯調査(二〇〇〇/〇一年)」によると、女性の三一%が日没後ひとりで外出することはないと答えているのに対し、男性は八%だった。これは女性が〔地域社会に積極的に関わるのとは逆に〕公共空間に対して消極的な態度も示すことを意味している。これまでのところ、既婚女性の交際は公的というよりは地域に根ざした私的なものであり、女性同士のあいだで私事化された友情を取りもつ傾向が見られる。既婚女性にとっては、家庭が地域共同体での友情を形成するためのきわめて重要な場となっているのである(O'Connor 1990; Pahl and Spencer 2001; Wellman 1992)。

対人関係についての研究では、階層によって女性の友情に大きな違いがあることが確認されている。中流階級の既婚女性は、親族よりも友人のネットワークに頼る傾向がある(Allan 1990, 1996; Harrison 1998; O'Connor 1987; Oliker 1989; Wellman 1992)。労働者階級の女性は、自分が生まれた家族の近くに住み、親族、とりわけ自分の母親からの精神的・実際的サポートをあてにすることが多い。それに対して中流階級の女性は、自分が生まれた地域から離れて暮らすことが多いため、情緒的満足感や安心感を得る相手を友人に求める傾向にある。カリーン・ハリソン(Harrison 1998)は、中流階級の既婚女性の友情についての研究を行い、フルタイムもしくはパートタイムで働きながら子育てをしている女性が、家内領域以外に人間関係を広げていこうとすると、いくつかの障壁に突きあたることを明らかにしている。しかし彼女らは、女性同士の近しい友情を維持するのは難しいとは考えておらず、親密な近しい友情とより大きな集団的な友情を発展させることができる抵抗戦略を発達させていた。彼女らは、自分には楽しみ、選択し、意見を表明する資格があるという感覚をもっていた。それは、生活の他の局面ではめったに見いだせない承認と自尊の感覚を女性が得ることにつながっていた。ハリソンの調査は、女性にとって友情は重要ではなく婚姻関係から二次的に派生するものだという考え方に異議を唱えるものと言えるだろう。

民族によって友情がどう異なるかについての研究は不足しており、欧米社会における既婚女性の友人ネットワークの民族的多様性を概括しうるような知見を提示することは困難である。中国や南アジアからのディアスポラをはじめとするイギリスのいくつかの民族的マイノリティの場合、とりわけ彼ら彼女らが密集して暮らす共同体のある都市部の場合には、女性の対人関係は広範な親族ネットワークとその強いつながりに影響を受ける傾向にあるようだ(Afshar 2002; Baxter and Raw 2002; Westwood 2002 を参照)。しかしながら、民族的マイノリティの共同体で生まれた第二・第三世代は、仕事を探すため家族から離れるにともなって、友人ネットワークを頼みにすることが増え、居住国の文化にしたがった生活様式と友人ネットワークを発達させていく。イギリスの若い黒人女性についての調査によれば、彼女らの女性性は、黒人のあいだで男性の世界と女性の世界が相対的に自律していることによって特徴づけられているという(Mirza 2002)。これは、育児や高齢者の介護において女性の親族や女性の友人とのつながりが重要であることを示唆するものだ。さまざまな民族集団によるネット利用についての研究は第６章で紹介するが、先住民族やディアスポラ、ヴァーチャルな「国民」のあいだでは、ネットを介して、共同体と個人的なアイデンティティの感覚が育まれつつある。しかし、この国境横断的なコミュニケーションにおいても依然としてジェンダーによる違いと男女間の権力関係が存在しているのである。

職業をもつ女性と権力のネットワーク

ここ三〇年間の研究によれば、女性の友情は、社会階層やライフサイクルのどこに位置するかだけでなく、彼女らの職業やその他の状況、すなわちフルタイムで働いているかパートタイムか、専業主婦か、学生か、資格取得の勉強中かによっても規定されていることが明らかになっている(Adkins 1995; Hakim 2004; McCall 2001; O'Connor 1992; Suitor 1987)。フェミニズム研究者たちは、職場でのネットワーク形成に関する研究を行うなかで、職場では友人関係とそのネットワーク形態がきわめて重要な役割をはたすこと、その点で女性同士の協力とネットワークは女性にとって価値をもつことを確認してきた(Andrew and Montague 1998; Green, Hebron and Woodward 1990; Griffin 1985; McCarthy 2004; Sharpe 1984)。しかし、イギリスでは一九七五年から男女機会均等のための法律があったにもかかわらず、重役職のなかでは女性は今なお少数派であり、すべての職階で給与や昇進に関して不平等な待遇にさらされている。イギリスのシンクタンク、デモスの『上層部の女友だち』(McCarthy 2004)という研究報告書[*5]によれば、インフォーマルな男性の絆が女性の出世を阻むガラスの天井を強化しているという。女性の友情は伝統的に私的領域に位置づけられてきたため、男性の仕事上の友人関係とは違って、女性は友人関係を既存の権力構造を変える資源として用いることができない。この研究は、経済的・社会的・法的権力などの公的領域における権力構造のネットワークのなかで、女性が低い地位にとどまりつづけていることを明らかにしている。これは、雇用環境や社会構造の民主化に女性が加わる可能性を制限するものだ(O'Connor 1992: 20; Hakim 2004)。

　アメリカやイギリスをはじめとする欧米諸国では、女性の労働人口が増加しているにもかかわらず、彼女たちはいまだに男性の七〇%の収入しか得ておらず、男性よりもはるかに経済的に自立していない。[*6] この賃金格差の原因のひとつに、性別による職域分離がある。女性は狭い範囲の賃金の低い仕事(たとえば清掃、調理、介護)に集中している。他に、フルタイムで働いたり残業するのが難しいといった、女性のケア責任による労働市場での不利な立場や、雇用者の女性従業員に対する賃金差別などがある(McCall 2001)。[*7] 調査会社トップ・ペイによる二〇〇四年の調査報告書によれば、非常勤役員の七〇%が「個人的なネットワーク」をとおして採用されたことを認めている(McCarthy 2004)。同年に機会均等委員会が出版した『性別と権力——だれがイギリスを動かすのか』は、イギリスの職業界についての調査報告書であり、[*8] 女性は高等裁判官の七%、巡査長の七%、財界トップ層の九%、全国紙の編集長の九%を占めるにすぎないことを明らかにしている。機会均等委員会の委員長であるジュリー・メローは次のように述べている。

> 女性は男性よりも大きなケアの責任を引き受けているために、いまだに昇進を阻まれることが多い。人びとのケア役割を考慮することなく、人材を活用することはできない。このことをすべての組織が認めるようになるまで、イギリスを動かす人びとの属性は変わらないだろう。公的機

関も採用手続きが厳格で公正で透明性があるかを詳細に調べる必要がある。現代のイギリスには〔男性を利する〕OBのネットワークを居座らせる余地はない。[*9]

男性に支配されたインフォーマルなネットワークは、重役職から女性を排除するよう機能し、ガラスの天井を永続化させている。この傾向はジャーナリズムのような領域でも確かめられている(Chambers, Steiner and Fleming 2004a)。科学・工学・技術開発分野の男性研究者のインフォーマルなネットワークに関する研究は、そのようなネットワークがしばしば、昇進や就職の機会にも、研究プロジェクトについての重要な情報源ともなっていることを実証している(Tysome 2003)。こうした情報はネットワークのメンバーが研究助成金を申請する上で有利にはたらく。科学や技術開発のような分野は男性に支配され、それらの分野に参入した女性が高いポストに到達することはほとんどない。[*10] 東部ミッドランド女性研究者ネットワークによると、イギリスの女性科学者は開始予定の研究プロジェクトの内部情報を入手できないなど、キャリアの妨害をくり返される。苦労してキャリアの階段を上っている女性は、自分がそのような情報交換グループから締めだされていることに気づいていることも多い(Tysome 2003)。科学・工学・技術開発といった分野におけるジェンダーの不均衡は、女性にとって孤独を経験することにもつながる。男性が自分たちにとってはあたりまえのやり方で情報を共有すると、女性はそれを入手する機会を失い、孤独感に悩まされる。このような状況に置かれる女性科学者を支援するため、東部ミッドランド女性研究者ネットワークは、研究助成金の獲得に必要な多くの情報を提供し、さまざまなスキルと戦略を解説するウェブサイトを立ちあげている。[*11]

『上層部の女友だち』のなかでマッカーシー(McCarthy 2004)は、ジェンダーの不平等への対応が、もっぱら女性の昇進を阻む制度的な障壁を問題にしがちであるために、仕事上で女性を不利にする非制度的な過程や関係性を見落としてしまっていると論じている。その主な要因と見なされているのは、権力のある男性のネットワークから女性が排除されることだ。学校や大学でのつながりにもとづいた男性の友愛会や「ＯＢのネットワーク」は、いまだに多くの組織で機能している。マッカーシーは、なぜ女性が男性のインフォーマルな権力ネットワークから排除されるのか、多くの理由をあげている。育児の責任を負う女性は、仕事帰りに一杯つきあうことができず、また職場での性的なポリティクスも、女性が男性と仕事上の関係を築くのを難しくしている。そうしたなかで、女性がもつ仕事上のネットワークは、男性同士のインフォーマルなネットワークに代えて、たがいの信頼感を生みだし、支援をうながすものとなっている。

女性労働者への支援としてフレックスタイムのような方策を採用すると、社交の機会を失わせることにつながりかねないために、状況を悪化させることもある。家庭とキャリアの両立は夫婦で分けもつ共同責任というよりも「女性問題」としてあつかわれつづけている。マッカーシー(McCarthy 2004)は、女性の地位向上のために、政府と雇用者が職場での女性のネットワークを作り支援するよう提言する。その一方で彼女はまた、女性がより効率的にネットワークを得られるよう後押しすることは、変革の負担を男性や男性支配的な組織よりも女性に課すことになる可能性も認めている。

「ネットワーク的社会性」という現象の出現もまた、女性に影響をもたらしつつある。詳細は第６章で見ていくが、ネットワーク的社会性とは、データや身辺のできごとのやりとりをとおして流動的だが緊密な関係性が取りもたれることを表すものである(Wittel 2001)。そこで形成されるネットワークもまた仕事上の情報の流れを左右すると考えられよう。このネットワーク的社会性という概念は、カステル(Castells 1996)の「ネットワーク社会」の考え方にもとづくものであり、地域社会を基盤とする社会性と対置され、それに取って代わるものとされる。この新しく出現した紐帯についても、はたしてジェンダー化された側面がないか、また、そのネットワーク形成から女性が排除され、不利な立場に置かれる可能性がないかを問う必要がある。そのためにはまず、この新しい紐帯を人びとがどのように発展させ、維持し、活用しているかの検証が求められよう。

独身女性の集団的な余暇活動の表象

ここまで、女性の個人的紐帯がどのように仕事と家庭における不利な立場と関連しているかを見てきたが、この節では、大衆的なメディア・テクストを対象として二つの事例分析を行い、そこで描かれる女性の集団的な友情の特徴を確認していく。メディアが問題視する女性の集団的な友情には、二つの典型的なタイプがある。ひとつは二〇代前半の労働者階級の独身女性、もうひとつは三〇代の中流階級のキャリア女性であり、いずれも享楽的で道徳心を欠く個人主義の現れとみなされ、モラル・パニックを引き起こした。これらの女性たちは、子育ての責任を放棄しており、それによって家族の価値を貶めるものととらえられたのである。

「行儀の悪い少女たち」

まず、労働者階級の若い女性の方から取りあげることにしよう。過剰なアルコールの消費、一〇代の妊娠、性感染症のような社会的なリスクの増加が、若い女性が夜中に盛り場にいることとそこでのふるまいに対する公衆の不安をかき立てている。夜の都市空間で女性だけで酒を飲んだり、クラブに行ったり、食事をしたりして楽しむ女性グループが増えている。こうした最近の傾向は、女性の人間関係を親密性と養育の観点から評価するこれまでの言説を揺るがすものだろう。若い女性は、独身お別れパーティーや夜のバーやクラブで、男性に同伴されなくても楽しく過ごせるという事実をあらわにして見せる。こうした楽しみ方は女性が新しく手に入れた自信を物語る一方で、女性だけの集団に対する公衆の不安を生んでもいる。アメリカやイギリスなどの欧米諸国では、酒場で酔っぱらう女性の姿が急速に増え、女性集団が公共空間を占拠することに対するモラル・パニックの引き金となった。[*12] 今日のメディアのなかで、若い女性は、『野生に返った女の子たち』[*13]とか、女性の「みだらな文化」[*14]などと表現され、また、「チャブ」〔訳注：教養が低く、不作法で、独特の服装をしてショッピングセンターなどでたむろする労働者階級の若者〕「淫売女」「デブのクズ」[*15]などの呼び名が与えられている。それらは、女性が自立と自由の一部として快楽を手に入れようとすることへの公衆の憤りを表すものだ(Whelehan 2000)。人前で連れ立ってアルコールを飲む若い女性に対するメディアの強い嫌悪は、女性の関係性についての男性中心的な言説に枠づけられている。こうした公衆の激しい怒りは、男性との気軽な性的出会いを追い求める若い女性の存在によってさらに高められる。その端的な例としては、「女性優越主義のメス豚」と呼ばれるアメリカの女子大学生のあいだでの「みだらな文化」やポルノ文化の広がりが挙げられるだろう(Levy 2005)。

若い女性のアルコール消費量は、増加傾向にあるとはいえ若い男性よりは少ない。たとえば一日のアルコール消費量に関する政府調査で、「暴飲者」に分類されているのは、イングランドの若年女性では二八%、若年男性は三八%である。こうした暴飲傾向を懸念したイギリス政府は、二〇〇四年にアルコール関連被害削減戦略を策定した。[*16] その報告書によれば、女性の飲酒はここ一〇年で増加しているが、二五歳以下での暴飲者は男性の方が多い。また、「特に男性は暴力の被害者になりやすいと同時に加害者にもなりやすい」[*17]として、男性の方が飲酒が暴力につながりやすいことを指摘している。それにもかかわらず、むしろ若年女性の方が、アルコール消費量の増加にともなう大きな問題として取りあげられている。

イギリスの新聞もまた、若い女性が夜に公衆の面前で行う失態を定期的に記事にする。その典型は、「あなたの子どもが昨晩やらかそうとしていたこと――大酒飲みの蔓延に揺るがされる今のイギリスの恥ずべき光景を暴露する」という見出し[*18]を掲げる『ピープル』紙の記事に見られる。この記事は「意識を失って」という小見出しの後、「若い女性が泥酔して下着を見せながら排水溝に寝転んでいると、若い男が彼女を助けようとした……」と続き、若い女性たちに「騒々しい女ども」などのレッテルを貼りながら、彼女らは酒場で大騒ぎし、露出度の高い服を着て、バーで若い男性を誘惑し、クラブのドアの前にへたりこみ、公衆の面前で激しく嘔吐すると厳しく非難する。『ノーザン・エコー』紙では、クリステン・ピアーズが「なぜ少女たちはバカになるために酒を飲むのか」という記事を書き、「道沿いにある数多くのバーを飲み歩き、さまざまに酔っぱらった状態」で通りを「ぶらつく」

ることにふれてはいるものの、むしろ若い女性がそれに続いていることを醜態としている。「肌もあらわな」若い女性に怒りをぶつけている。[*19] この記事は、男性が最大のアルコール消費者であ

『イブニング・スタンダード』紙の「酒とパブのはしごに明け暮れる私の夜」と題された記事は、リッチモンドで若い女性が酒を飲んで大騒ぎしたあげく乱闘になったことを取りあげて、次のように書いている。「挑発したのは、髪を脱色して短く刈った恰幅のいい少女だった。酔っぱらっていた彼女は、太い腕にはめた異様に大きな金属製のアクセサリーを打楽器のようにがちゃがちゃ鳴らしながら、「やれ！　やれ！　やっちまえ！」と大声でわめいた[*20]」。こうした独身女性の身体や服装への強い関心と性的対象化は、若い女性へののぞき見趣味的な中傷の一部をなしている。排水溝への嘔吐と突然始まる小競り合いの記述は、自立した若い女性に対する道徳的な不安に油を注ぐ。この種のふるまいは従来、女らしくないものとされてきた。今の若い女性は、「血気盛んな」若い男性と同じようにふるまい、そのモラルの無さまでまねしているように見える。このように表象されることによって、彼女たちはきわめて恥ずべき、性的に逸脱した、脅威をもたらす集団として意味づけられる。

世間体のよい女性か否かという分類は、女性のアイデンティティと外見に対する道徳的な判断の中心にある。労働者階級の女性は、女らしさという観点から典型的には下品さと関連づけられる。労働者階級の女性の身体は、過度にがさつで野放図なものを意味する(Rowe 1995)。女らしさは、下品さや病的状態、悪趣味、性的なものとは距離を置くべきものとされる。世間体のよい女性であることは、外見とふるまいをとおして確認され、中流階級の証となる。この欧米圏での女性性の表象は、二〇世紀に完成された。それによって中流階級の女性は、売春婦や労働者階級の女性のような危険で秩序を

乱す性的存在や、潜在的に危険な黒人の女性から、自分を隔離する。ベヴァリー・スケッグス(Skeggs 2002)が指摘するように、黒人であれ白人であれ労働者階級の女性は、世間体のよい女らしさに対立する性的存在として、またセクシュアリティの逸脱的な表れとして位置づけられている。

スケッグス(Skeggs 2002)は、労働者階級の若い女性が土曜の夜に集団で外出の準備をするための集まりをとおして集団的な友情を築いていくようすを記述している。彼女たちは街での夜遊びの前に、音楽を聴きながら化粧をしたり着飾ったりして何時間も過ごす。スケッグスは、この女性の仲間意識が公的な社会空間にどのようなインパクトを与えるかを、まざまざと描写している。

> こうした金曜か土曜の夜に定期的に行われる集まりで最終的に生みだされるのは、女らしさのように見えるかもしれない。だが、そこではむしろ騒々しさやがさつさ、凶暴さ、女らしさへの挑戦が生じるのだ。彼女たちの外見は女らしいが、その動作、ふるまいは明らかに女らしいものではない。彼女たちは身体的には女らしくなろうとするが、その見た目とは矛盾するふるまい方をする。彼女たちはパブやクラブにくりだすことによって、秘密めかした冗談と仲間意識を基盤とした永続的な楽しさを生みだしていく。彼女たちは自分自身を集合的に作りあげ、ローカル化された能力を発揮する。多くの男性にとって、いっしょに騒いで笑っている女性グループは脅威以外の何ものでもない。彼女たちは恐るべきもののように見える。彼女たちが自分たちの楽しみと社会空間への権利を主張しているからだ。
>
> (Skeggs 2002: 105)

労働者階級の女性は、「女らしく装うことを仲間意識の現れとして経験する」(Skeggs 2002: 106)なかで、一種の仮装として過剰に女らしくふるまうようになる。女性が自信をもって公共空間でうまくやっていくためには、好感をもたれる外見が欠かせない。それは外部から承認を受けることが求められる公的なパフォーマンスなのである。

今日の多くのニュース報道がもっぱら懸念しているのは、女性が酒を飲むことによって安全でないセックスをし妊娠のリスクに直面することだ。しかしながら、一九九〇年代からの大衆的なメディアにおける、粗野で抑制を欠く下品な若者女性という表象の増加は、イメルダ・ウィラハン(Whelehan 2000)が指摘するように、現代の女性に対する新たな攻撃を示唆するものでもある。女性が酒を飲んで騒ぐことが増えた理由として、女性の自立や「行き過ぎた平等」「みだらな文化」が挙げられる際には、彼女らが新たに見つけた自由を縮小すべきだという言外の意味が含まれている。それを支えているのは、家族の価値の危機という言説であり、自立した若い女性のあいだで道徳的な価値が崩壊しつつあるのではないかという公衆の不安である。公衆の目には、一九五〇年代と六〇年代の「モダン・ガール」が保っていた自己抑制的な自律性(Johnson 1993)が崩れ去っているように映るのである。

女性の群衆――その異例性

かつて公共空間は、女性にとって、ひとりや女同士で出かけるには危険な場所だと考えられていたが、今では公共空間の方が、多人数の騒がしい女性集団によって、危険にさらされていると考えられるようになった。酒場で大騒ぎする女性たちを報じるニュースは、かつては男性のためのものだった公共空間が、女性グループに侵略されているという印象を与えるものだ。女性の群衆は、余暇の場に新しく現れた女性の交際の一形態とも十分考えられるはずだが、そのような見方がされることはほとんどない。「女性」と「群衆」という語の組み合わせは異例的《アノマラス》にも感じられようが、それはまた、公共空間のジェンダー化された性質の変化と女性の絆の重要性に注意を向けさせる興味深い語の組み合わせでもある。エリザベス・ウィルソン(Wilson 1992)が指摘するように、一九世紀には、女性は群衆のなかにいないか少数だったにもかかわらず、「群衆」は犯罪者やマイノリティと関連づけられ、女性的な特徴を与えられていた。拡大する産業都市の「大衆」は、「ヒステリック」という女性的な用語で描写され、不安定さやセクシュアリティと結びつけられた。その後、女性は都市生活における「無秩序」と強固に関連づけられるようになっていく。ウィルソンは、女性にとっての都市の危険性を認めつつも、都市生活が潜在的に有する楽しさと解放感を重要視し、都市の祝祭や情熱、さらにはリスクに対する女性の権利を主張している。

二人以上の女性の集まりを社会に対する脅威とする表現方法は、ギリシャ神話の方法論にまでさかのぼることができる。それはたとえば、〔三人一組の復讐の女神〕フューリー、〔複数で襲ってくる女面鳥身の怪物〕ハーピー、〔船を座礁させる海の妖精の姉妹〕セイレーン、〔三姉妹の魔物〕グライアイなどである。これらの女の怪物群は、人類にとっての死、破滅、聖なる試練の遂行としばしば結びつけられる。そこで強調されるのは、攻撃的で制御不能で脅威をもたらす自立した女性の集団である。彼女らは、女性性の混沌としたヒステリックな乱雑さばかりでなく、脅迫性を体現する存在でもある。彼女らは決まって恐ろしい外見をもちながらも、男性を性的に誘惑して悪い結末に導く。そうした邪悪で過剰な女性性をもつ複数の女怪物たちに、徳のある男性主人公がひとりで立ち向かうのを見て、少年たちは安定し統合された誉れある男性的自己という観念を学んでいく。

筆者は、ストリップショーに出演する男性を描いた映画『フル・モンティ』について論じる共著論文[*21]を執筆するにあたって、二〇〇二年にノッティンガムの王立コンサートホールで、アメリカの有名な男性ストリップショー「チッペンデール」を（もちろん純粋に研究のために）観劇した。筆者はその場にまったく男性の観客がいなかったこと以上に、厳めしいコンサートホールという公共空間が、男性の不在によって、束の間であれ、いかに力強く女性化された空間に変わるものかに衝撃を受けた。そこに存在したのは、まさに女性の群衆だった。王立のコンサートホールで上演されたにもかかわらず、そこには威厳あるものが何もなかった。舞台上のチッペンデールは、ストリップショーにふさわしく刺激的で性的に常軌を逸していた。それと同じくらい、女性だけの観客もまた、興奮と不品行さの渦巻くなかで常軌を逸していた。男性パフォーマーが服を脱ぎだすと、群衆が立ち上がり、拳をあげてくり返しはやしたて、数分ごとに大きな笑い声が起きていた。

休憩時間には、一〇代から高齢者まであらゆる年齢のたくさんの女性が、コンサートホールのバーや廊下や階段の踊り場やバルコニーで、立ったまましゃべったり飲んだりタバコを吸ったりしていた。彼女らは女性トイレだけでなく男性トイレも独占し、舞台の上以外で目に入った男性は警備員だけだった。劇場の雰囲気は奇妙に活気づいたものだった。人気のある男子スポーツもしくは男女混合スポーツの観客にも似た、群衆の異様な高揚感は、私たちが会場を出るときまで消えなかった。ショーが終わるとあらゆる年代の女性の大群が通りにあふれた。たくさんの女性が大声でしゃべりながら通りを横切るとき、街の中心部は、束の間の女性の空間に変容した。この体験は衝撃的だったが、例外的なものでもあり、男性身体を客体化しエロス化する他愛ない娯楽という狭い領域に限定されたものだ。公共空間を征服したことが女性にもたらした高揚感は、短命で、それ以上の可能性をもたない瑣末なもののように見える。女性の楽しむ権利を主張することは重要だが、スポーツや余暇活動の行われる公共空間は伝統的に男性に支配され、女性身体は性的に客体化されてきた。女性が大声で楽しめるかどうかは、そのような空間支配と性的客体化を遮断し反転させることができるかにかかっている。

マフェゾリは、このような一時的に現れて消える集合性を指して、新部族性《ネオトライバリズム》と呼んだ。スポーツの試合に熱狂する観客集団などはその典型であり、男性にとってはすでに慣れ親しんだ集合性だろう。マフェゾリ(Maffesoli 1996)によれば、伝統的な集合性が消失する一方で、一過性や流動性、単発性を特徴とする社会的な集合形態が人びとをひきつけつつある。新部族性とは、社会統合という強力な価値観が失われた社会で生じる、緊密だが散発的な社会結合を意味し、サッカーの試合やコンサート、ショー、映画、芸術祭などの一回限りのイベントで姿を現す「感情の共同体」の一時的なまとまりを表すものである。これらの空間はしばしば強く男性化されており、女性がそこに参加する際には、男性に許可してもらうような形になる。サッカーのような新部族性を帯びた公的イベントに女性が参加することは、公共空間を占有する戦いで部分的に成功したことを示しているかもしれないが、大きな成功とまで見なすことはできない。それはきわめて付随的で暫定的で非政治的な性格の空間の占拠にすぎない。マフェゾリは、何らかの目的や計画のために取りもたれるのではなく、もっぱら社会的交流そのものに関心を向けるインフォーマルな友情のネットワークが、ポスト近代の共同体の格好の例であることを示唆している。演劇やサッカーの試合、ポピュラー音楽のライブなどの観客、あるいは通勤電車の乗客のような群衆は、ポスト近代の状況下で見られる一時的で境界事例《リミナル》的な共同体である。こうした「選択的共同体」は、象徴性を帯びた強い絆で取りもたれるのではなく、その場限りの結びつきによるものであり、女性にとっては新しい社会的紐帯への入り口となりうるものだろう。しかしながら、その結びつきの非拘束的な性質は、女性には似つかわしくないとされてきた自己満足的な無責任さを思わせる。「ポスト近代的な共同体」に関する議論は、ケアや献身、責務といった論点を軽視しがちであり、概してその議論の対象領域から女性を排除してしまう。女性がこうした新部族性を帯びた断片的・一過的な共同体に加わるには、養育役割から脱けださなくてはならない。また、レズビアンやバイセクシュアル女性は、公共空間への権利主張をきわめて活発にくり広げてきた歴史をもつが、しかし重要なことに、一方で彼女らは、夫や父親、兄弟にはそのことを秘密にしておかなければならなかった。そのため、ゲイ男性の公共空間への進出に比べて、レズビアンの空間は目立ちにくいものでありつづけてきたのである(第5章参照)。境界事例的な共同体は女性にこれまでの慣習を乗り越える可能性をもたらすが、そのために女性は利己的というレッテルを貼られる犠牲を払わなければならない。そのような対価を男性が求められることは、女性よりもはるかに少ないだろう。

モラルのない都市の「負け犬」たち

アメリカやイギリスをはじめとする欧米諸国において、単身世帯はもっとも急速に増加した世帯類型である(Chandler et al. 2004; Heath and Cleaver 2003)。[*22] 晩婚化によってひとりで生活する未婚者も劇的に増えたが、いまだに女性の独身者は逸脱的な状態として描写されつづけている。スケッグス(Skeggs 2002)は、労働者階級の女性がどのように女性性を経験するかを研究するなかで、多くの労働者階級の文化では、女性が男性にともなわれない状態は不適切で望ましくないとみなされることを明らかにした。経済資本や文化資本に乏しい労働者階級の独身女性にとって、この「カップル文化」の存在は、公共空間に足を踏み入れるのをためらわせるものであり、また、自分たちにも既婚女性と同じようにその資格があると思えなくさせている。スケッグスは、「このように不適格と感じられてしまうのは、異性愛規範が権力をもって浸透している証拠である」(Skeggs 2002: 114)という。こうした〔公共空間という〕場所では、多くの女性に、男性と連れだっていた方がよいというプレッシャーがかかる。それは単に経済的な理由によるのではなく、文化的に認められた形式であるからだ。女性同士で連れだって出かけることは、この社会的プレッシャーを払いのけるきわめて重要な方法にもなっている。都市に住む中流階級のキャリア女性の場合には、高い収入や友人ネットワーク、そして文化資本の高さが、独身者のアイデンティティをより肯定的にとらえることを可能にする。しかしながら、一般にイメージされる中流階級の独身女性像は、彼女らの自立と女性間の友情の重視に対する公衆の根深い不安に強く彩られており、婚期を過ぎた独身の「負け犬」女性は逸脱的な存在でありつづけている。

三〇代の中流階級の女性と聞くと、人びとは上昇志向やキャリア志向の強すぎる享楽的で問題のある人物と考えがちだ。そのような女性は、野心ばかり強くて結婚して家庭をもつことができない、あるいはキャリアも結婚も子どももと欲ばりすぎて結局どれもおろそかにする、不快な存在とみなされている。晩婚化や出生率の低下、単身者人口と未婚同棲の増加、中等教育で男子よりよい成績を収める女子の増加など、[23]あらゆる社会動向がもちだされながら、少女や若年女性の特定のイメージが形づくられていく。すなわち、高給の専門キャリアと女性同士の友情を追い求め、自己主張が激しく、上昇志向の強い成績優秀者という女性像である。こうした女性像に対するメディアの否定的な態度は、男性に依存する従来の地位から脱却しようとする女性が、総じて直面することになる深刻な課題を示すものだろう。

『ブリジット・ジョーンズの日記』や『セックス・アンド・ザ・シティ』のような映画やコメディドラマからは、恋愛やセックス、結婚、仕事、友情に関する道徳原則をめぐる不安が変化しつつあることが見てとれる。[24]女性が性的・経済的な自立を強め、「新しい世界の担い手」となりつつある状況において、コメディは、それにともなう道徳的変動を探究するための有益な素材になりうるものだ。[25]『セックス・アンド・ザ・シティ』[26]に登場するのは、専門職に就き、裕福で自己主張をもった三〇代独身の異性愛女性であり、ストーリーは彼女らの恋愛模様を中心に展開していく。一九九八年に放送の始まったこの番組は、女性の性的欲望の追求を描くとともに、その背景をなす異性愛女性の集団的な友情を尊重されるべきものとしてあつかった初めてのテレビ番組のひとつである。主人公のキャリー、サマンサ、ミランダ、シャーロットが交わすセックスの話は、彼女らをつなげる接着剤の役割を果たしている。実際、何でもあけすけに話せることは、友だちとの関係に必要なものであって、それでなくても疑り深い恋人との関係にはむしろ不要なものだろう。恋人は求めては失われるものであり、他方で、友人は裁判官であり陪審員でありカウンセラーでありもっとも信頼できる存在である。恋は現れて消えるが、友情は変わらずに残る。

『セックス・アンド・ザ・シティ』はまた、独身女性を〔既存のジェンダー規範の〕侵犯者として、また、その報いを受ける者としてユーモラスに描くことによって、独身女性への偏見を持続させるように機能してもいる。そのユーモアは、個人化された脱伝統的な都市社会への公衆の不安を支えとしながら、彼女らへの羨望と軽蔑という矛盾した態度を映しだしてみせる。独身女性のコメディドラマのなかでは、女性の身体、ナルシシズム、報われない愛、不安感、懺悔が、皮肉なユーモアと道徳規範の揺らぎをともないながら描かれ、「男がいない」ことの無秩序性を強力に印象づけていく。独身女性の身体、行動、不安を、商品化された自己満足感とフェティシズムの対象として描写することによって、快楽を追い求めるポスト近代的な独身女性という主体は、きわめてモラルのない存在と位置づけられる(Akass and McCabe 2004: 179)。主人公たちの行為者性《エージェンシー》は、自己への信頼の欠如と消費主義の信奉に強く彩られている。ジェーン・アーサーズ(Arthurs 2003)が指摘するように、そこでは倫理的な自己に代わって消費文化が理念になっている。このようにして、ドラマのなかのユーモアは、ある種の物質主義的な女性性を描きだし、消費と「スタイル」に焦点をあてた市場先導型のポストフェミニズムを表現していく(Whelehan 2000)。そこではファッションや男の消費が、放縦と快楽主義を、すなわち女性性の過剰を意味する記号となっている。主人公たちはマンハッタンで話題のレストランで食事しながらおしゃべりすることが多いのだが、それとは裏腹に、彼女らはとてもスリムで、料理を口に運ぶシーンはほとんどない。このように、過剰と自己否定は一対のものとして描かれる。独身女性は家族よりも友人を選ぶ無責任なモラルのない存在として描写され、女性の自由と選択の増大は社会衰退につながるという公衆の感覚を裏づけるものとなっていく。

多くの恋愛物に見られるように、『セックス・アンド・ザ・シティ』は、女性の自立は報われない愛によって罰せられることを大きなテーマとしている。そこで取られる構図もありがちなものであり、理想的な女性が独身でいることのグロテスクさが強調される。ストーリーのなかでは、昔ながらの恋のおとぎ話が疑われ、じっくり吟味されていく。「すばらしき独身貴族？」[*27]と題された回に代表されるように、主人公たちは結婚しないでいることがもたらす悩みを抱えながらも、多くの場合、独身は男との偽りの幸福に優るという結論にいたる(Arthurs 2003)。ドラマのなかでは、男女のかけひき、白馬の王子様の待望、完璧なる母性などのファンタジーが描かれていき、友情と消費は、彼女らを癒す避難所として位置づけられている。時として独身は魅力的なこととされ、また、彼女らは洗練され自信に満ちて見えるにもかかわらず、独身であることを絶え間なく思い悩むべき周縁的地位として皮肉っぽくあつかうことによって、彼女らが臆面なく表出する性的欲望の道徳的逸脱性は、無害化されてしまっている。

第2章で論じたように、自発的に取りもたれる個人的な関係性はある種の脆弱さをはらんでおり、そのことが、関係のもたらす安心感とともに、独身女性の物語ではひとつの重要なテーマとなる。『セックス・アンド・ザ・シティ』は、皮肉なユーモアをとおして今日の「負け犬」女性の陥りがちな落とし穴を視聴者に警告する。自分で自由に関係〔の形成・維持〕を選択できることは、その関係性の脆弱さを意味するものでもある。そのことが主人公たちに苦難をもたらす。この型破りな女性たちは、短命に終わる恋愛、一夜限りの情事、拒絶される不安に彩られた表面的な関係性につきまとわれる。『セックス・アンド・ザ・シティ』の風刺のきいたユーモアは、男の世界で男のゲームに成功して「何もかも手に入れた」ように見える独身女性のうぬぼれや自己満足に、天罰が与えられるさまを笑うよう視聴者に誘いかける。

『セックス・アンド・ザ・シティ』のような大衆文化的な物語《ナラティヴ》からは、今日の刹那的な関係性にともなう不安を探りだせるだろう。クリストファー・ラッシュ(Lasch 1979)の指摘するように、都市社会における個人主義の強まりへの否定的な見方は、後期近代の断片化された社会的紐帯から生まれたものとみなされる社会集団に投影される。独身女性は、個人主義とナルシシズムの蔓延の表れとされ、社会の廃頽の原因とみなされる。彼女らが親密な関係性において平等を求めることは、〔ドラマのなかでは〕笑いをさそいながら、相手の男性に対する押しの強さや貪欲さや不満感として表現され、自己主張の激しさを示すものへと変えられていく。物語は、彼女らが最終的にはその報いを受けることになるように組み立てられており、女性の個人主義へのモラル・パニックに広く訴えかけながら、自信過剰な女性を滑稽に描きだしていく。そこでは、女性の自立が模索されながらも、嘲笑的なユーモアによって社会道徳への脅威としてあつかわれ、非難の目が向けられる。近代的な女性の自己にとって自己開示は中心的な役割を果たすものだが、その自己開示性を冷笑的なユーモアは、個人の「感情」を詳細に暴きたてるために、そして、秩序を乱す女性主体を描くために利用するのである。

恋愛物のコメディにおける打ち明け話という言説様式は、こうした皮肉なユーモアによって、既存の規範に挑戦するものとなると同時に、それを強化するものにもなっているように思われる。主人公の独身女性たちは、友人のあいだでは、家父長的な規範からはタブーとされる話題をくり広げる。月経、更年期、シングルマザー、オーラルセックス、早漏、男性のインポテンス、同性愛など、どれも楽しい語らいの対象になる。それは確かに、既存の支配的な言説を弱体化させるもののように見える。しかし、主人公たちの自律を求めるラディカルな試みは、彼女らの感情面での過度な傷つきやすさや、独身でいる「負け犬」感を思い知らされることによって挫折させられていく。主人公のキャリーと友人たちのあいだで前提となっているのは、独身者はきわめて周縁化された存在だということだ。彼女たちは打ち明け話をとおして、独身であることの楽しさと賢明さを上まわる何かが、女性として足りないことを認める。結婚していない女性は、何かを欠く状態であり、何者でもない状態である。そう認めることによって主人公たちの力は貶められ、その代わりとなる自己満足を探し求めるなかで経験する屈辱がドラマのなかで見世物にされる。

批評家のステイシー・デラスモは、次のように述べている。

> か細い体つきで、ヒールの高い〔セレブ愛用の〕マノロ・ブラニクの靴を履き、災難から災難へとふらふら歩く、新しい独身女性〔キャリーのこと〕が体現しているのは、フェミニズムが役目を終えたことだけではない。フェミニズムは失敗したのだ。「解放された」女性がどれほど不幸か見るがいい！　男性は彼女と結婚したがらない[*28]！

こうした犠牲者のイメージは、〔ドラマのなかでは〕打ち明け話をとおして表現され、自立した女性が恋を見つけて家庭をもつのに失敗したことを強調するよう作用する。こうした作用は、後期近代における女性の役割に影響をおよぼす、一連の広範な社会的葛藤を軽視させ矮小化する。それは、女性の仕事や経済的な自立と、女性が社会的に負わされた子どもや高齢者のケアの責任・養育役割との葛藤である。打ち明け話は女性がアイデンティティの探求に奮闘する場のひとつになるが、それを冷笑的なユーモアをとおして描くことで、楽しさを求める自立した独身者は、傷つきやすく自己陶酔的で道徳心を欠く主体と位置づけられ、家族の紐帯の欠如がもたらす孤独を印象づけていく。その荒れすさんだ姿を強調するかのように、キャリーを演じたサラ・ジェシカ・パーカー本人もまた、メディアでは「ニューヨークの街路を歩きまわる奔放で自暴自棄な女性」(Rudolph 1998: 13)として報道されている。このようにして独身女性は、新しいフェミニズムや新しい女性中心の世界のヒロインや勝者となることに失敗して脇に追いやられ、伝統的な家族の価値を擁護する家父長的ファンタジーは無傷のまま保たれる。独身女性のひとりひとりは傷つきやすい存在であるからこそ、その友情は緊密になるのだが、しかし最終的には、さまよえる独身者がたがいに頼りあうことは家族生活の代替物としてあつかわれるのである。

『セックス・アンド・ザ・シティ』では、友情のもとでたがいをケアしあう姿が何度もくり返し描かれるが、そのような思いやりは、伝統的な核家族の外に位置する社会的な絆であるために、無効化されてしまう。皮肉なユーモアは独身女性を統制し規律化するように作用し、彼女らは物語の結末において家父長的な支配に服することになる。独身女性をめぐるユーモアは、道徳的説話として私たちにこう警告する。独身女性がいくら増えていようが、それが「負け犬」という従属的な主体であることに変わりはないのだ、と。

結論

この章では、女性たちが個人的ネットワークを不可欠な資源としてどのように利用しているかを検討するとともに、女性の場合は男性とは異なり、それらを権力に近づく手段にするのは困難であることを見てきた。女性の個人的な関係性は、世間体のよさと養育役割という言説によって評価され、それによって女性のアイデンティティは統制されている。女性たちは高水準の社会関係資本をもつが、子どもや夫に対する精神的・身体的ケアの責任を負うことによって、彼女らの社会関係資本はもっぱら家内領域で重要な役割を果たすものと位置づけられている。職場での男性のネットワークには、キャリアを追求するうえで有益な情報が流通するが、女性はそこから排除される傾向にある。しかしながら、自立した独身女性の地位とアイデンティティは顕著な高まりを見せており、都市の余暇活動においては、労働者階級でも中流階級でも、女性同士の新しい集団的な交友が広がり始めている。集団的な友情は、独身女性——若い労働者階級の女性や、より年長の中流階級のキャリア女性——にとって、男性には当然の権利とされてきた労働の対価を、すなわち楽しみ騒ぐ機会を与えてくれるものだ。しかしメディアは、彼女らの酒場での泥酔やその他の不品行を強調し、低俗で常軌を逸した恥ずべきことと意味づけている。

今日の大衆文化のなかで、女性の余暇活動はセクシュアリティと結びつけられて描写されており、独身女性の快楽の追求と、妻や母という女性の潜在的な家族役割との相反に対する懸念を引き起こしている。中流階級の女性の友情は、『セックス・アンド・ザ・シティ』のようなコメディドラマのなかでは、放縦で無責任で断片化されたものとして表象されている。個人主義的でナルシシスティックな女性性の現代的な象徴は、家族の価値への脅威として構築されている。それによって独身女性は、快楽に溺れるばかりで、モラルがなく身勝手で傲慢で自己主張の強い存在とみなされることになる。女性のあいだには新たな形の集団的な友情が現れつつあり、それは夜の都市空間のなかで、ポスト近代的な流動性を帯びた関係性として目に見えるものとなっている。だが、そのことを歓迎する前に、私たちはまず、女性同士の友情が今も世間体のよさというイデオロギーによって厳しく統制されていることに気づかされるのである。

第５章　「共同体」の衰退と隆盛

共同体が崩壊しつつあるという懸念は、今日の社会的紐帯の変化に関する研究者、政府、慈善団体による議論のなかにくり返し登場している。*1 一九世紀的な原理の衰退にともなって共同体と従来の福祉構造が退潮し、代わりに個人の自立が特権化されたことで、満ち潮のように押し寄せた利己主義と不信は、公衆の不安の引き金となった。こうした共同体の崩壊論においてもっとも影響力をもったのは、ロバート・パトナムの著作『孤独なボウリング』(Putnam 2000)であり、彼はアメリカ社会が共同体的価値の衰退によって窮地に立たされていると主張した。パトナムによれば、よりよく協働が組織され、市民的結束の保たれている社会は、よりよい政府、学校、経済成長、健康、福祉にも恵まれることになる。しかし、パトナムのいうような人びとのつながりが、どのようなメカニズムに支えられているのかについては十分には明らかにされていない。

市民的な共同体の擁護者として、パトナムは「社会関係資本」の概念を用いることで、共同体の衰退を根拠づけようとする。彼は「社会関係資本」を市民社会論の語彙と結びつけて、「調整された諸活動を活発にすることによって社会の効率性を改善できる、信頼、規範、ネットワークといった社会組織の特徴」と定義する(Putnam, Leonardi and Nanetti 1993b／邦訳二〇六－七頁)。それゆえ、パトナムにとっての社会関係資本の衰退は、共同体的価値の衰退と表裏をなしている。私はこの章で、パトナムの主張は、変化する社会的紐帯に対する悲観的で説得力のないひとつの見方に過ぎないことを論じたい。パトナムは共同体を、文化拘束的な形でノスタルジックに概念化してしまっている。社会的価値を強調することは、さまざまな社会的剝奪を覆い隠してしまう。その結果、労働者階級は、共同体のネットワークを構築するために必要なコミュニケーション能力と社交の作法を欠いているものと映る。さらには、パトナムは家族や地域といった伝統的な社会的紐帯を特権化することにより、新しい社会的紐帯とそれを支える新しいアイデンティティを軽視してしまっている。

社会の断片化についてのパトナムの主張とは対照的に、多くのポスト近代の思想家が、社会的紐帯の流動的で開放的な特徴に関する研究を行っている。ポスト構造主義における脱構築アプローチ、フェミニズム、クィア理論、ポストコロニアリズムといった研究は、階級・ジェンダー・年齢・国籍・民族といった伝統的なアイデンティティの指標に疑問を投げかけ、その縛りを緩めることで、個人の自律への新たな可能性を開いている。社会的に構築されるものとして自己を認識することにより、アイデンティティと帰属はもはや、所与のものとはみなせなくなる。自己は今や、新たな社交のあり方の中で再編成されている。たとえばそれは、新しい性的コミュニティや友人ネットワーク、都市における新しい社会運動、新たなテクノロジーに媒介された新しい形のグローバル・コミュニケーションなどである。たとえば、ネットワーク的社会性に関する理論家であるマニュエル・カステルによれば、新しいテクノロジーは、私たちに新しい相互行為と共同体ネットワークを提供することで、刺激的で革新的なコミュニケーションのあり方を提示しているという。この章では、社会統合の解体に関するパトナムの主張を批判的に検討していく。近年注目されるクィア・コミュニティや「家族としての友人」といった社会的結束性は、新しい帰属の形を例証していると主張したい。その上で、つづく第６章では、新しい形のコミュニケーションと帰属という本章のテーマをより詳細に論じていく。具体的には、対面的なコミュニケーションに代わる、あるいはそこに新たに加わる、緊密だが刹那的なオンラインコミュニケーションに代表される新しいポスト社会的な関係について、カステルらの著作を検討していくことになる。

共同体の崩壊？

パトナム(Putnam 2000)は、物質的にはきわめて満ち足りているにもかかわらず、アメリカ社会に社会的撤退と市民的倦怠の感覚が蔓延していると主張する。『孤独なボウリング』と題されたパトナムの著書は、「米国コミュニティの崩壊と再生」という副題とは裏腹に、もっぱら崩壊について焦点化され詳細に論じられている。アメリカ合衆国におけるボウリング・リーグの衰退は、より広く、アトム化する社会の象徴として用いられている。こうした戦後アメリカにおける政治的・社会的な生活の一般的変化は、一九六〇年代に始まる、アメリカ型の市民的参与が長期的に衰退してきたことの現れとして解釈される。こうした変化は、共同体生活と善き統治機構《グッド・ガヴァメント》への市民参加の衰退と、時を同じくしている。パトナムによれば、こうした状況は心理的疎外をもたらすものである。

合衆国における共同体崩壊論の人気は、社会的な孤立と私事化される生活に対するメディアや知識人、政府のなかに広がる不安を明るみに出している。パトナムが主張するように、教会から、組合、ボウリング場、社交クラブに至る、市民活動や余暇活動、社交活動への参加率の低下は、広範にわたる文化的・社会的・道徳的な退廃を裏づけるようにもみえる。社会的一体性の衰退は、「社会関係資本」の解体、すなわち、団結した行為や、政治への民主的参加、共同体それ自体を可能にするような相互行為のネットワークの解体によって特徴づけられる。「社会関係資本」という語は、ネットワーク、互酬性の規範、信頼といった、個人間の互恵的な協働を促進するさまざまな社会組織の諸特性を表している。地域共同体の活動への参加率の低下が関心を引くのは、これらが犯罪の増加と安全性の低下、子どもの福祉への悪影響、経済的効率性の低下、そして著しい公衆衛生の悪化との相関を示すためである。「社会関係資本の弱体化は、ほとんど気づかれずに消え失せてしまったもののなかに現れている――近所とのパーティーや、友人と集まったり、見知らぬ人のさりげない親切、孤独に私益を求めるよりも、むしろ共同で公益を求めるといったもののなかに」(Putnam 2000: 403／邦訳四九八頁)。パトナムがいうように、福祉国家の発展、郊外化、離婚の増加、女性労働力率の上昇、そして家族構造の変化といった要因は、見かけの上では、合衆国における市民文化の瓦解を説明しそうにも見える。

パトナムによれば、こうした市民性の不断の衰退は、健康、教育、幸福、家族福祉、安全保障、文化、経済的繁栄、政治制度の苦境という恐ろしい帰結をともなっている。社会参加の欠如は、社会活動からの根深い疎外の兆候であるとみなされる。個人主義、物質主義、私的領域への退避といった信念や価値観を、パトナムは社会関係資本を掘り崩すものとして非難する。こうした変化は、家族団欒の減少や、インターネット利用に起因する対面的相互行為の衰退といった多くの社会習慣の変化によっても例証されている。パトナムは、身近で対面的で家族を基礎とした、近隣のつながりを、明確な形で特権化する。彼は、合衆国における社会関係資本の衰退は、あまりに劇的なものであり、政治的民主主義の効率性を危険にさらすかもしれないと結論づけている。国家と市民社会との有機的調和というトクヴィルの考えに影響を受けつつ、パトナムは、国家の効率性が市民社会の調和に依存している以上、社会を維持する責任は福祉国家にではなく市民社会に委ねられるべきだと主張する。

パトナムが用いる社会関係資本の概念は、ネットワーク型資本(network capital)と参加型資本(participatory capital)という、二つのタイプに分けることができる(Wellman et al. 2001: 437)。ネットワーク型資本とは、重要な交流や感情的サポート、財、サービス、情報、帰属の感覚を提供してくれる諸関係から成り立っており、友人や近隣、親戚や仕事の同僚などを含んでいる。それに対して、参加型資本とは、政治と自発的組織への個人の積極的な関与にかかわっており、つながりの機会を提供し、共同の達成に向けたまとまりを作りだすことで、個々人の必要と欲望に形を与えるものである。政府が上からはたらきかけるのではなく、市民の内から、濃密なネットワークと自発的結びつきの文化を生みだすことができる社会は、社会関係資本に富む社会である。というのも、市民参加のネットワークを通じて、公共政策は有機的共同体のなかに根を下ろすことができるからだ。パトナムは、合衆国における状況の複合性を理解するためのモデルとして、南イタリアを例に挙げる(Putnam 1993b)。南イタリアのいくつかの地域では、伝統的に共同体を覆う結びつきの伝統と社会的信頼の文化が弱いために、公共政策は失敗に終わることが多かったと、パトナムは強調する。

重要なことに、「社会関係資本」は、定量化することが困難な概念であり、単一の尺度や指標が存在しないにもかかわらず、欧米諸国の政策立案者にとって、おあつらえ向きな概念になってきている。たとえば、他人への信頼という要素を取りだしてみたところで、価値観の変化も行動規範の変化も、どちらも主観的で抽象的なものだろう。こうした社会問題に取り組む研究の多くは、単一の指標ではなく一定の指標群を用いる傾向にある。こうした欠点にもかかわらず、「社会関係資本」という概念は、社会的結合の度合いが、社会的経済的に有用なさまざまな結果にどれくらい貢献するかを見積もるために、各国政府によって広く用いられている。たとえばそれは、国内総生産(GDP)の成長率や、労働市場の効率性、教育達成の高さ、犯罪率の低さ、健康の度合い、政府組織の運営の効率性などである。[*2]

重要なのは、パトナムは人間を本来的に結社的な存在であるとは見ていない点である。そこでは、合理的選択理論にしたがい、自己の利益を最大化することを目的として、私的な投資としてしか他人とつながろうとしないような、利己的な個人が想定されている。パトナムにとって、自発的結社への参加は、公共心や公共的な事柄に参画できる自信を高めるものだ。パトナムが問題視するのは、たがいに信頼することができなくなると、人びとが協働の成果から利益を得られなくなることである。協働が困難になるなかで、社会関係資本は、個人にとって本来的な利己心と競争心を克服するための、相互利益のメカニズムを提供するものとされる。

トクヴィルが一九世紀のアメリカ社会のもっとも本質的と考えた特徴である、結社を創り、結社に加わる情熱は、パトナムによれば現在では縮小しつつあるという。二〇世紀最後の四半世紀で、自発的団体の平均会員数は、その前の四半世紀と比べて、一〇分の一に縮小した(Putnam 2000: 49／邦訳五四頁)。各地の自発的組織や職業スタッフを擁する圧力団体は、首都ワシントンDCへとその本部を移すことで、草の根レベルの会員と日常的に接触する機会が減少するという結果を招いてしまった。人びとは今もお金を支払い、代わりにサービスを受け取るが、もはや日常的に活動に従事することはない。ロータリークラブや退役軍人協会のような長い歴史をもつ組織は、今では参加と互酬の社会ネットワークを維持することができなくなっており、社会的な関係というより金銭的な関係を体現している。だとしても、金銭的なつながりは不可欠なものであることに変わりはない。税の支払いには消極的であるにもかかわらず、アメリカ人のこうした博愛主義は、年間一八兆ドルに及ぶ慈善事業や慈善活動に対する寄付にも表れている。[*3]

自立を望む女性の行動が個人主義化を引き起こしているという公共的不安を追認するように、女性が労働市場へ進出するようになったことが参加資本の衰退の、ひいては共同体の崩壊の一因であると、パトナムは主張する。しかし、慈善活動やPTA、宗教活動をはじめとする社会的責任はこれまで主に女性によって担われてきた。そのため、たとえば第4章でみた『総合的世帯調査(二〇〇〇／〇一年)』からもわかるように、女性は統計の上でもつねに男性より高いレベルの社会関係資本をもつものとして記録されてきた。伝統的に女性が「見えないケア提供者」として共同体をひとつに結びつけるという負担を背負いつづけてきたという、まさにその理由によって、パトナムは女性を問題のある集団と認定しているのである。雇用されて働く女性の増加は、既婚女性の市民的参加レベルの低下とリンクしている。そこでパトナムは、男性も女性とともにケアを分担すべきだと提案する代わりに、これまで共同的価値を顧みず個人のキャリアや消費生活と個人的利益を追求してきた男性の列に、女性が加わろうとすることに不満を露わにしているのである。もし、二〇世紀初頭の女性団体が主婦の担い手に負うところが大きく、有償労働に従事する女性が近年劇的に増大したとすれば、欧米各国で主婦を中心とした女性団体が著しく衰退してきたことはまったく驚くにあたらない。たとえばイギリスでは、労働市場に進出する女性の増加にともない、全国女性協会連盟(National Federation of Women's Institutes)の会員数は、一九七二年から二〇〇〇年までのあいだに四六%も減少した。[*4] しかし、パトナム(Putnam 2000: 194–202/邦訳二三五–四六頁)は、雇用されている女性と雇用されていない女性の双方において参加の減退がみられることを強調している。これに加えて、パトナムにとって社会関係資本の形成と維持を阻んでいるのは、テレビである。第一に、テレビは貴重な時間をめぐって競合関係に立ち、テレビの視聴時間が一時間増えると、市民的活動のレベルが一〇%減少する。第二に、テレビ視聴は社会参加を減退させる心理的効果をもっていると、パトナムは主張する。テレビは余暇時間を私的な空間に閉じこめ、怠惰さと受動性を助長する。

パトナムはまた、市民性の衰退は世代交代によって生じているとも主張している。パトナムは、ジェネレーションXとして知られる一九五〇年代以降に生まれた若い世代を、一九六〇年代までのアメリカ社会の特徴であった政治的・宗教的・社会的市民活動に、もっとも参加しにくい社会集団として認定している。一九五〇年代以前に生まれた市民気質な世代の意識は、第二次世界大戦とその余波のなかで鍛えられ、共同体精神に溢れている。パトナムによれば、この世代は他の世代と比べて、公共の会合や集会に参加し、無償のボランティア活動に従事し、友人や近隣と交流することを通じて、公共善(public good)へのより強い関心と、市民的義務に対するより高い関与と、共同体の感覚と政治参加への意識をより強くもっている。それゆえ、パトナムにとっては、市民参加の衰退は一九六〇年代中頃に始まったことになる。この間に生まれた若い世代は、私的なライフスタイルを送り、受動的で、博愛主義が弱く、社会へのコミットメントに乏しく、政治制度から縁遠くなりやすいと、パトナムは主張する。

社会関係資本の文化拘束性

パトナムの主張は、いったいどの程度まで妥当なものだろうか？　もし、パトナムによる合衆国の社会関係の変化に関する分析を、イギリスにおける社会の傾向と比較するならば、一連の異なる社会的パターンが浮かび上がってくるだろう。すなわち、合衆国における社会的結びつきの衰退についてのパトナムの主張は、よく言っても特定の文化に限定されたものであり、欧米のすべての民主主義社会が直面する一般的な傾向とはいえないことを示唆している。たとえば、イギリスの保健教育局の報告書は、パトナムのアプローチに批判的である。報告書によれば、パトナムが同定したようなアトム化された自己陶酔的な個人主義の隆盛を示す証拠は、イングランドにおいてはほとんど見つからないという(Campbell, Wood and Kelly 1999)。実際、この報告書は、今日のパーソナルな共同体《コミュニティ》における社交がインフォーマルな特徴をもつことを強調しながら、「共同体の喪失」というメディアの先入観は「モラルパニック」に過ぎないと主張している。また、パトナムのいう一体的な共同体という概念化を本質主義とみなし、「高いレベルの可動性・不安定性・複数性を特徴とする現代における共同体生活の、複雑で断片化され急速に変化しつつある側面についての説明というよりもむしろ、理想化された過去をロマン主義的に再構築したものにずっと近い」と同報告書は断じている(Campbell, Wood and Kelly 1999: 156)。報告書の結論は、パトナムの概念化に再考をうながすものである。しかしやっかいなことに、上に挙げた問題点を省みることなしに、政府は「共同体の衰退」というパトナムの概念を広く使いつづけている。

イギリスにおける社会関係資本の指標に関して集められた政府資料は、大きく分けて五つの領域に関わっている。すなわち、市民的参加、近隣の交流、社会的ネットワーク、社会的サポート、そして人びとの近隣に対する認知である。重要なことに、女性の就労パターンの重大な変化を反映して、女性センター(women's institute)のような主婦中心の集まりが会員を減少させる一方で、環境団体のようなジェンダー混合型の結びつきは、一九七一年以来その加入者を四倍にまで増やしている。イギリスにおけるナショナル・トラストへの参加者は、二〇〇二年では三〇〇万人にのぼり、これは一九七一年時点の一〇倍にあたる(『社会動向 Social Trends』三三号、二〇〇三年、一九頁)。この増加幅は、同時期における五%の人口増加を上まわっている。イギリスにおけるその他の調査データからも、概して同様の結果が導かれている。全国民間非営利団体協議会によれば、一九七〇年代からの新たな自発的組織と自発的活動の増加と、新しい形のスポーツ団体の増加が確認されている。[*5] 全国および各地の調査データの示すところによれば、イギリスにおけるこうした結社の会員総数と、慈善活動や寄付活動の規模は、一九九〇年においても一九五九年と同じ水準にある。

さらに、生活時間調査によれば、パトナムの主張とは対照的に、イギリスではインフォーマルな社交はむしろ増大しており、社交の範囲を拡大するような家庭外での余暇の過ごし方が増加してきたことが指摘されている(Hall 1999)。こうしたデータは、パトナムが主張するような、より私的で家庭志向の余暇の過ごし方が戦後に確立されたという見方と矛盾する。実際、あらゆるレベルでのコミュニティ参加が、イギリスでは依然として上昇傾向にある。驚くべきことに、平均して一日二時間半のテレビ視聴でさえ、一九五〇年代の典型的な社交とコミュニティ参加レベルの維持を妨げていない。むしろテレビ視聴によって減少したのは、その等価メディアであるラジオ聴取だった。

人びとが近隣関係をどのように認知しているかは、共同体精神と近所づきあいの強さを示している。たとえば、一九八四年から実施されているイギリス治安調査は、近隣への信頼を定期的に調査しているが、「たがいに助けあっている」という項目に賛成する人の数が年々低下していることを示している。[*6] このことをもって、共同体の一体性が弱まっていると考えることも不可能ではない。しかし、一九九六年以来、近隣と「たがいに助けあっている」と回答する者の割合は少しずつ上昇し、二〇〇〇年には三六%に達している。社会的衰退を読み取る前に、個々人がだれとつきあい、だれに助けを求めるかに関してより選別的になっているせいで、〔近隣からの〕独立性が増大しているという状況をよく理解する必要があるだろう。近隣や親類よりも、選択した友人に頼っているというのは十分に考えられる。このことは、第2章でも議論したような、家族としての友人を選択する人の増大によっても暗に示されている。

社会関係資本を表すために用いられる多くの指標は、年齢、性、階級といった人口学的特性と統計的に有意な関連を示している。たとえば、年齢は、人びとが近所の人と会話をした回数や、その地域で知り合った人の数によって表される「近所づきあい」指標と強く関連している。その地域に多くの知り合いがいる個人の比率は、年齢とともに増大する。二〇〇〇年から二〇〇一年にかけてイギリスで行われた調査では、七〇歳以上の人びとのほぼ五分の三が、近隣に多くの知り合いがいると答えているが、これは一六歳から二九歳の場合が三分の一強であることと対照的だ。[*7] 男性(三八%)と比べてより多くの女性(四八%)が近隣の人びとと知り合いだが、このことは第4章で議論したように、女性とりわけ既婚女性が共同体と家庭生活におけるケアの担い手としての責任を負っていることを裏づけている。一六歳から二九歳の若年層は、地域での交流がもっとも少なく、市民的参加ももっとも少ない。[*8] 近隣で交される頼みごとや頼まれごとによって測られる互酬関係も、低いレベルにある。また、隣人を信頼せず、隣人とあまり会話をしない。七〇歳以上の人びとの七五%が、隣人の大半か多くを信頼しているのとは対照的に、一六歳から二九歳では三九%にとどまる。[*9] このような社会的パターンは、ライフコースにおける差異か、時間の経過による社会変化を示しているのかもしれない。

しかしながら、イギリス政府による二〇〇三年の社会動向調査のデータによれば、こうした若年層は、より活発な社会的ネットワークをもっており、壮年・老年層と比べてより頻繁に電話をし、メールをし、友人と会っている。[*10] 実際、三〇歳以上の成人は、より若い世代と比べて、より地域共同体に参画しやすく、より地域組織に参加しやすく、より地域の事情に通じていて、より市民参加の感覚をもちやすい。データの示すところによれば、若年層は、地理的拘束による共同体の社会的ネットワークを越えて、より遊牧民的な形で友人に頼っている(第８章を参照)。[*11] このことは、単に若者だけにあてはまる結果かもしれないが、他方で、人びとが空間的近接性による接点を頼りにしなくなり、代わりに、地域を超えた移動や電話、インターネットが可能にした相互行為に、頼るようになっている新しい傾向を示すものかもしれない。これはきわめて重要な点である。

重要なことに、離婚ないし別居している人のうち、三人以上の頼るべき人がいると答えたのはわずか七二％にとどまっており、最低レベルの社会的サポートしか受けていない。[*12] こうした人びとはまた、自分たちの住む地域での生活を楽しんでいる割合がもっとも低い。独身者は、他のあらゆる人びとと比べて、市民参加や近所づきあいを行わない傾向にある。一見すると、独身者はパトナムのいう社会的分断の被害をこうむっている典型的な集団であり、より大きな共同体によってある意味で周縁化された存在なのだと考えたくなる。仮にそうだとすれば、単身世帯の急激な増加は特筆すべきことだろう(たとえば、Chandler et al. 2004; Heath and Cleaver 2003 を参照)。[*13] しかしながら、独身者は、友人ネットワークに満足している傾向が高いなど、むしろ若年層一般と多くの特徴を共有しており、独身者間のネットワークは非対面的コミュニケーションを決定的な特徴としていることを示している。そのうえ、配偶状況は年齢と強く関連しており、たとえば独身男女の七五％は一六歳から三四歳であるのに対して、既婚者の八四％は三五歳以上である。[*14] ひとり親世帯の大部分は、友人関係にも親族関係にも満足しているが、これはおそらく彼女らがネットワークに頼る必要があるためだと考えられる。ルームシェアなど非親族世帯は、近隣との面識も信頼も交流もない傾向がもっとも高く、親族ネットワークに満足している率がもっとも低い(『社会動向』三三号、二〇〇三年)。しかしながら、この章の後半部分で述べるように、こうした人びとの多くは、新しいアイデンティティと、新しいネットワークにもとづく、新しい社会的紐帯を形成しているのである。

階級と社会関係資本

社会関係資本は、社会的ネットワークと社会的信頼に置かれる価値と関連している。それゆえ、個人同士がいかにしてよりよくつながることができるか、そして、いかにおたがいを信頼できるかの双方を規定する要因は、価値を付与されることになる。第3章で示したように、社会的ネットワークは、特権化された男性同士のネットワークと結びついた権力に関するものであった。政府資料からも裏づけられるように、教育レベルと階級は、社会関係資本に影響を与える。[*15] 社会階級に関して言えば、教育レベル、有業無業、収入は、相互に強く相関している。中流階級の人びとは、労働者階級に比べて二倍も組織活動に加入しやすく、専門職の人びとは、非専門職に比べて三倍も自発的な活動を行いやすい。教育は、共同体に参画しやすい個人の傾向を増大させる。高い教育レベルは、市民的参加、社会的信頼、近所づきあい、社会的サポート、そして、生活している地域社会をどのように認識しているかと正の相関がある(『社会動向』三三号、二〇〇三年)。学位をもつ人は、近隣をよりよいものとして認識しやすく、日没後に近隣をひとりで歩いても安全だと認識しやすい。高い教育を受けた人は、より多くの社会経済的な資源に恵まれており、より安全な地域に住居を構えられるだけの収入がある。[*16] しかし、収入の高い人びとは、もっとも貧弱な親族ネットワークしかもたない傾向にある（『社会動向』三三号、二〇〇三年、二三頁）。労働者階級の人びとが、中流階級と比べて、唯一つきあいの深いのは親族である。このことは、労働者階級の親族ネットワークは、たがいに近くに居住しており、社会的および地理的な移動により乏しいという事実を反映している。

地域の貧困率は、社会関係資本の指標に影響を与えており、このことは、たとえばイギリスで行われた二〇〇一年「家庭・仕事・市民性に関する調査」の報告書などによって示されている（Attwood et al. 2001）。貧困率の高い地域に住む人びとと比べて、貧困率の低い地域に暮らす人びとは、格段に高いレベルの市民的ないし社会的活動への参加を経験しやすく、フォーマルにもインフォーマルにも自発的な活動を行いやすい。それゆえ、親族関係を越えて広がる社会関係資本と社会的ネットワークは、あらゆる人にとってあたりまえのものではなく、特権化された日常的実践なのである。労働者階級における社会参加の欠如は、人びとの不安を煽るものである。労働者階級は、中流階級と比べて、インフォーマルな友人ネットワークをもつことが少ない。それゆえ、パトナムのモデルのように市民社会への参加を測る道具として「社会関係資本」を用いることによって、労働者階級を市民社会から排除してしまうことになる（Hall 1999）。このことは、社会関係資本が、中流階級的なネットワークのモデルを優遇することを意味しており、富の再分配のメカニズムを構築して社会的排除をもたらす社会状況を改善するようには働きにくいことを示している。

イギリスの労働者階級における社会関係資本の欠如は、一九八〇年代のトーリー党政権下における貿易組合の成員数の減少、労働者階級における連帯の衰退、そして重工業の凋落と関連している。こうした変化は、以上のような共同体によって特徴づけられていた労働者クラブやその他の社会的ネットワークの衰退とも時を同じくしている。労働者階級において各種の組織への加入率が低下した時期と、中流階級において劇的な上昇をみせた時期とは重なっている。イギリスにおいて労働者階級に達成可能な社会関係資本のレベルは、今日の社会状況のもとでは、単に低いだけでなく、非常に脆いものになっている(Hall 1999)。しかし、労働者階級も「社会関係資本」の定義に収まらないような形であれば、より多くの社交を行っていることは重要である。すでに触れたように、親族や、緊密に結びついた友人集団などである。たとえば、学生時代の友人のように長期にわたることもしばしばある。これとは対照的に、中流階級における社会的ネットワークは、より多様で、広範囲にわたり、断片化されていて、一時的なものである。

このことは、「社会関係資本」が文化的に拘束されているだけでなく、中流階級の生活様式を前提としてきたことを示唆している。パトナムは、社会関係資本が「中流階級の感性」と結びつき、「民主主義」を象徴していた、戦後アメリカの市民参加という黄金時代への回帰を求めていた(Boggs 2001: 295)。確かに自発的結社のような社会関係資本は重要なものであるが、近隣関係における社会的貧困の問題に関しては、より抜本的な取り組みが必要である。雇用、教育、健康、住宅における状況の改善が、近隣の共同体に密着したレベルで推し進められ、補完される必要がある。このことは、特定の地域における慢性的な貧困の原因を検証した政府報告によっても明らかにされている。たとえば、近隣の再生に関する国家戦略に関するイギリス政府の報告書によれば(Social Exclusion Unit 1998)、もっとも貧しい地域は、犯罪、経済、市場労働という観点からも、前の世代と比べてますます悪化していることが指摘されている。この報告書は、これまでの政府による政策が、共同体を弱体化させ近隣の安全を損なう問題含みの住宅計画を通じて、貧困を悪化させたことを認めている。公営住宅、家賃、住宅手当に関する政策は、失業者と貧困世帯を、ほとんどの人が仕事をもたないような地域に集中させてきた。

民主的市民性の衰退？

市民的民主主義にとって重要なのは、選挙における投票率の低下によって測られる民主的市民性《シティズンシップ》の衰退である。パトナムは、社会的なつながりの衰退は、政治離れと同時に起こっていると主張した。すなわち、第二次大戦後に生まれた世代の政治に対する関心の低下、そして、合衆国における選挙活動への参加の衰退である。過去一〇年以上にわたって、投票率によって測られる政治的参加の度合いは、実際に、欧米諸国で低下しつづけている。たとえば、二〇〇一年のイギリス総選挙では五九％であり、戦後のイギリスにおいては二番目の低さであった。同様のパターンは議会選挙での投票の棄権に罰則がない他のＯＥＣＤ諸国においても観察されている。たとえば、日本の二〇〇〇年の選挙では五九％、アメリカ合衆国の二〇〇〇年の選挙では四六・六％、カナダの二〇〇〇年の選挙では五四・

六%であった。[*17] それゆえ、参加型資本が低下しているという限りにおいて、パトナムは正しいことになる。いくつかの調査結果は、投票者の無関心と政治家に対する不信に起因していることを示している。[*18] しかし、パトナムはこれらの理由を詳細に検討しているわけではない。

パトナムは、共同体の特定の解釈にもとづく特殊な共同体的生活を特権化しているが、ここでいう共同体には、一九六〇年代から七〇年代にかけての大衆運動の重要性が考慮されていない。パトナムによって市民的衰退の実例であるとほのめかされている、まさにこの世代こそが、公民権運動や、ベトナム反戦運動をはじめ、フェミニズム、ゲイの権利、環境保護運動などの先駆けとなり、さまざまなコミュニティ集団を育んできたことで、新しい時代の市民参加と政治運動の台頭に中心的な役割を果たしてきたのである。ボグズ(Boggs 2001: 283)が述べるように、この時期は「アイゼンハワーが大統領を務めた五〇年代のような、物静かでのんびりして保守的な国家的合意の時代とは、好対照をなしていた」。一九六〇年代から、数千万もの人びとが社会変革を求めて大規模な活動に参加しており、草の根の抵抗運動を通じて、社会政策に根本的な変化をもたらし、政治情勢を塗り替えてきたのである。パトナムはこれらの運動を、一九八〇年代から九〇年代にかけて軒並み姿を消してしまったとして捨象している。大規模な社会運動は、政治への不信と冷笑的態度によって促進されるが、それはウォーターゲート事件への反応としてのみならず、今や合衆国では一般的になり多くの欧米諸国へと輸出された、サーカスまがいの選挙政治に対する反発でもある。それ以前の政治参加のレベルは、この時期に完全に乗り越えられてしまったと、ボグズは主張する。この時期は、企業権力の拡大を特徴とする中央集権的な経済的・行政的権力の急激な増大を目のあたりにした時代でもあった。

一九八〇年代の合衆国政府に対する公衆の信頼の漸次的衰退と、その帰結としての政治離れは、以上のような国内的かつグローバルな変化によって引き起こされたものだった。グローバリゼーションとメディア文化の拡散が進むのと軌を一にして、私企業は規制緩和と民営化を通じて公的領域を支配するようになった（Boggs 2001: 288）。一九九九年末に始まった反ＷＴＯを掲げる抵抗運動と、それにつづく二〇〇三年のイラク戦争に反対する国際的な反戦抵抗運動は、時代の目撃者たちを、選挙を経由しない形の政治的行動へと導いた。アメリカ合衆国政府への権力一極集中に対する、イギリス政府の共謀的態度を思えば、イギリスもまた投票率の低下に悩まされるのもまったく驚くべきことではない。こうした政治に対する信頼の問題については、ケアと責任とのかかわりで、最終章でもう一度立ち戻ることにしたい。

社会関係資本を超えて

『孤独なボウリング』で示される膨大な経験的証拠にもかかわらず、パトナムの分析は読者に誤解を与えるものである。彼の「社会関係資本」の定義は、社会的結束、社会的排除、そして共同体についての他の言説とよく似ている。すなわち、安定的だが神話的な特定の社会秩序モデルに照らして、〔現実の〕社会状況を測定しているのである（Walters 2002）。パトナムの主張は、保守的な「共同体」の定義にもとづいており、偏った特定の種類の社会参加のみを擁護している。たとえばそれは、ロータリークラブやエルクスクラブ、教会、合唱団、読書サークル、地域のスポーツリーグ、近隣のディナーパーティーに参加してきた古い世代や、もっぱら中流階級や上層中流階級の人びとによって行われてきたような伝統的な共同体の活動に限られている。ボグズ(Boggs 2001: 284)は次のように言う。

パトナムが懐かしむような古き良き自発的組織は、その目的が時代遅れのものになるにつれて、まさにその存在意義を失ったがゆえに衰退の道をたどったのである。それは、消滅しつつあるアメリカ的小都市を反映したものでもあった。

実際のところ、パトナムが社会関係資本を構築するための潜在力をみた、現在衰退しつつある活動の多くは、「社会関係資本」それ自体とほとんど関係がない。パトナム(Putnam 2000: 338/邦訳四一五－六頁)はまた、自発的組織への参加と個人の政治的エンパワーメントとの因果関係を示そうとして、失敗している。アメリカやヨーロッパにも存在するこの種のサークル、連盟、集団は、実際には、ギャング、カルト、セルフヘルプ・グループや民兵、そして今日の「アイデンティティ・ポリティクス」と同じやり方で、ファシズムや共産主義の主導による政府・政党の権威主義的活動とも連続するものであった(Boggs 2001 :285)。またパトナムは、余暇活動や社会活動、奉仕活動、政治活動と結びついた、地理的に近接した緊密な関係を好んでいる。しかし、パトナムは古い形態の共同体や参加を測定する一方で、新しいコミュニケーション技術によって現在人びとを結びつけている新しい形のコミュニケーションと組織のあり方を無視している(Wellman et al. 2001)。共同体の衰退についてのパトナムの主張は、距離を隔てたコミュニケーションや「仮想的な《ヴァーチャル》」コミュニケーションに対して、家族、近隣、対面的な相互行為を特権化するような特定の共同体観にもとづいている。しかし、パトナムは「家族」と「共同体」を十分明確に定義しているわけではない。これらの概念を曖昧なままにすることによって、〔家族や共同体内部の〕権力や対立といった問題についての議論を迂回しつつ、人びとから膨大な感情的反応を動員することを可能にしている。すなわち、こうした〔家族と共同体という〕伝統的な結びつきのなかで、社会的アイデンティティと社会実践を統制するために、どのように権力が作用してきたかについての議論を回避しているのである。

社会関係資本をめぐる言説において、「共同体」はきわめてユートピア的な概念として機能する。それは、自由であると同時に社会的に埋めこまれた家族成員間で、自然と自発的な交渉が生まれることを含意している。重要なことに、家族のつながりと近隣ネットワークは、権威と上下関係、すなわち、ジェンダー、セクシュアリティ、階級、人種、民族、宗教、年齢、そして身体能力によって構成される。過去に葬られたはずの社会的な絆は、パトナムによって新たな命を吹きこまれ、ある意味でより本物らしく、より真正なものとして示されている。リチャード・リーヴズのことばを借りれば、パトナムは、「ある種の〈近隣を見まわる自警団のノスタルジー〉を患っており、その挙げ句、専業主婦がクッキーを焼いているあいだ、夫が退屈な仕事に勤しんでいた世界を崇拝するに至ってしまった」(Reeves 2001)。ここでは、自立や移動や変化に価値を置くのではなく、人びとのつながりに価値を置いた、固定的で安定的な集団のなかでしか、個人は生きていけないことが想定されている。こうしたノスタルジックな主張は、失われたゲマインシャフト懐古論の一種であると考えることができる

(Stewart 2002)。政府組織は相変わらず身近な共同体の定義に固執しているものの、本章の残りと次章における議論が示すように、新しいアイデンティティと新しい形のネットワークを包摂する形で、共同体を定義しなおす必要があるだろう。

新しい帰属の形――クィア・コミュニティ、友情、選び取る家族

パトナムの主張では無視されていたような、血縁や伝統的な共同体のネットワークに縛られることのない新しい社交の形は、新たに出現しつつあるアイデンティティ・ポリティクスとポスト近代的なコミュニティの一環として探求されている。抑圧や周縁化をきっかけに、人びとはありのままの自分を承認し、社会における低い位置づけに抗議するために集団を作る。こうした抵抗にもとづくアイデンティティの中には、たとえば、環境保護運動や、フェミニズム、性の政治、そして黒人の公民権運動のように、よりよい社会の展望を描くための投企的アイデンティティ(project identity)といえるものもある。欧米諸国では、環境保護運動のみならず、反資本主義運動や、反戦運動といった多くの抵抗運動でも人びとは集団を作っている。これらは、グリーン・ピースやフレンズ・オブ・ジ・アース、アムネスティ・インターナショナル、レズビアン&ゲイ・プライドのような非政府組織団体からの支援を受けている。つづく二つの章では、ポスト近代的なコミュニティの具体例として、ネットワーク的社会性とオンライン・コミュニティについて論じることになるが、ここでは、友人同士の支援ネッ

トワークを基盤とした新たな社会的紐帯の具体例として、「選び取る家族」と「クィア・コミュニティ」について議論していく。社会の衰退を説くパトナムの主張とは対照的に、これらの新たな集まりは、社会参加が今も健全に息づいており、新しい形をともなって経験されていることを例証しているからである。

新しい生活パターンは、非異性愛的な男女、とりわけ、専業主婦と「男性の稼ぎ手」のような慣習的な異性愛的性役割と家族に頼ることのない人びとによって発明されてきた。レズビアン、ゲイ、バイセクシュアル、トランスセクシュアル、そして、クィアな生活様式に対する社会的タブーが緩んできたことは、たとえば二〇〇五年のイギリスのように、欧米各国で近年制定されつつある市民協約制度などにも現れている。それゆえ、公に隠す必要のなくなった非異性愛関係における生活様式の前途は開かれているといえる。こうした新しい生活配置のなかには、一時的なものもあれば、永続的なものもある。重要なことに、こうした実践は、ますます友情や共同体といったメタファを援用することで、伝統的な核家族と共同体的なつながりに対抗し乗り越えようとする姿勢を明確にしている。それゆえ、こうした差異の政治《ポリティクス》の構築は、パトナムのいう失われた社会においては固定されていた家族的・共同体的なアイデンティティを転覆する試みの一部として、レズビアン・ゲイのアイデンティティ・ポリティクスにおいて中心的な役割を果たしている。

クィア・コミュニティ

レズビアン・ゲイ運動やフェミニズムを含む二〇世紀中頃の重大な転換は、一九七〇年代の性的アイデンティティと特殊な性的コミュニティに対する承認(Weeks 1995)と、一九八〇年代の脱アイデンティティとクィア・ポリティクスに対する承認(Weeks, Heaphy and Donovan 2001)をうながした。友情にもとづく関係は、〔自らの性的指向を〕告白《カミングアウト》したゲイ、レズビアン、バイセクシュアルといったスティグマ化された人びとにとって、きわめて重要な意味をもつ。既存の私的ネットワークにおけるコミュニケーションに重大な変化をもたらし、家族・友人との親密さや距離感に再交渉の機会をもたらすという意味で、カミングアウトは、新しいアイデンティティの形成のプロセスといえる。長いあいだ、欧米の中流階級のなかで生きる個人にとって、このプロセスはきわめて辛く苦しいものであった。その外部、たとえば、労働者階級やムスリムその他の周縁化された集団においては、性的マイノリティであると同時にエスニック・マイノリティであるという二重の従属によって、精神的に過酷な状況で生きなければならなかった。こうしたカミングアウトを通じて、パーソナルな共同体《コミュニティ》の構築/再構築に不可欠なニーズを含め、従来の関係の配置は変化を余儀なくされる。二〇〇六年に放送されたイギリスのドキュメンタリー作品『ゲイ・ムスリム』(カーラ・レイヴァン監督)は、ゲイのイスラム教徒たちが、自らのセクシュアリティと信仰とを調停するという難題といかに向き合うかを描いたものである。*20 自らの感情を隠しとおす人びともいれば、隠れて二重生活を送る人びともいる。そのどちらでもない、自らの性的アイデンティティを秘密にしない第三の類型に属する人びととは、家族やより広いエスニック・コミュニティからの拒絶を経験していた。アメリカ合衆国における大学生世代の白人バイセクシュアルとレズビアンに関する研究のなかで、ラモーナ・フェイス・オズワルド(Oswald 2000)が発見したように、カミングアウトのきわめて重要な側面は、クィア肯定的な情報や関係を個人的なネットワークにもちこむことで、コミュニティを構築することであった。カミングアウトとは、まず個人によって行われ、その後で、家族や友人が知らされるといった類の単純なものではない。オズワルドが例証したように、非異性愛的アイデンティティを宣言し維持しつづけることは、日常生活におけるできごとと相互行為のなかに埋めこまれた、継続的なプロセスなのである。

既存の関係は、新たにバイセクシュアルやレズビアンとしてのアイデンティティを引き受けた成員をサポートするために、しばしば再定義の必要に迫られる。「コミュニティの形成は、同性愛嫌悪や異性愛主義に抵抗するための関係を構築する機会であると同時に、偏狭な古い考えやふるまいへの寛容さを引き下げる機会でもある」(Oswald 2000)。オズワルドはまた、自己開示による自己と他者の関係の問い直しは、しばしば、出自家族との距離をますます広げ、友人や仲間との距離をますます縮めることを明らかにした。こうした知見は、非異性愛的アイデンティティが、個人によって表明される内的な〔性的〕指向以上の何ものかであることを示している。支援を与えてくれる関係と、拒絶される関係という、双方のコンテクストの中で、クィア・アイデンティティは交渉される。それゆえ、主流の文化から周縁化された非異性愛的な個人や集団にとって、自らを表現する方法という意味でも、また、身体的で創造的な成果を通じて主流の文化規範を転覆するという意味でも、各種の活動団体、さまざまなスポーツ、芸術創作活動は、きわめて重要な役割を果たしている。

メアリー・ブライソン(Bryson 2004)によるクィア、レズビアン、バイセクシュアル、トランスセクシュアル(QLBT)[*21]女性のネットワークに関する研究を通じて、クィア女性がコミュニティへのアクセスをもつことの重要性が確認されてきた。クィア・コミュニティは、非異性愛的なアイデンティティを試みるための安全な空間を提供する。それゆえ、ブライソンが論じるように(Bryson 2004: 251)、こうした空間は、「演者であると同時に観客でもある多様な人たちで満たされた舞台で、即興的な役割を引き受ける」機会を提供する。また、ブライソンは、インターネット技術とインターネット上のコミュニティが、クィア的生活とクィア・コミュニティについての語り《ナラティヴ》の生成をいかに(再)媒介し、クィア的欲望をいかに分節化しているかを探求している。さらに、ブライソンによれば、インターネット技術とオンライン・コミュニティは、他のクィア女性との交流に必要な相対的に安全な場を提供し、性的アイデンティティと性的実践とを試みる機会を提供する。そうして特殊な性的下位文化へと没入し参与することを通じてどうすればクィアになれるのかを学ぶための、文化的コンテクストへの入り口を提供している。[*22]

男らしさによって定義されたほとんどのスポーツは、敵対的で同性愛憎悪的な環境になりうる。しかし、驚くべきことに、スポーツは社会的一体性の意味を提供しうる場であり、「性的嗜好」という点からも機能しうる場であると考えられてきた(Elling, De Knop and Knoppers 2003)。欧米諸国において性的な「差異」がますます社会的に受け入れられるようになる一方で、スポーツにおける同性愛憎悪が根強く残ってきたことは、ゲイやレズビアンのためのスポーツクラブを誕生させるきっかけとなった。こうした逆説的な状況が、ここ二〇年のあいだ、レズビアンとゲイのためのスポーツクラブやインフォーマルなスポーツサークルへの参加者を増加させてきた。共同的なゲイ・レズビアンのスポーツサークルとスポーツイベントは、ヘゲモニックな異性愛的スポーツ文化に抵抗するゲイ、レズビアン、そしてクィアのための空間を創出し、享受する機会を提供している(Elling, De Knop and Knoppers 2003)。

公共空間と公的行事のクィア化は、現在、共同体を問い直し、共同体をクィア化することから成り立っている。シドニーの「マルディ・グラス」や、マンチェスターの「ユーロ・プライド」は、同性愛言説をグローバルな規模で祝福することを通じて、世界地図の上にクィア・ポリティクスを位置づける大規模な公的パフォーマンスの一例である。マンチェスターにある同性愛村《ゲイ・ヴィレッジ》は、一九九〇年代の同性愛憎悪的な取締キャンペーンへの反動として誕生したものだが、パトナムが主張したようなノスタルジックな共同体に異議を唱え転覆しようとすることで都市空間をクィア化するという、共同体のクィア化の好例と言えるだろう。公的空間の構築としての同性愛村の成功は、もうひとつの選択肢でもある、ゲイ空間の洗練と世界市民化として描くことが可能である(Binnie and Skeggs 2004)。一連の建築様式と活動によって、その村はゲイ男性の都市文化を背景にしていることが一目でわかるように設計されている。たとえば、ワーカーズ・リーディング図書館の敷地に建ち、鉄道駅やバス停からもほど近い場所に位置する「マント・バー」は、あからさまに建築によるメッセージを発信している。ひとつだけ、「ヴァニラ」と呼ばれるバーはレズビアンのための空間であり、公的空間における白人男性がいかに特権化されているかを明らかにしてくれる。マンチェスターの同性愛村の特徴である、空間を接する関係をより脅威の薄いものへと変えていくメカニズムを指すために、「コスモポリタン」という語が用いられている。このようにして、同性愛村は同性愛者か異性愛者かにかかわらず、一般的な消費者にまで訴求力を拡大している。この村における同性愛者は、「脅かされることのない真正なコミュニティ」の別名として宣伝されている。しかし、ビニーとスケッグス(Binnie and Skeggs

2004)の指摘によれば、「真正なる他者Other authentic」として析出されたクィア空間の背後で、セクシュアリティよりもむしろ市場化可能性に駆動されることで、ゲイ空間の商品化を導いてしまっているという。想像上のコスモポリタニズムを経由した企業化のプロセスを通じて、結局LGBTは物神化された差異の対象になってしまうと、ビニーとスケッグスは指摘する(Binnie and Skeggs 2004: 57)。だとしても、クィア空間での支援ネットワークの構築による共同体のクィア化は、新たな帰属にもとづく共同体の重要性を示すものといえるだろう。

選び取る家族

ウィークスとハーピー、ドノヴァン(Weeks, Heaphy and Donovan 2001: 12)は、非異性愛的な生き方に意味を与え正統化していく過程に、再帰性が決定的な役割を果たしていることを強調し、ギデンズの「再帰的な自己のプロジェクト」(第2章を参照)を追認している。新たな価値と意味は、古い性的な慣習に対する抵抗運動の中から紡ぎだされている。ケン・プラマー(Plummer 1995)は、ギデンズの「自己の再帰的プロジェクト」というアイデアを、絶えず更新されていく生活史として援用する。そのために、プラマーは、「語り《ナラティヴ》」という語を、人びとが自らの性的アイデンティティを肯定し、自分たちの関係を承認する方法を示すものとして用いる。プラマーによれば、個人的な語り《ナラティヴ》の構成は、人びとが自らの欲望を表明し、同性同士の性的で親密な関係を理解するための重要な装置であると考えられる。一九七〇年代から八〇年代にかけて、性的共同体とクィア的なアイデンティティ・ポリティクスが可視化されるようになると、家族主義的な言説は、同性愛に対する敵意を煽る抑圧的な制度であるとして強力な批判を受けるようになった。オルタナティヴな生活様式の勃興は、タイミングという点では、一九八〇年代から始まる「家族としての友人」という考え方が一般化する頃と時を同じくしている。

こうした家族制度への異義申し立てと並行して、「レズビアン&ゲイ・プライド」のようなイベントのなかで、より広い共同体とより小さな単位の双方を包摂するために、「家族」という語が用いられるようになった。一九八〇年代から九〇年代にかけて、「家族」という観念をいかにクィア化するかを重視する人びともいれば(Goss 1997)、「家族」という語自体を拒絶する人びともいた(Rofes 1997)。こうした議論は、いわゆる家族や共同体から疎まれてきた人びととの経験を分節化し、分析することを通じて、伝統的な社会的つながりを把握し、乗り越え、新たな形の帰属を作りだすために決定的な役割を果たしてきた。「選び取る家族」は現在、友人関係のなかで、また、ゲイやレズビアンのカップルによって、非異性愛的な関係を価値づけるためにあえて採用されている語である(Weeks, Heaphy and Donovan 2001)。第2章でも触れたように、「家族としての友人」は、異性愛集団において、「友人」という語をあえて採用することで、選び取られた関係における非階層的な性格を示し、自己の語りを再創造するという点で、親密な関係性の民主化を意味するものであった。これに対して、「選び取る家族」は、より多様なつながりを、流動的な性的アイデンティティを、自由に選択できるさまざまな性的結合を意味している。

自らの非異性愛的なアイデンティティを引き受けることで親族から拒絶された人びとに対して、友情は支援という不可欠な資源を提供する。しかし他方で、非異性愛的な関係を描くためとはいえ、友情と「家族」という語を結びつけることには批判も少なくない。多くの論者にとって、「家族」という語は、上下関係、偏狭さ、制約を連想させるものである。非異性愛者を自認することで、自分の生まれた家族から遠ざけられ、選び取られた友人関係に依存するようになるのは驚くべきことではない。ウィークスら(Weeks, Heaphy and Donovan 2001)によれば、「敵意を向けられる場所として家族をみなすことと、自分で新たに作り出せるものとして家族をみなすこととのあいだを、人びとはたやすく揺れ動く」ものであり、「友人とは家族のようなものであり、あるいは、友人とは家族である。家族とは、あなたの外部にあるものであり、あるいは、あなたが実践するものである」(Weeks, Heaphy and Donovan 2001: 11)。こうした用語上の両価性は、社会的および個人的関係を支配する規範に異議を唱えようとすると直面しなければならない困難の大きさに気づかせてくれる。また、非異性愛的な結合を「家族」と呼ぶことをめぐる両義性は、親密な関係を描くために利用可能な語彙の不足を明るみに出し、また、家族主義がいかに支配的であるかを際立たせる(Weeks 1991; Weeks, Heaphy and Donovan 2001)。非異性愛的な関係を描くために「選び取る家族」という語を用いる論者は、一般に次の二点を強調している。ひとつは、家族の理想に対応する友人たちのあいだでの帰属とコミットメントの重要性であり、もうひとつは、選択と行為者性の感覚である(Weeks, Heaphy and Donovan 2001: 10)。

一九八〇年代以降のエイズ(HIV)の蔓延を契機として、まさに病に苦しみ死の際にいる人を支えるために、また、恋人たちに相談の機会を提供するために、ケアを提供できるコミュニティの構築が必要になった。友人同士の緊密なネットワーク、専門家、親族によって構成されたケアのコミュニティは、病院に対して見舞いやつき添いに関する家族中心的なルールの緩和を要請することで、「その対象を〕同性パートナーとより広い友人関係にまで拡張させた(Weston 1991)。ウィークスら(Weeks, Heaphy and Donovan 2001)は、異性愛家族には当然とみなされている権利が剝奪される結果、性的マイノリティがどのようなリスクに直面するかを描いている。

エイズの蔓延によって増大する偏見のなかで、非異性愛者カップルは自分たちに必要な権利を自覚すると同時に、そうした権利からいかに排除されているかが劇的に明らかにされた。同性パートナーは、病の床で死に瀕している恋人のかたわらで、医療関係者によって無視され、捨て置かれることもめずらしくなかった。保険会社は同性カップルに保険を適用することを拒否し、ローン会社はＨＩＶテストを受けなければ住宅ローンの契約を結ぶことに同意しないか、多くの場合そもそも端的に同意しなかった。恋人の死によって、遺された者は共同の家から立ち退きを強いられ、しばしば相続権を否定された。(Heaphy, Weeks and Donovan 1999)

非異性愛者に対する完全な市民権の拒否はまた、子どもの監護権に関する争いを引き起こした。最初のケースは一九七〇年代にレズビアンマザーたちのあいだで問題となり、その後、ゲイカップルやレズビアンカップルによる里子養育と養子縁組をめぐる紛争へと発展した。子どもの養育に関する論争は、「家族」という語が、非異性愛的な生活のあり方に対する心地よいメタファ以上の意味をもつことを確信させてくれる。それは、非異性愛のポリティクスが前進するために不可欠な政治的ツールなのである(Nardi 1999; Weeks, Heaphy and Donovan 2001)。

非標準的な親密性

ウィークスらとは対照的に、ベラントとワーナー(Berlant and Warner 2000)は、「選び取る家族」という語を、きわめて保守的で同化論的意図を含んだものとして批判する。「家族」というラベルを用いてゲイ・レズビアンの関係や友人ネットワークを描こうとすることは、これらの関係の多くがもつ反規範的な性格とラディカルな潜在力から注意をそらしてしまうからである。ベラントとワーナー(Berlant and Warner 2000)によれば、「非標準的な親密性」とは、非規範的なセクシュアリティを含むものである。それゆえ、クィア的アプローチは、オルタナティヴとしての非異性愛規範的な生き方のラディカルな性格を強調するために用いられなければならないと、ベラントとワーナーは主張する。クィアをはじめとする性的反対者は、かつても現在においても多くの地域で「犯罪的な親密性」とみなされているものを、守り育てるために奮闘している。「私たちは、女友だちや、ゲイ仲間、セックスフレンド、娼婦のようなクィア文化のなかでしか親密なものと認められてこなかった関係や語り《ナラティヴ》を発展させてきた」(Berlant and Warner 2000: 322)。そこでは、「非標準的な親密性」は、関係における異性愛規範性を打ち破り、転覆させるために強調されている。それゆえ、ベラントとワーナーは、クィアによる対抗的公共性、すなわち、「家内空間、親族、カップル、所有、国家」から切断された親密性のあり方を涵養することを通じた、クィア的世界の創造を提案する(Berlant and Warner 2000: 322)。

こうしたアプローチは、個人的関係についての学術的および公共的な言説のなかで特権化された、支配的な性関係に疑問を投げかける(Budgeon and Roseneil 2002を参照)。それはまた、異性愛家族を標準と置くことにより、翻っては、その他の関係を例外であり異常なものとみなしてきた、社会学というディシプリン自体の異性愛規範性を明るみにだす(Stacy 1999; Van Every 2002)。それゆえ、同性愛／異性愛という二元論は、純粋な関係性への移行と、ポピュラー文化における異性愛関係の脱中心化やクィア・アイデンティティの承認といった一連の「クィア動向 queer tendencies」(Budgeon and Roseneil 2002)によって、徐々にその地盤を掘り崩されているとも言える。

それゆえ重要なことは、「選び取る家族」と「非標準的な親密性」という双方の視点において、階層的な関係からの解放と超越のシンボルとして、友情が不可欠な役割を果たしていることである。「友情」という語の曖昧さが、クィア文化内部の多様な関係を包摂することを可能にしている。「友情」は、性的なものと性的でないものの境界を不明瞭にすることができる。ウィークスら(Weeks, Heaphy and Donovan 2001)は、友情の倫理を、多様な関係を承認可能な言説であるとみなす。すなわち、友情のもつ自発的な性質によって、「友情は慣習的な価値の外に置かれていた人びとに対しても、サポートを提供することができるようになった。友人のサポートを受けることで、ますます活発に既存の伝統や実践に挑戦し、変革を求めていくことが可能となった」ことに注意をうながすマリリン・フリードマン(Friedman 1993: 5)と意見を同じくしている。

伝統的家族にとらわれずに生活様式やアイデンティティを選択する自由を主張することで、非異性愛的な政治は、ギデンズが「純粋な関係性」(第２章を参照)と呼んだ、社会的・個人的関係のラディカルな民主化を主張している。しかしながら、異性愛規範性を乗り越えるような新たな生活配置においても、関係へのコミットメントとケアがなお決定的な問題であるがゆえに、しばしば子どもが中心に置かれるという事実を、ギデンズは説明できていない(Budgeon and Roseneil 2002)。したがって、異性愛的なものであれクィア的なものであれ、友情が本来的にもつ自発的な性格と親密な関係における偶有性は、多様な関係とはいっても子育てや病者・高齢者のケアにはどうしても必要な、特定のコミットメントへと関心を向けさせる。この問題については、最終章で議論するつもりである。

結論

社会的結束の衰退というパトナムの主張は、ある種の社交性を、他の種類に社交性に対して特権化していた。すなわち、これまで中流階級が従事してきた社交性であり、二〇世紀初頭から中頃までに実践されてきた社交性である。さらに、パトナムは社会の中心をなす単位として他の種類のつながりに対して核家族を特別視し、社会的相互行為を直接的で対面的で局所的なものに限定して解釈しているために、核家族を超えて現れつつあるアイデンティティの存在を見過ごしている。たとえば、より流動的で多様な共同体とアイデンティティの興隆、新たな性的アイデンティティ、新たなメディア技術に付随する新しいポスト社会的な共同性のような、新しい「資本」の存在を無視する傾向は、パトナムの議論のひとつの特徴である。クィア・ポリティクスは、あらゆる社交性が本質的に流動的で暫定的なものであることを示す新しいアイデンティティの言説にもとづいて、さまざまな新しい共同体の隆盛に道を開いた。のみならず、つづく章で示されるように、インフォーマルな友人ネットワークの流動性と権力は、新たなコミュニケーション・ネットワークを用いることで拡大しつつある。たとえば、若者にとっての携帯電話であり、あらゆる世代におけるインターネットなどである。若者たちは、ボーイスカウトやガールスカウト、教会や労働組合のような伝統的な結社に対して、以前の世代が参加してきたような意味で「参加者 joiners」とはいえないかもしれない。特に、市民的関与が年齢とともに増大し、四〇代・五〇代でピークを迎えるという現在の傾向に照らせばなおさらである。しかし、8章でも議論するように、若い世代はネットワークの構築を通じて、新しい形の共同体の形成にきわめて重要な役割を果たしているのである。

近年では、インターネットによって相互行為の性質が変容したが、このことは国内外の民族集団にもあてはまる。一九七〇年代以降、ある種の民族的共同体は、地球規模のニュースをあつかうテレビやファックスといった現代的な情報技術を利用することで、世界に散らばったエスニック集団のあいだでの情報交換を容易にしてきた。また、インターネットが可能にした相互行為は、さまざまな変化をうながしてきた。たとえば、民族的共同体独自の教育を広めることで地域への宣伝や文化的目的を支援すること、経済的・社会的・文化的な資源や支援の提供を可能にすること、国家横断的な政治的コミュニティを発展させることができるようにすること、地域でまたはグローバルに活動するNGOのあいだのコミュニケーションを容易にすることなどである。また、ガブリエル・シェファーとマイケル・ダーハン(Sheffer and Dahan 2001: 87)が指摘するように、インターネットの普及は、グローバル市民社会の出現だけでなく、ある種の仮想的《ヴァーチャル》な「国家」の出現にも貢献している。次の章でみるように、このことはネットワーク社会とグローバリゼーションを通じた「社会的なもの」の再生を強調する議論へと、私たちを導く。それはもはや単に地理的な帰属を基盤とするのみならず、たとえば時間と空間を超えて広がるディアスポラ的な共同体にも、もとづいているのである。

第6章　ネットワーク社会

社会統合の衰退を唱える諸説とは対照的に、研究者のなかには、近年の情報通信技術によって新たな形の社会的交流が生まれている、あるいは、再生されているという主張も見られる。本章と次章では、技術を基盤としたネットワークをとおして共同体的な生活が回復されつつあり、それによって「社会的なものの再生」が進んでいるという見方について検討する（Knorr-Cetina 2001）。次章では、新しい情報技術がどのように個人的な関係性を変容させているかを見ていくが、その前にいったん視野を広くとって、そうした新しい関係性が埋めこまれる社会的なコンテクストをおさえておいたほうがよいだろう。ここでは、グローバルあるいはマクロな規模で生じつつある、社会的・経済的・文化的な変化に照準を合わせることにしたい。マニュエル・カステル（Castells 1996, 1998）は、ネットワーク社会の出現を論じるなかで、情報通信技術が新たな社会的アイデンティティと共同体の出現をうながしていると主張している。以下ではまず、ネットワーク社会における労働のパターンと意味の変容について検討を加え、つづいて、インターネットが人びとの生活にどのように統合されつつあるかを考察する(この点に関する詳細な議論は次章でも行う)。そして最後に、国家内部において取りもたれる、あるいは国家横断的に「ヴァーチャルな国民」を結びつけていくような、ディアスポラのネットワークの登場とその重要性について見ていく。

ネットやメール、携帯電話のような新しい通信技術は、相互連結性や即時性、脱中心性〔訳注：テレビ局のような情報伝達・管理の「中心」をもつシステムでないこと〕を特徴とする。これまでの技術に比して、それらは高度に個人化されており、日常生活の一部になっている。マーク・ポスター(Poster 1995)によれば、これらの新しい技術は、かつてのような「現実《リアル》」の共同体と「非現実《アンリアル》」の共同体との区別を彫り崩すものだという。また、ブライアン・ターナー(Turner 2001)は、ネットを見知らぬ者たちによるグローバルな市場とみなしている。こうした見方からすれば、ヴァーチャルな共同体とは、匿名的な情報交換のなされる匿名的な関係性にもとづくものであり、「厚い」紐帯ではなく「薄い」紐帯によって構成されるものと考えられるだろう。薄く保たれる関係性は、ポスト社会的な紐帯のひとつの特徴だが、一方でネットはまた、従来型の対面的関係を堅固にするような形でも利用されており、「厚い」つながりを維持する作用ももつ。ネットは即時的なコミュニケーションを可能にするだけでなく、広範な情報へのアクセス機会を提供する。そこでの情報は、印刷媒体の場合とは違って、不安定で流動的、可変的な性質を帯びる。また、ある地域や共同体、国のもっていた特色はグローバルな記号経済によって再編されつつあり、情報技術を介したコミュニケーションはその変化の重要なシンボルとなっている。ネット上で相互扶助を提供するような支援団体も生まれており、ヴァーチャルなコミュニケーションを通じて、新たな〔社会集団への〕帰属形態が姿を現し始めている。

ハワード・ラインゴールド(Rheingold 1993)は、「ヴァーチャル・コミュニティ」という語を世に広めた人物のひとりだが、彼によれば、ネットとは新しい技術によって共同体《コミュニティ》を作りだし、公共圏を活性化する機会をもたらす、もうひとつの現実であるとされる。彼は、「現実」の共同体生活が衰退しつつある一方で、ネットは、それなしには存在しえなかったような新たな共同体を創りだしていると主張する。ネットは開かれた民主的な言論をうながし、集合行動を育む可能性をもつ。[*1] そのことを彼は的確に示してみせるのだが、「ヴァーチャルなコミュニティ」というとらえ方は、現実と仮想という二つの世界が別個にあるように思わせる点で、ミスリーディングであろう。ラインゴールドは、ヴァーチャルな関係と対面的な関係の近接性よりも、情報技術に媒介された現実とそうではない現実との分断をむしろ強調してしまった。現実の共同体を代替するヴァーチャルな共同体が出現したと考えるならば、人びとが日常生活からヴァーチャルな世界へと引きこもりつつある姿が思い浮かべられよう。しかしながら次章で見るように、チャットルームでの経験は、電話によるコミュニケーションと同等の現実性をもっている。オンラインの相互行為はしばしば対面的なコミュニケーションを活発化し、それを補うような面を有している(Wellman et al. 2001)。初期のネット利用者の動向は、国境を越えたグローバルな社会の隆盛を予想させるものだったが(Baym 1997; Sproull and Kiesler 1991)、その予想が正しかったことは、本章の最終節でディアスポラのネットワークについて論じる際に明らかになるだろう。

ネットワーク化される個人

カステルによれば、ネットワークの論理が、新しい「情報主義」の時代における社会組織の支配的な形式となっているという。彼は、ポスト社会的な関係性に関する考え方を示しつつ、コンピュータを介したコミュニケーションが、労働と雇用を再編するだけでなく、社会関係と文化的アイデンティティを組織化していると主張する。カステルのネットワーク社会論では、二つの空間的論理〔訳注：情報技術による「フローの空間」と対面的な「場所の空間」のことを指す〕の作動する知識基盤型の生産システムの重要性が強調される。彼は一九四五～九五年を情報時代ととらえ、一九七〇年前後からその傾向が強まったと考える。ネットワーク社会は、情報時代の社会構造を特徴づけるものだ。三部作『情報時代 The Information Age』(Castells 1996–98)のなかで、カステルは、電子的なコミュニケーション技術のもたらした一連の新たな社会関係、自己の知覚、制度が、従来のような都市生活の社会形態に影響を与えていることを指摘している。都市は、電子的なコミュニケーションと身体的な相互行為とが接続することによって変化しつつある。情報通信技術を介したさまざまな社会的相互行為のなかでは、個人志向の活動とコミュニティ志向の活動が緊張をはらみながら共存している。そこにさらに、生活・労働・帰属の共同空間と、ヴァーチャルで非空間的なコミュニケーションの流れ《フロー》との緊張関係が積み重なっていく。ネットワークが現代社会の変容を組織化する原理となり、ヴァーチャル・コミュニティが社会的現実の一形態となって社会関係を変容させつつある。

ネットワーク企業という新たな経済活動の形態は、脱中心的でありながらも協働を可能にするようなネットワークと管理システムを特徴とする。マルチメディア産業は、サンフランシスコなどの都市の古い産業建築に拠点を置き、「私たちの世界でもっとも強力な製品である夢の生産」(Castells 2002: 550)に携わる情報産業となっている。先進的なソフトウェア産業を有する、ロンドンや東京、北京、台北、バルセロナ、ヘルシンキなどの大都市圏では、似たような労働–生活様式が見られ、人びとが同じ空間のなかで働き生活し交流する多民族的・多文化的な共同体が発達している。

従来型の個人間・文化間コミュニケーションの衰退は、防衛的な空間の興隆を招き、「富裕層のゲーテッド・コミュニティと貧困層の生活領域」(Castells 2002: 550)との深刻な分断をもたらした。カステルは、パトナムとは異なる観点から、ゲーテッド・コミュニティをとらえている。パトナムがもっぱらこうしたコミュニティにおける社会的孤立の問題を懸念するのに対して、カステルは富裕層と貧困層の社会的分断を問題視する。カステルは、経済的富裕層が情報富裕層でもあること、そのため、ゲーテッド・コミュニティの境界もたがいにコミュニケーションをとるにあたって問題にならないことを強調する。中流階級が「社会関係資本の富裕層」であることを示した研究も、その裏づけとなるものだろう。

カステルによれば、社会的ネットワークは、もはや人びとが住んでいる場所で取りもたれるものではなくなっている。あるいは、場所を超えたネットワークがより重要なものになっている。これまでの章で見たように、友情のネットワークには階級によって差があり、労働者階級に比べて、中流階級には「地域の」友人や近くに住む親族があまりいない傾向が認められる。一般に、中流階級の有する社会的ネットワークは、仕事上の関係や過去の大学などでのつきあいをもとに形づくられることが多い。〔地理的に〕分散したネットワークは、中流階級に見られる特徴であり、そこではネットや電話や交通網が、それらのない時代には不可能だった関係性を維持する重要な手段となっている。このようにして、個人は居住地とは無関係にコミュニティに属することが可能になった。それは、「〔場所を超えて〕ネットワーク化された個人」が出現したことを示唆するものだ(Wellman 2001)。カステルは、ウエルマンの論を参照しながら、個人を中心に取りもたれ、そのネットワークに埋めこまれた「パーソナルな共同体《コミュニティ》」という概念を提示している。ポスト社会的な共同体は「地域性《ローカリティ》」によって構成されるものではなくなっており、共同体と地域はもはや同義語とはみなしえない。社会的・地理的な流動性の高まり、激しい経済的変化、家族の紐帯の機能不全や親族ネットワークの断片化など、大きく変化する環境のもとで、人びとは地域共同体が社会的資源をもたらしつづけてくれるだろうとは思えなくなっている。カステルはより近年の著作のなかで(Castells 2001)、ネットワーク化された個人主義の興隆こそが、社会関係を再形成し、変化を推し進めている要因であることを強調している。そこには、新しい技術を変化の要因とする初期の技術決定論からの移行が認められる。

ネットワーク化される労働

カステル(Castells 2000)は、ネットワーク社会に現れた新たな情報経済が労働と雇用を変容させ、仕事と余暇の境界を不明瞭にしつつあると論じている。しかし、労働の面でネットワーク文化が利益をもたらすのは、主に都市のエリート、とりわけ男性エリートの生活に対してであり、海外からの移民労働者や非熟練労働者は、依然として低賃金で、時として危険をともなう労働条件のもとに置かれている。「ネットワーク社会」という概念は、その変化によって都市の専門職たちが享受する利得を過度に強調してしまう面をもつ。臨時雇いや、暴力団の管理下にある移民労働者や季節労働者、裏経済に拘束されたセックスワーカーその他の労働者は、過酷な労働条件とスケジュールのもたらす社会的不利益を被りつづけている。他方で、ブランド構築やマーケティング、PRをはじめとする企業文化のなかからは、新しい都市的な労働文化が立ち現れ、大都市圏を彩り始めているように思われる。カステル(Castells 2000)は、新たな労働に対する価値観が現れていることに注目し、それがニューヨークやロンドン、パリ、ベルリンなどの大都市部でのネットワーク社会の台頭につながっており、また、公私の時間の区別を失わせつつあると論じる。

中流階級の専門職にとって、仕事場の環境や組織内の序列が物理的・社会的にどのように設計されているかは、仕事上の友情に影響する重要な要因となっている。洗練されたオフィスデザイン、カフェスタイルの飲食エリア、気軽に話せる共用スペースは、都市のエリート層のあいだで仕事をもとにした新たな交友を生んでいる。今日のメディア文化産業における柔軟度の高いワークスタイルは雇用形態の重要な変化を示すものであり、都市の専門職のあいだでは期間雇用や一時雇用、契約社員、フリーランスなどの働き方が広がっている。また、労働市場の流動化が進むなかで非公式的・準公式的な雇用関係が結ばれることも増えた。しかし、こうした特権的集団のライフスタイルは、まぎれもなく非熟練労働者の搾取に支えられているのである。

前章で見たように、男性はこうしたネットワーク形成から女性を排除するため、女性間のネットワークはより弱いものとなりがちだ。その点で、ネットワークの重要性の高まりは、考慮すべき深刻なジェンダー格差の問題をはらむものだろう。eビジネスの世界では、その男性支配的なあり方に対抗するため、「ハイテクウーマン」「ウェブガールズ」「eウーマン」などと呼ばれる女性のネットワーク集団が生まれている(Wittel 2001)。オンラインでの交流は、脱埋めこみされたネットワークの容易で柔軟な形成を可能にし、女性に恩恵をもたらす面をもつ。しかし、短期契約、長時間労働、高いリスク、雇用元への低い帰属意識、頻繁な勤務地の移動などの労働条件の変化はいずれも、むしろ社会的にケア役割を期待されない者に有利にはたらく。

そのため、収入の得られる仕事にアイデンティティをもてる者とそうでない者との格差は、ますます広がりつつある。「仕事のやりがい《コミットメント》」文化が力を強め、アメリカやイギリスでは専門職はしばしば契約時間以上に働くようになり、失職せず順調にキャリアを歩んでいくには、そうした長時間労働が不可欠とみなされるようになっている。キャリア追求上のリスクは自己統制・自己管理すべきことの一部として個人化され、こうした変化のもたらす負担は、第4章で見たように、仕事をしながら家族の世話もこなす女性たちの肩に重くのしかかりつづけている。また、パール(Pahl 2000: 90)の指摘するように、多くの企業文化を特徴づけている「うわべだけの親しさ」が、個人間の関係性を損なってもいる。そのことからもわかるように、これまでの正統的な形の友情は、表層的なネットワーク文化とは対照的な性格のものだ。仕事上の手段として取りもたれる関係性は、「偽の友情」とみなされ、親愛の情で結ばれるつながりと対比される。そこでは、関係をどう利用するかとどう返報するかのバランスが問題となり、また、友情が何かしらの目的や個人の利益のために取り結ばれるような、公共領域における男性の手段的な関係性があらためて問題となる。

このように労働の個人化は、さまざまな形で人びとに影響している。移民労働者や女性、非熟練労働者などの立場の弱い集団にとって、個人化は、その立場をさらに弱めていくことにつながる。それとは対照的に、カステルやデイヴィッド・ブルックス(Brooks 2000)のような研究者は、中流階級の専門職における創発性の高まりに肯定的な視線を向ける。ブルックスは、アメリカの「新しい」ブルジョワ層に注目し、この特権的な社会集団がキャリア追求や仕事量を管理しながら、仕事と余暇をよりよく調和させた新しいライフスタイルを発達させていると主張する。このエリート集団にとって、自らの仕事は天職、使命にほかならない。彼らは芸術家や活動家のように、仕事を自己表現の一形式ととらえることで、高いモチベーションを保ち、労を惜しまず会社のために働く雇用者となる。彼らは仕事をレジャーのようにとらえる。なかには、高収入だがプレッシャーのきつい仕事を辞め、たとえばフリーランスになって、より落ち着いた創造的な生活を求める者もいる(Brooks 2000)。ただ、このように仕事と余暇の境界をなくすことができるのは、この新しい自由奔放なネットワーク時代でも少数者の特権と言えるだろう。「余暇《レジャー》としての仕事」という変化は、有意義な関係性の生まれる刺激に満ちた場にもなっているが、それはもっぱら欧米圏と第三世界の国際都市における上層中流階級のエリートに独占されている。こうした富裕層と貧困層の分断は、情報技術へのアクセス面〔デジタルデバイド」でも認められる(Mossberger, Tolbert and Stansbury 2003 を参照)。

オンラインとオフラインでの社交

カステル(Castells 1998)は、社会的行為に影響し条件づけるマクロな社会構造とミクロな社会状況の関連についてはあまり詳細に検討していない。個人の生活のなかでインターネットはどのように利用され、また、生活に組みこまれているのだろうか? こうしたミクロなレベルでは、新しい技術のもたらす事象や経験がつねに変化していることを心に留めておく必要がある。そうして初めて、今日の初期的な研究がどのように展開しつつあるかを整理することができるだろう。実際、つねに変化しつづけていることは、こうした〔ネット上の〕社会的相互行為のきわめて重要な特徴である。ネット利用が他の活動と生活時間のうえで競合するかどうかを調査した研究からは、相異なる知見が得られている。ネットの「ニュービー」(新規利用者)を対象としたある経年調査研究では、ネット利用が増加するにつれて、オフラインの社会的交流が減少し、孤立と孤独につながるという結果が見られた。これは、コンピュータとネットの導入によって家庭生活と仕事の境界があいまいになり、メールで仕事に追われて、家族や友人と交流することが減ったためと解釈されている(Nie and Erbring 2000)。ネットは交流範囲をグローバルな規模に拡大するが、他方で、「人びとを屋内にとどめ」、家族や近隣とのローカルな交流を損なうことが懸念されてもいる(Nie 2001)。オンラインの交流はまた、スポーツや趣味、政治などへの関心の共有のもとで展開されがちなため、同質的なものになりやすい。それによって〔同質性を超えた〕新しい情報や社会的交流へのアクセスは制約されてもいる（Wellman and Gulia 1999）。ただ、こうした知見をもとに社会関係資本の増減への影響が議論される際には、ネットは人びとのオフラインでのコミュニケーションを根本的に変化させるものとして扱われ、その役割が過度に強調されるきらいがある（Wellman et al. 2001）。

それに対して、ネットは〔既存の対面的な〕社会関係資本を代替するにすぎないという見方も提唱されている。ウェルマンらによれば（Wellman et al. 2001）、人びとの生活全体のなかに占めるネットの位置づけは、社会的な変化動向を左右するほどの中心的な役割を担ってはいないという。ネットは日常生活のルーティンに組みこまれ、オンラインの活動はオフラインの活動の延長線上で行われるものと考えられる（Flanagin and Metzger 2001: 153）。ウェブ上の情報量が増加し、検索エンジンやハイパーリンクの利便性が向上するとともに、同じような関心をもつ集団を見つけることがますます容易になり、ネットワーク・コミュニティの著しい増加をうながしている。社会関係資本を、仲間意識や精神的サポート、献身的行為、帰属感をもたらすような、友人、家族、近隣、仕事仲間との交流ととらえるならば、ネットはそうした社会関係資本を増大させる可能性を有するものと言えるだろう（Wellman et al. 2001）。次章では、こうしたネット上の交流に関する研究を紹介しながら、そこに見られる重要なジェンダー差について論じていく。

これまでの研究では、階級によってネット利用に違いがあることも確認されている。ウェルマンらの研究によれば、大卒者は同期的なオンライン活動〔チャットなど〕により多く携わり、低学歴者はマルチユーザのオンラインゲームでよく遊ぶ傾向にあった。これは他の研究結果とも一致している(Howard, Rainie and Jones 2001; Katz, Rice and Aspden 2001)。また、ネットの利用開始時期が遅いほど、マルチユーザ・ゲームやチャットの利用頻度が高いこと、ネット利用時間の長い者ほど、さまざまなタイプの利用行動をすることも明らかにされている(Wellman et al. 2001: 443)。一方で、友人や親族と連絡をとるメディアとして挙げられたのは、あいかわらず電話がもっとも多く四〇%であり、メールは三二%、対面的な訪問は二三%、郵便は四%だった。重要なことに、親族や友人と一定程度のコミュニケーションをとる者の割合は、親族で四六%、友人で五四%と、インターネット以前の時代と変わりなかった。また、相手がどれくらい離れた場所にいるかは、ネット時代でもコミュニケーションを規定する要因でありつづけている。もっとも頻繁に接触する相手は近くに住む親族や友人であり、その手段としてもっとも用いられていたのは電話だった(Wellman 1992; Wellman and Wortley 1990)。ネットは既存の関係性を強化するとともに、遠く離れた相手とのコミュニケーションを促進するように作用していた。

ウェルマンらの研究ではまた、ネットが社会参加の新しい機会を提供することを示唆する知見も得られている。ネット利用は〔対面的な〕組織加入および政治的参加を代替する手段になるとともに、全体としてそれらを増加させてもいた。ネットが対面的な紐帯を弱めるような傾向は認められなかった。ネットをよく利用し、オンラインでの組織的・政治的参加が活発な人びとほど、オフラインでもそうした活動への関与度が高かった。オフラインでの活動はオンラインに拡張され、逆に、オンラインでの参加もまたオフラインでの活動を活発化していくのである。この点には年齢が重要な要因として関わっており、四〇〜六五歳の年齢層では、政治的参加とネット利用に統計学的に有意な関連が認められた。また、組織加入についても政治的議論への参加についても、オフラインで積極的な者ほど、オンラインでも積極的だった(Wellman et al. 2001: 447)。一方で、組織加入と政治的議論では異なる関連傾向も見られ、オンラインでの政治的議論には年齢が高いほど消極的であり、民族属性の面ではアジア系アメリカ人も消極的であった。

次の節では、ネットへの参加がネットワーク・コミュニティをどのように拡大するものであるかを見ていく。ウェルマン(Wellman 1992)は、各個人を中心に、親族や友人、近隣、仕事仲間とのあいだで、それぞれ独自のネットワークが形成され、それらが距離を越えて拡大しつつあることを説得的な形で提示している。こうした「パーソナルな共同体《コミュニティ》」は、物理的空間によって境界づけられた集団ではなく、空間横断的に形づくられる個人化されたネットワークであり、そこには場所にもとづく社会関係とそこから脱埋めこみされた社会関係がともに存在している。

ケアのヴァーチャル・コミュニティと「現実的《リアル》なヴァーチャル性」

ネット上で形成されるセルフヘルプ・グループは、ネットが、地域での、あるいはグローバルな規模での社会的サポートを提供する重要な手段となりうることを示している(Pleace et al. 2000)。こうしたポスト社会的な紐帯はもはや地域性にもとづかない場合も多いが、近隣同士で支えあう伝統的な共同体の紐帯を想定し、また理想視する価値観は、ヴァーチャル空間でも存続しているように見受けられる。このようなケアの「ヴァーチャル・コミュニティ」以外にも、数々のマルチユーザ・ゲームに見られるような、かなり異なる形の「共同体《コミュニティ》」がネット上には出現しており、研究者のあいだでは、それが新たなヴァーチャル・リアリティを創造し、これまでの「共同体」概念を超えるものであるという見方も生まれている。

まずは、ケアのヴァーチャル・コミュニティを見ていくことにしよう。セルフヘルプ・グループについての研究は、ネットが新たな様態の「コミュニティ」を形成する力をもつことを示唆している。上記の例のように、こうした新しい社会的紐帯は、地域の近隣関係や伝統的な共同体の境界を越えていき、特定の関心にもとづいたヴァーチャルな結びつきをもたらしている(Baym 1997; Sproull and Kiesler 1991; Wellman 2001)。この点に関する知見の多くは、ユースネット(Usenet)でのニューズグループを社会的サポートに利用したセルフヘルプ・グループについての研究から得られたものだ。プリースら(Pleace et al. 2000)は、さまざまな国から飲酒問題をかかえた人びとが集まるセルフヘルプ・グループのチャットルームを調査している。このグループでは、メンバーが専門家に頼ることなく、アルコール問題に対処していくには、こうした社会的サポートこそが助けになると強く主張されていた。はたしてこのようなネットワークは、ヴァーチャルなケアの「共同体」になりえているのだろうか？答えは「イエス」であるように思われる。

福祉国家が縮退し、また専門家への信頼が低下することによって、イギリスのような従来からの健康医療制度が今でも利用できる地域でさえ、人びとはこれまでとは違った情報や治療法、サービスをネットで探し求めるようになった。しかし、そうした新しいサービスを利用するには、それを探しあてられるだけの資源が必要だ。それはたとえば、健康医療の新たな情報源としてのネットを活用しているのが、〔労働者階級より〕中流階級に多いことからも明らかだろう(Hardy 1999; Burrows and Nettleton 2002)。社会的・地理的な流動性が高まり、親族ネットワークが断片化するのにともない、人びとは、地域共同体に社会的資源としての役割を期待できなくなっている。それによって「コミュニティ・ケア」という概念の基盤全体が揺るがされることになる。というのも、この語は「コミュニティ」がまだそこにあることを前提としているからだ。かつてであれば、医療的・社会的なケアを必要とする者は、家族や親族のなかで近隣に住む女性にケアを求めることができただろう。このような地域のつながりが乏しくなった状況では、個人の社会的ネットワークは、たとえば失職にともなって容易に崩壊しうるものとなる(Pleace et al. 2000)。

それに対して、先述のセルフヘルプ・グループのような、ケアのヴァーチャル・コミュニティは、ネットを介して情報やサポートを提供することができる。決まった時間にひとつの場所に集まって会合をもつ必要はなく、参加者数の多寡も問題にならない。おたがい対面的な接触をもたないことも多い。チャットルームの決まりを破る者がいないかは「ネチケット」、すなわちネット上のエチケットをとおして監視されており、それによってサポート・グループは、人びとが自分の抱える問題を不快な目にあうことなく話しあえる「安全な」環境になっている。セルフヘルプ・グループ内では、アルコール依存者の支援組織AA〔アルコホーリクス・アノニマス〕と同じように、しばしば仮名や匿名が用いられ、身元を明らかにすることなく、ふだんとは異なる立場を試したり演じたりすることができる

(Reid 1996b を参照)。

プリースらが調査対象としたサイトは、そもそもは問題飲酒者への支援を目的に設けられたものだったが、そこでのやりとりの多くはむしろ社会的交流に向けられていた。このセルフヘルプ・グループは、情報提供による支援という面では特に目立った役割を担ってはいなかったが、〔交流を通じて〕自尊心と社会的連帯感をもたらしており、そのことが常連参加者に有益な影響を与えている形跡がうかがえた。常連参加者は連絡先を提示してメールや電話で一対一のやりとりをしたり、時には対面で会ったりするようであり、そのこともまた、よい方向に作用していた可能性がある(Pleace et al. 2000: 8)。彼ら彼女らは、友情のこもった他愛ない話を交わすことをとおして、たがいをよく知るようになり、信頼関係を築きあげていったのだろう。

また、家族やパートナー、チャットルームの外での生活や活動についての話も頻繁になされており、社会的サポートを主にチャットルームから得ているととらえている者はひとりもいなかった。ウェルマンとジュリア(Wellman and Gulia 1999: 167)が指摘するように、ネットを介したコミュニケーションが新たな共同体を創造するものであるのか、それとも従来の共同体を破壊するものなのか、という初期の研究に見られる問題設定は、この点からしてもあまりに単純すぎたと言えるだろう。プリースら(Pleace et al. 2000: 8)の研究結果はそのいずれに与《くみ》するものでもなく、ネットは既存の社会的交流に取って代わるよりむしろ補強するように作用するというウェルマンら(Wellman et al. 2001)の説を支持するものだ。初期の研究は、ネットを介したコミュニケーションにばかり目を奪われ、情報や記号内容がより広範な社会的コンテクストのなかにどのように埋めこまれているのかを見落としていた。そのため、ネットがそれ単体で「ヴァーチャル・コミュニティ」になるわけではないという事実も見落としていたのである。

社会的に弱い立場にある集団やマイノリティ集団のネット利用に関する研究によれば、ネットには社会的平等と地位の向上をうながす大きな可能性が認められる(Mehra, Merkel and Bishop 2004; Nelson, Tu and Hines 2001)。バーラ・メーラらは二〇〇〇年にアメリカで性的マイノリティを対象とした調査研究を行い、レズビアン・ゲイ・バイセクシュアル・トランスジェンダー(ＬＧＢＴ)のコミュニティが、ネットをどのように用いて、周縁化された「クィアな」アイデンティティを表現し、生活環境の改善に役立てているかを検討している(Mehra, Merkel and Bishop 2004)。そこでのオンラインのコミュニケーションは、自らの性的アイデンティティを肯定し発達させることのできる場ととらえられていた。メーリングリストでの情報交換は、地域で開かれる政治活動や集会へのＬＧＢＴの参加をうながし、彼ら彼女らの生活に影響する問題に取り組んで政策や計画立案に反映させる機会をもたらし、また、支援団体や文化イベントを立ちあげることにもつながっていた。このようにメーリングリストは、オフラインの生活も向上させ、メンバー間に対面的なつきあいと友情を拡げるものにもなっていた。

コミュニティヘルスに関する研究では、アフリカ系アメリカ人の女性たちが、保健衛生情報の共有のためにネットの使い方を学ぶことによって能力を高め、民族集団としての自信にもつながっているという知見が得られている(Bishop et al. 2000)。この試みはアフリカ系アメリカ人女性の草の根組織「シスターネット SisterNet」が母体となって行われたものであり、利用者参加型のコンテンツの開発や、ネットへのアクセス機会・技能学習機会の提供をとおして、黒人女性の健康に悪影響をおよぼす問題状況や関係性に、共同体単位で取り組むことを目的としている。こうしたスキルや新しい形態のネットワークは、コミュニティヘルスという面での、黒人女性への人種的・性別的ステレオタイプを打ち砕くものだ。彼女らはシスターネットのサイトを利用することによって、ネット上の情報やサービスが自分の必要性・目的にとってどれくらい役立つかを判断しうる。また、自らの用途に応じてデジタルツールや情報源を使いこなすのに必要な専門知識も得られる。シスターネットに参加する研究者は地域での健康問題や保健活動を記録してデータベース化しており、それによって黒人女性のあいだで流行している病気についての概要情報を入手することもできる。

こうしたオンライン・コミュニティは、差別に立ち向かうための資源となり、知識創造の過程に加わっていくための社会集団となり、これまで見られたような地域での社会的な権力の不均衡を組み替えつつある(Bishop et al. 2000)。シスターネットの女性たちは、ネットの活用をうながすことを、単に技術関連の問題とは考えていない。彼女らはネット利用を、コミュニティ活動を生みだすものととらえ、より大きな共同体の状況のなかに埋めこまれた事業活動とみなしている。重要なのは、ネットが「問題解決」の手段になりうることであり、共同体に経験の共有をもたらし、周縁化された集団に力を与えることである。

このシスターネットの例に見られるようなコミュニティ活動の創成とは対照的に、ネットを介したコミュニケーションは、カステル(Castells 2002)のいう「現実的《リアル》なヴァーチャル性」の文化の形成をうながす可能性を有してもいる。ネットはきわめて多様な、柔軟性に富んだ形で新しい社会的紐帯を生みだしていく。なかでもしばしば注目が寄せられるのは、現在のインタラクティヴなマルチメディア・システム（インターネットのみならず、衛星放送やケーブルテレビ、ビデオ、DVD等々を含む）の一部をなすゲームの技術的可能性である。ネット上でのアイデンティティ形成を精査した初期の研究者のひとり、シェリー・タークル（Turkle 1995）は、MUDという略称で知られるマルチユーザ・ドメインを対象とした研究を行っている。MUDはネットを通じてアクセスできるコンピュータ・プログラムであり、利用者に新しいアイデンティティを模索する機会をもたらすものだ。『ダンジョンズ＆ドラゴンズ』（対面で行われるテーブルトーク・ロールプレイングゲーム）にルーツをもち、そのオンライン版として発展してきた、これらのマルチユーザ・ゲームの想像世界のなかで、人びとはコンピュータのコマンドを操作しながら会話を交わし、台本のないドラマを演じ、それぞれ独自の構成物《オブジェクト》や環境を作りだしている。MUDは新しい室内ゲームの一種であり、そこに広がるヴァーチャル空間を人びとは自由に探索することができる。タークルによれば、そこでの相互行為は新しい形の共同体を生み、人びとが集まって脚本書きやパフォーマンス、即興劇などの創造的活動にたずさわる場となっている。ヴァーチャル・コミュニティが創造されていく過程のなかで、人びとは新しいアイデンティティを形成し模索する機会を得る。かつては大部分のプレイヤーが中流階級の男性だったが（Turkle 1995: 12）、ネットのインフラ整備と利用の大衆化が進んだことによって、より幅広い多様な社会集団がこうしたタイプの相互行為に加わるようになった。

『エバークエスト』『アシュロンズコール』『ウルティマオンライン』『リネージュ』などのような、「ヴァーチャル世界」のロールプレイングゲームは、顕著な人気の高まりを見せており、何十万もの人びとがネットを介してそこに集まり、デジタル文明を創りだしている。

プレイヤーたちは都市や事業を立ちあげ、政府を作り、軍隊を集め、犯罪に加わり、職を得て金を稼ぎ、友人を作り、結婚し、時には死を迎えることもある。彼らが手に入れたヴァーチャル世界の通貨には現実的な金銭価値もあり、オークションサイトでアメリカドルと交換することができる。何千ものプレイヤーが自らをヴァーチャル世界の市民と考えており、実世界よりも多くの時間をそこで過ごす者もいる。(Plotz 2003)

コンピュータゲームにおける現実とヴァーチャルの境界の不明瞭さが問題になった事例としては、『クマウォー Kuma War』が挙げられるだろう。二〇〇四年にアメリカの企業が制作したこのゲームの特色は、イラク戦争中にアメリカ軍の撮影した映像をCG化して用いていたことだ。また、ITN、ロイター、AP通信が、イラクやアフガニスタンの前線で撮影した映像も使用許諾を得て取り入れられていた。その倫理的問題をめぐって論争が起こり、制作会社のクマ・リアリティゲームズは、多くの人命が失われた紛争を金儲けの手段にしていると非難されることになった(Timms 2003)。ゲームのなかで、プレイヤーには実際に用いられたのと同じ軍備が与えられ、サダム・フセインの二人の息子、ウダイとクサイを爆撃して殺害すること等の任務が指示される。任務が表示される画面は、テレビのニュース番組風に構成されており、使用許諾を得た実際の映像を用いながら、CNNやフォックスのニュースキャスターを思わせる人物が指示を与えていく。こうした面でのゲームの監修には、ABCのニュース番組『20／20』を制作した元プロデューサー、ウィリアム・デイヴィスがあたっていた。

クマ・リアリティゲームズの代表取締役キース・ハルパーは、「ゲームのなかで私たちは現実世界で起きたできごとをまざまざと目撃しながら、ストーリーのなかに飛びこみ、すばやく任務を果たしていくことになるのです」[*2]と述べている。こうしたヴァーチャルな戦争世界はもっぱら、現実世界のできごとに作用している権力闘争を強化するような形で構造化されており、政府の立場を広める手段にもなる危険性をもっている。

アメリカの国防総省はオンラインゲームの活用を積極的に進めており、ゲーム企業に対テロ訓練用のヴァーチャル空間システムの開発を依頼している。国防高等研究計画局も二〇〇三年にオンラインゲームの専門家とコンサルタント契約を結んでいる。アメリカ政府にとって、こうしたゲームは、〔紛争等によって〕崩壊した現実の国家の再建を支援するにあたって、有用なシミュレーション空間になる可能性をもつものともみなされている(Plotz 2003)。こうした事例とはまた別の面で懸念されるのは、そこでのヴァーチャルな相互行為をとおして作り替えられていく、人びとのアイデンティティに関わる問題である。たとえば上述のゲーム『クマウォー』は、特定の男性的アイデンティティを強めるように作用するだろう。

ハイパーテクストという記号環境は、本質的には「ヴァーチャル」なものだが、しかし現実のきわめて重要な一側面をなすものであり、私たちはその記号環境を構成するコードとイメージを再帰的に用いて、自らの生を秩序立てている。こうした〔ハイパーテクスト環境のもたらす〕現実的《リアル》なヴァーチャル性は、ひとつの新しい文化と言えるだろう。カステル(Castells 2000)によれば、そこには、理解の一致を保証するようなコードはほとんど存在せず、ハイパーテクストという言語だけがコミュニケーションの媒体となり、共有された文化的コードになっている。しかし、こうした新しいテクノロジーへの関与から、必ずしも新しい社会的紐帯が生みだされるというわけではない。文化の断片化とハイパーテクストの気まぐれな回遊は、コミュニケーションにおける文化的意味の個人化につながるものであり、そこで共通に理解されているのは単にネットワークを共有しているということだけにもなりかねない。とはいえ、こうしたテクノロジーが新しい構造と価値観をもった相互行為を生みだし、社会的交流を育み、作り替えるような事例も実際に現れている。これについては次章で見ていくことにしたい。

民族的アイデンティティの政治学とディアスポラ・ネットワーク

グローバル化の進展と情報技術の普及による社会的紐帯の変容は、アイデンティティ・ポリティクスにも変化をもたらし、かつて共有されていたアイデンティティを解体させるとともに、単一焦点型の抵抗的アイデンティティを出現させている。「ブロギング(ブログを書くこと)」は現在、政治的議論へ参加するひとつの方法となり、公共的コミュニケーションの一形態となっている。市民はネット利用を通じて、市街地の交通安全といった身近な関心事から、第三世界の負債といったグローバルな問題にいたるまで、政府を経由することなく直接有権者に訴えかけることができ、デモや集会といった直接行動を計画し実行することができる。だれでも開設可能なウェブサイトに個人個人が意見を投稿できるという点で、ブログには政治の性質を根本的に変えていく可能性があるだろう。

亡命者や移民に関する政治学的研究では、政治団体やNGO、さらには一般市民が、マイノリティの政治活動を推進するために、ネットを活用していることが明らかになっている(Siapera 2004, 2005)。情報通信技術からは、こうした特定の利害関心にもとづく新しい社会的・個人的な関係性が生まれつつあり、それによって形づくられる集合体もまた「ヴァーチャル・コミュニティ」という語で呼ばれてきた。その一方で、ヨーロッパを一体的にとらえるようなアイデンティティも、公衆やメディアの言説のなかに現れ始めており、そのことは「ヨーロッパ・アイデンティティ・プロジェクト」[*3]のような事業にも見てとれる。だが逆説的なことに、人びとは領土を越えたネットワークへの参加をうながされながらも、居住地域としてはしばしば空間的に分断されている(Castells 2002)。こうしたアイデンティティはネットワーク社会をその基盤としており、そこでの活力は、階級闘争や国策によってではなく、グローバル化と地域的アイデンティティとの緊張関係から生じている。しかし、たとえば中華人民共和国のような開発途上国では、ネットへのアクセスが国家によって厳しく統制されており、社会変化に関する情報を検索して得られる範囲は限られている。それでも徐々に利用できる範囲は拡大しつつあり、二〇〇六年には制限版とはいえ検索エンジン「グーグル」が導入された〔訳注：その後、二〇一〇年にグーグル社は、検索エンジンを含めて、中華人民共和国内でのほとんどのサービスを停止している〕。このようなネットへのアクセス格差は、民族的アイデンティティにとっても決定的に重要な問題だろう。

白人・黒人・民族的マイノリティ集団のデジタルデバイド

欧米社会がますます情報技術への依存を深めていくなかで、ネットへのアクセスを欠く社会集団はそこから取りこぼされ、置き去りにされつつある。イギリス政府は、「「情報時代」がすでに人びとのあいだに社会的・経済的な分断をもたらしていることを憂慮している」(Owen et al. 2003: 1)。最近のイギリスでの調査成果によれば、情報通信技術へのアクセスと利用の格差の規定要因は、年齢、世帯構成、収入であることが示されており(Department of Trade and Industry 2000)、その報告書は次のように述べている。

> 「情報強者」が政治・経済へのアクセスの向上から利益を得る一方で、「情報弱者」は新しい形の排除に直面している。その意味では、さらなる「デジタルデバイド」が生じているとも言えるだろう。すなわち、新たな情報通信技術を基盤として生まれつつある新たな経済と社会に十全に参加できないという排除である。
>
> (Owen et al. 2003: 1)

イギリスにおけるコンピュータの世帯所有率は、二〇〇一年には五〇%に達している(Owen 2003)。しかし、情報通信技術の利用能力には収入がきわめて強い影響を及ぼすという研究結果がある。収入が平均以上の世帯に比べて、平均以下の世帯はパソコンを使い始めたのがかなり遅い傾向にある。また、平均以下の世帯に比べて、平均以上の世帯でパソコンを使う成人の割合は二倍も高かった(Owen et al. 2003: 3)。

民族集団もまた、コンピュータとネットの利用を規定する重要な社会属性である。白人の住む地域と比較して、貧困地域に住む黒人や民族的マイノリティ集団は、情報通信技術への関心が低く、パソコンの所有率も低い。とりわけ南アジアと黒人の回答者に、その傾向が顕著だった。パソコンを所有している場合も、低収入のために古くて安いモデルであることが多かった。教育技能省の委託した、都市貧困地域の一五八五世帯を対象とした調査結果によれば、白人世帯のコンピュータ所有率が三七％だったのに対し、黒人と民族的マイノリティの世帯では三一％だった(Owen et al. 2003: 3)。[*4] アジア人世帯の場合は四二％で、相対的に所有率は高かったが、ネットの利用頻度は低かった。家庭でのネット利用率は、黒人がもっとも低く(二二％)、次が南アジア人の二六％だった。逆に、もっともネットの利用頻度が高かったのは、両親が異なる民族的出自をもつ若年層であり(三八％)、中国人その他が三五％でそれにつづき、白人は三一％であった。白人回答者の三分の一以上(三四％)がネットを介して行政サービスを利用していたが、アジア人では二〇％、黒人は二六％しか利用していなかった。世帯類型や収入などの他の要因を統制してもなお、黒人であることは、ネットを利用しない傾向と統計学的に有意に関連していた。

これらの知見によれば、貧困地域で暮らす黒人やマイノリティ集団ほど、オンラインの行政サービスのような重要な施設や機関へのアクセスが乏しい傾向にある。白人回答者は、他の民族集団に比べて、こうした目的以外にも、パソコンを余暇活動やメール、ネットサーフィン、仕事、商品やサービスの購入などに利用する傾向が強かった。しかしながら、白人世帯のパソコン利用の中心がネットサーフィンであったのに対して、黒人と民族的マイノリティの家族では仕事と教育のためにネットを利用する傾向にあった。また、重要なことに、白人に比べて、黒人と民族的マイノリティは、自らの民族や宗教に関する情報にアクセスする割合が高かった(黒人と民族的マイノリティの二六%に対して白人は九%)。このことは、次にみるディアスポラ・ネットワークの場合と同様に、インターネットが民族的・宗教的・文化的ネットワークを拡げるための重要な手段となりうることを示している。

情報通信技術の所有や利用を妨げる要因についても、回答者はさまざまなことを挙げている。黒人と民族的マイノリティの二五%にとっては、英語力の低さが問題になっていた。コンピュータ・リテラシーの欠如や、費用負担、読み書き能力の問題、関心や必要性がないことも、彼ら彼女らをネットから遠ざけていた。インタビュー調査からは、南アジア女性にはジェンダーが問題となりうることも明らかにされている(Owen et al. 2003: xvii)。こうした黒人や民族的マイノリティにおけるネット利用の低調さを、報告書は「デジタルデバイド」として取りあげている(Owen et al. 2003)。この報告書が出版された二〇〇三年は、イギリス政府が就業訓練としてコンピュータの使い方をより多くの人びとに学習させようとし始めた時期だった。貧困地域における社会集団は、情報検索という重要なスキルの学習機会を提供するという政府施策に適した、格好のターゲットとされたのである。

ディアスポラ・ネットワーク

イギリスのような欧米諸国の貧困地域に暮らす黒人や民族的マイノリティにとって、情報通信技術の利用機会に乏しいことは深刻な問題である。ネットの利用が人びとの共同性の感覚と個人的アイデンティティを涵養する時代にあって、そこには民族性が密接に関連するようになっている(Adams and

Ghose 2003)。情報通信技術は、ディアスポラ・ネットワークの形成をうながす潜在的な力をもつものでもある(Dahan and Sheffer 2001)。ポール・アダムズとリーナ・ゴースが主張するように、民族的アイデンティティは、しばしば過去の空間との結びつきをもつものであり、「民族という概念は、ひとつの空間で「人びと」がともに暮らしていた、現実の、あるいは想像上のある時代と、暗に結びつけられている」(Adams and Ghose 2003: 414)。それに対して、コミュニケーション技術の進展は、距離による分断を乗り越えて、〔民族の〕新しい紐帯を紡ぎだし、古い紐帯をより強固にしうるものだ。

グローバル化は地域を超えたまとまりを作りだし、民族横断的・国家横断的な共通性を高めていくことを通じて、従来の国民的・民族的アイデンティティを再編していく可能性をもっている。一方でまた、部族集団や民族的マイノリティ、エスノナショナルなディアスポラも、新しい情報通信技術を利用することによって、そのつながりを強めつつある。そこで活用されているメディアには、メール、ユースネット(Usenet)、リレーチャット、ウェブなど、さまざまなものがある。研究者の多くは、諸々の「民族集団」を一括してとらえ、あたかも同質的な集団であるかのようにあつかいがちだが、ダーハンとシェファー(Dahan and Sheffer 2001)が主張するように、効果的な支援策を練りあげるためには、民族集団には多様な差異があり、また、新しいメディアの利用のしかたも異なっていることに注意をはらうべきだろう。たとえば、オーストラリアや南北アメリカの先住民族が、新しいメディアでコミュニケーションをとる範囲は、一国内に限られる場合もあれば、国家横断的な、あるいはグローバルな規模に及ぶ場合もある。

ダーハンとシェファーは、新しいメディアを用いる民族集団を三つの類型に分けている。第一には、土着的な民族集団であり、生まれ故郷でずっと暮らしている遊牧民や先住民、地方部あるいは都市部の民族的マイノリティなどである。こうした集団は、同じ国に属し、同じ言語を話し、広範囲にわたるディアスポラ組織を形成することなく、国内でネットワークを構築し活用している。第二の類型は、故郷から遠く離れ、さまざまな国に離散して暮らしているエスノナショナルなディアスポラである。彼らは居住国でマイノリティとして生活しながら、出身地と結びついたエスノナショナルなアイデンティティを保ち、また出身地の社会集団・政治集団とも関係を維持している。なかには、時間の経過とともに〔居住地の民族・文化との〕異種混交的《ハイブリッド》な共同体へと変わっていく集団もあるが、ディアスポラの中心部分は、組織化された集団として機能しうるほどの強い結束性を保っている。[*5]

第三の類型は、完全にヴァーチャルな国家、もしくはヴァーチャルな「国民共同体」と呼びうるものであり、そこでは、もともとの民族的要素に依拠しない新たな国民的アイデンティティが生みだされている。この集団は、特定の領土との結びつきが薄く、現実世界での組織をもたない。君主主義や自由至上主義といった特定の政治的イデオロギーを掲げることもあれば、経済的プロジェクトにもとづく場合もある。ヴァーチャルな「国民」は、それぞれが同じ民族的出自をもつとは限らない点で、伝統的な民族集団とは異なっている。ダーハンとシェファー(Dahan and Sheffer 2001)は、このようなヴァーチャルな国家の例として、「電子ユーゴスラビア」「フリードニア」「ノヴァ・アルカディア」「ロマ共和国」「メルチゼデック王国」「ヴァーチャル・アフガニスタン」などを挙げている。[*6]

一国内で活動する民族集団にとって、ネットは、自分たちの歴史や言語、文化遺産を継承し、支配的文化からの同化圧力に立ち向かう手段となっている。土着的な民族集団は、ネットワークに参与していくことを通じて、あらゆるマイノリティに対する平等な権利の確保や、弱い立場にある集団のための積極的是正措置《アファーマティブ・アクション》と社会正義の実現、オーストラリアのアボリジニのような先住民への土地返還を要求している(Mele 2000)。アメリカやカナダの先住民族は、自分たちの言語の保存継承にネットを活用している。[7] 国家横断的なディアスポラ・ネットワークの場合は、ネットを介して各地に散在するメンバーや他の民族集団とコミュニケーションをとり、また、アムネスティ・インターナショナルや国連、人権団体などのNGO・IGO[8]とグローバルな規模で連携をはかっている。抑圧的な政府によって言論統制が行われるような国では、こうした情報通信技術がコミュニケーションのための唯一の方法となることも多い。[9]

　その一方で、母国とのつながりを保つディアスポラ・ネットワークに対して、母国政府が財政援助を与えるケースもある。たとえばトルコ政府は、アメリカにおけるトルコ人ディアスポラの活動家ネットワークを支援している。パレスチナ人はインティファーダ〔訳注：イスラエルによるパレスチナ占領への抵抗運動〕に際して、ディアスポラ・ネットワークを活用した。また、イラクのクルド人も反乱の際に同じことを行った。これらのネットワークは母国政府の行動に対する発言権を強めており、具体的には、アメリカのユダヤ人団体がイスラエル政府の施策への批判を表明したり、パレスチナ系アメリカ人がPLOに対してより強硬なイスラエルへの対応を求めたり、華僑のネットワークが人権問題をめぐって反中国政府キャンペーンを展開する、といった事例が挙げられるだろう(Dahan and Sheffer 2001)。それ以外に経済的な面でも、ディアスポラ・ネットワークは母国への財政的支援を強めており、国際貿易を促進している。

　アメリカ在住のインド系市民や、インドからの移民とその子孫は、「インド人ディアスポラ」と呼ばれるが、その研究を行ったアダムズとゴース(Adams and Ghose 2003)は、いかに多様な民族が、いかに多様な目的でウェブサイトを運営しているのかを明らかにしている。彼ら彼女らは、ネットを活用して、文化を継承し、民族的アイデンティティを維持するとともに、世界市民主義《コスモポリタニズム》や文化混淆的な生活様式・消費形態を作りだしてもいた。海外で暮らすインド人にとって、オンラインで読めるインドの新聞や、ビジネス・文化・結婚相手探しのためのサイトの需要は高く、ネットはインドのニュースと文化に触れられる唯一の手段となっている。文化のグローバル化の過程を説明するために、アパデュライ(Appadurai 2006)は、「メディアスケープ」「イデオスケープ」「ファイナンスケープ」「テクノスケープ」「エスノスケープ」という概念を提示し、なかでも特定の種類のエスノスケープを重視している。アダムズとゴース(Adams and Ghose 2003)は、これらの概念と関連づける形で、「架橋空間《ブリッジスペース》」(Froehling 1999: 170)という語を用いて、インターネットと他の諸メディアの結合関係を記述している。「架橋空間」は、音楽CDや映画その他のさまざまなメディアのあいだで、相互に関連するコミュニケーションを接続する役割を果たし、それによって人や商品、資本、観念の特定の流れを生みだしていく。

アダムズとゴースは、アメリカにおける自発的結社の衰退というパトナムの主張に異議を唱え、海外からの移住者の多い民族集団は、パトナムの言う〔過去の時代に人間関係の活発さの象徴とされた〕「ボウリングリーグ」と同様に、強い社会的紐帯を形成していると主張する。インドからアメリカへの一時移民や恒久移民は、自発的に多様な集団を作り上げており、それらはまた〔ネットという〕「架橋空間」においても、文化の継承維持や、経済的向上、助け合い活動、アメリカ社会への適応、旅行の手配にいたるまで、さまざまな面で大きな役割を果たしている。ウェブは、これらの自発的組織が相互に連携し、インド本国や世界に散らばるインド人、そして移民先の文化を結びつける国際的システムの一部をなす空間となっている。また次章で見るように、こうした共同体におけるもっとも重要なネットの利用法のひとつに、結婚相手の仲介がある。

民族的マイノリティ集団によるネット利用は、グローバルな情報時代においては、「ネットワーク」が力の源泉となりうることを例証するものと言えるだろう。これは、グローバル化が不可避的に文化の同質化をともなうという考え方とは対立するものだ。自らの文化の外にいる他者を、私たちはもはや理解しえないのではないか、という疎外と分断をめぐる不安が、いたるところで語られている。しかし、実証的知見の示すところによれば、それは、「意味と表象を生む複数の源泉が共存」(Castells 2002: 555)するようになったことで、従来の支配的な文化が揺るがされていることを意味するものなのである。

結論

カステルにとって、ネットワーク社会の鍵となる特徴のひとつは、社会的紐帯の侵食ではなく、むしろ情報フローによる社会的紐帯の再編にある。「社会」はもはや、何らかの物理的な中心とも有機的な構造とも密着していない。閉じたシステムから開かれた「ネットワーク」へという社会的相互行為の変容は、テンニースのいう有機的な共同体の結びつきに対置されるような、ネットワーク的社会性の出現を意味していた。社会的なものは、文化的なものの織りなす現実のうちに支えを求め始めている。近代的な時間と空間の様態が融解するのにともなって、領土的・機能的に統合された社会から、知識と経験の刹那的・仮想的なフローによって形づくられる世界への移行が生じ、ネットワーク社会の興隆をもたらした。情報社会は断片化された記号的コミュニケーションを特徴とし、ネットワーク社会における文化的な次元はもっぱら電子メディアの統合システムによって秩序づけられている。そこではますます個人化が進みつつあり、カステルによれば、そこに見られる「共同性《コミュナリズム》は、自分たち以外の社会には無関心な、〔島宇宙的な〕個人主義化された集合性」(Castells 2002: 555)であるという〔訳注：これと対比されているのは、社会全体の統合につながるような共同性〕。

カステルにとって、ヴァーチャル・コミュニティとは、新たな共同体への帰属を通じて、社会的ネットワークとアイデンティティを強化し、人びとに自らの生活をコントロールする力を与える可能性をもつものだ。彼のようにネットを社会のメタファとして用いるやり方は、それを単なる思弁の道具としてではなく〔実際の事象やデータを分析するための視角として〕あつかう限りにおいて、有益なものとなるだろう(Megoran 1999)。しかしながら、ネットワーク社会におけるグローバルな交換とローカルな経験がどのように交錯するかについて、カステルは十分に追究していない(Castells 1998)。新しい社会関係が今後どのように「厚く」あるいは「薄く」なっていくのか、また、民族的マイノリティや移民労働者、女性、労働者階級の人びとといった社会的に不利な立場にある周縁化された集団がどのくらいエンパワーされうるのか、こうした点についてはさらなる研究が必要だろう。それに対してカステルは、「あらゆる文化的表現はこの電子的なハイパーテクストの中に囲いこまれ、それによって形づくられるようになっていく」と述べるにとどまっている(Castells 2000: 12)。そこで、より探究を進めるために、次章では、オンラインで展開されるチャットやゲーム、親密性、恋愛、社会的サポートといった種々の新しいコミュニケーション形態について、また、若者の生活への携帯電話の組みこまれ方について検討していくことにしたい。

第7章　ヴァーチャルな親密性とオンラインでの交友

これまでの章でみてきたように、従来ならアイデンティティの指標となっていた家族や共同体が変容するにともなって、アイデンティティはますます流動的で可変的な性質を帯びつつある。カステル(Castells 2000)の論じるように、私たちが今や「現実的《リアル》なヴァーチャル性」の文化の中に入りこみつつあるのだとすれば、自己アイデンティティと再帰的自己のプロジェクトというギデンズの概念は、どのような含意をもつことになるのだろうか？「現実《リアル》」の自己を作り直したり隠したりできる、都市的なヴァーチャル空間のネットワークは、より快適なものなのだろうか？新たなテクノロジーは、実際にそのような用いられ方をしているのだろうか？

この章では、インターネット、メール、携帯電話を中心に、新たなテクノロジーが人間関係に及ぼす影響について検証する。これらのコミュニケーション技術を介して、人びとは、時間や距離の障壁をこえ、対面状況とはまた別の新たな形の相互行為を経験している。チャットルームや出会い系サイト、オンラインのセルフヘルプ・グループなどに見られるように、ネ﹅ッ﹅ト﹅上﹅か﹅ら﹅始﹅ま﹅る﹅(Internet-initiated)交流は、もはやありふれたものになっている。これまでの研究は、人間関係のありようは状況に応じて変わるものであることを明らかにしてきたが、友人関係がどのように維持されるかについては、二つの立場に分かれている。ひとつは、日常生活の中に埋めこまれることによって保持されると考える立場であり(Duck 1988)、もうひとつは、何年も会わない相手を親友とみなしつづけることもあるのだから、友情にとって交流は不可欠ではないとする立場である(O'Connor and Brown 1984)。ネット上から始まる交流の広がりについて考える際にポイントとなるのは、おたがいまったく「顔を合わせる」ことのない者同士でも、長期にわたって関係を維持できるように思われることだ。新たなコミュニケーション技術を介して相互行為が形成される、あるいは形成が妨げられる過程には、社会階層、年齢、民族、ジェンダー、セクシュアリティ、心身障碍など、さまざまなアイデンティティの要素が関わっている。本章では、考察の手がかりとなるような状況の変化をいくつか示しながら、オンラインでの恋愛について、主にジェンダーと民族性という要素に焦点をあてて論じていく。あわせて、若者たちの交友において、携帯電話がどう利用されているかについても検討を加える。

ネット上から始まる親密性

一九九〇年代以降のネット利用の広がりは、既存のパーソナルネットワークの紐帯を強めていっただけでなく、それ特有の関係性を爆発的に生みだすことにもなった。それは、顔を合わせることなく、あるいは、顔を合わせる前に形成される関係性である。ネット上から始まる親密な接触は、今では、チャットルームや出会い系サイト、友だち募集サイトなどを通じて大規模に生じている。こうしたネット上で始まる関係性について、研究者は、チャットルームでの束の間の断片的な接触を典型例とみなし、そもそも短期の一時的な性格のものだと解釈することが多い。ネット上で取りもたれる短期的な友情や恋愛は、長期的なものへと発展していく可能性もあるはずだが、おおむねネットから始まる交流は、人びとの結びつきの短命化という動向の代表例とみなされるのが一般的だ。しかし、むしろネットを友情が〔短期にとどまらずに〕発展していく場として探究する場合には、たとえば「行動」という概念を、空間的制約にとらわれない形のものへと大幅に組み替えていく必要があるだろう(Adams 1998: 176)。

情報技術を介したコミュニケーションを研究するにあたって難しいのは、それを分析するための標準化された方法論がいまだ確立されていないことである(Pleace et al. 2000)[*1]。ほとんどの研究は、ネットを利用する個人や集団に対面式インタビューを行う従来のやり方を採っており、テクストによる相互行為とその参与者の両方を対象としたものは少ない。以下で見るように、続々と新しい研究が現れてはいるものの、オンラインで友情を発展させるネット利用者の特徴について、私たちはまだ多くを知らないのである。本章で概観していく諸研究の知見は、今、何が進行しつつあるのかを考える手がかりを私たちに与えてくれるだろう。

ネット・エチケット

ネット上から始まる友情をよく見かける場としては、まずチャットルームが挙げられよう。そこで、人びとは電子空間の共有をとおして出会い、「キーボードによる会話」やリレーチャットを通じて、世界的な広がりをもつ異文化間のおしゃべりの輪に加わっていくこともできる。本章後半で取りあげる携帯電話のケースと同様に、リレーチャットからは、ポスト社会的なコミュニケーションのエチケットが新たに生まれつつある。このコミュニケーション様式は、あらゆる場所の人びとに、どう自己を表象するかの実験機会を与えるものだ。ネットを介したコミュニケーションにおいて、利用者は、より直接的な対面状況とは違って、自らがどのような人物であるかを――すなわちアイデンティティを――隠したり、取り替えたりすることができる。ラインゴールド(Rheingold 2000: 151)によれば、「コンピュータを介した会話の文法は、アイデンティティの戯れに、すなわち、アイデンティティの新たな創出や探索、擬装、多元性に関与する統語法でもある」という。彼は、このことを肯定的にとらえて、自己形成の過程を豊かにし、変容させ、対面的相互行為のもたらす親密性とは根本的に異なる新たな種類の親密性を生みだすものと評価している。

ネットを介したコミュニケーションでは、対面状況における表情などと似た役割をする顔文字や、独特の記号の組み合わせ〔訳注：たとえばアスキーアートなど〕を用いて、しばしば遊戯的なやりとりが行われる(Reid 1996b)。グループ内の関係性は、こうしたことば遊びによるふざけあいをはじめとして、数多くの手のこんだやり方で表現されるのだ。そこでのやりとりを通して、一般的には、仲間意識が育まれ、あるいは恋愛感情や性的関心がほのめかされるわけだが、自助グループの場合にはメンバー間での相互扶助をもたらすものでもある(Pleace et al. 2000)。また、チャットルームでの会話から、よりプライベートなメールや電話での接触へと発展していくことも多い。その点では、ネットは、よりありふれた従来型の関係性への重要な足がかりでもあるのだ。チャットルームは一〇代の若者に人気だが、しかし懸念すべきことに、大人たちのなかには、こうしたサイトに手を出して子どもたちと接触し、しばしば汚らしいことばを投げつける者もいる。そのため、チャットサイトによっては、「ホスト」や「ウィザード」と呼ばれる管理人を設けて、ルールを破って誹謗中傷や嫌がらせを書きこむ者を、「キック」コマンドによって排除する権限を与えていることもある。

子どもたちがオンラインでだまされ、悪意ある出会いへと誘いこまれる危険性は、ネット時代ならではの悩ましい問題である。イギリスでは現在、学校もしくは家庭で日常的にネットにアクセスしている児童は、五〇〇万人に達する。[*2] 実際上、多くのプロバイダは、チャットルームで規約や法律が破られた場合には、利用者が知らせてくれることを前提に運用している。しかし、チャットルームやニュースグループの中には、管理人を設けておらず、利用者が規制を受けることなく、何でも書きこめる状態にあるものも少なくない。そこには、有害情報に免疫をもたない人びとが、危険にさらされる可能性が潜んでいる(Pleace et al. 2000: 8)。たとえば、マイクロソフト・ネットワーク(MSN)が一〇代の若者向けに設けているチャットエリアには、「GIRLS + GUYS THAT JUST WANNA DO IT(やりたいだけの女と男)」や「INNOCENT GIRLS LOOKING FOR BAD BOYS(不良少年を探している無垢な少女)」などといったチャットルームが、数多く見受けられる。イギリス内務省による調査では、一〇代のネット利用者の五人に一人はオンライン上で性的な誘いやアプローチを受けた経験があるという

(Internet Crime Forum, 2001)。この調査からはまた、本章後半で紹介する日本とイギリスでの携帯電話利用に関する調査結果と同様に、多くの子どもたちが「不適切な会話」にさらされたり、下劣なポルノ話を聞かされたり、性的画像を送りつけられたりしていることが、明らかになっている。小児性愛者がウェブや電話によって子どもに接触し、対面で会う機会を画策する「グルーミング」とよばれる行為も、今のところ法律で規制されてはいない。

パークスとフロイド(Parks and Floyd 1996)による初期の研究は、ネット上では女性の方が男性よりも個人的関係性を発展させやすいこと、年齢による差は見られないことを報告している。この点については、従来のような〔対面関係をベースとした〕個人間の相互行為に関する研究でも、女性は会話を交わすことを通じて男性より活発に関係性を発展させていく傾向にあることがくり返し示されてきた(Adams 1998; Wright 1982)。しかし一方で、オンラインでは対面状況とは異なる作用がはたらいて、親密性のもつ意味や形成過程へのジェンダーの関わり方が、従来のパターンとは違ったり、変化したりするとしても驚くにはあたるまい。たとえば、ハラ・ハイダ＝ヤシン(Haidar-Yassine 2005)の研究では、異性間の友人関係の場合には、オンラインよりも対面状況の方がより親密さの感じられるものとみなされていたが、女性同士の友人関係では、対面もオンラインも同じくらいの親密度と受けとられており、男性同士のあいだでは、オンラインの方がより親密さが感じられると評価されていた。このことは、男性の場合には、チャットやメールなど、オンラインでのコミュニケーションの方が、より自己開示をうながされることを示唆している。即時の応答を迫られる対面状況に比べて、オンラインでは相互行為のペースを落とし、考える余裕をもって返答することも可能だ。そうしたメディア特性が、相互行為の「コントロール」感覚を強め、ひいては自己開示の差につながってくるのかもしれない。

パークスとフロイド(Parks and Floyd 1996)の研究によれば、オンラインの友人関係は、対面で形成された友人関係よりも、かなり同質性が低く、ジェンダー、人種、年齢などの社会属性が友人間で異なっている傾向が強い。ネットを利用するか否かには年齢と収入が影響するのだが、ひとたびオンラインに入ってしまえば、そこはオフラインよりも社会属性の拘束を受けにくい空間なのである。とりわけ顕著なのは、オンラインでの友人関係の五一％が異性間で取りもたれていることであり、属性の異なる者のあいだでの交友が、対面の場合よりもはるかに盛んに行われていることがわかる。〔対面とは違って〕ジェンダー属性が必ずしもはっきりとせず、ジェンダー間の地位と力の格差が明瞭な障壁として現れにくい状況であるために、異性間の交友が活発化するのだろう。ある初期の研究では、女性や民族的マイノリティは、その属性が明らかになっている場合でも、対面よりオンラインの方が自由に意見を表明しやすいと感じることがわかっている(Walther 1992)。オンラインの世界では、中でもとりわけ興味関心の共有をベースとしたサイトの場合には、その人が〔どのような社会属性を有するかよりも〕どのような価値ある情報を提供したかによって、そこでのステイタスが決まるのである。

オンラインでの恋愛

インターネット革命の黎明期には、穴場を狙ったビジネスがいくつかウェブ上に現れたが、そのひとつに恋人募集広告がある。今ではオンラインでの恋人探しはありふれたものとなり、出会い仲介サービスにまつわる偏見も徐々に消えつつある。欲求不満を抱えた寂しい人がパートナーを求めて出会い系サイトを利用するというイメージは、もはや過去のものと言っていいだろう。ニューヨークでは、ネットでの恋人探しはむしろファッショナブルとみなされるほどであり、「恋人ショッピング」とか「ハイパー恋愛《デーティング》」などと呼ばれているようだ(France 2002)。実際、ネットでの恋人探しは、カタログショッピングと同じように恋人募集広告をサーフしてまわるという点で消費行動を連想させるだけでなく、自分で自分をマーケティングするという側面をもっている。恋人募集広告にはプロフィールや写真が掲載され、その人を表現するキャッチコピーがつけられる。自分をもっとよく見せるためにことばづかいを駆使して、自己のマーケティングに努めるのである。

恋人紹介の専門業者はこれまでのやり方をネットに切り替え、また、ネットのプロバイダ側もこうした新たな顧客層を取りこもうとしている。イギリスでは現在、一〇〇万人以上がデートの相手を見つけるためにネットの出会い系サービスを利用しているという(Gavin 2002)。こうした出会い系サービスが爆発的な人気を得るようになったのには、いくつかの理由がある。第一に、ネット上での相手探しは匿名でよく、また個人でコントロールできる部分も大きいことだ。参加者たちは、いつか時が来ればサイバースペースの外に出て、ヴァーチャルな相手と「実際《リアル》に」顔を合わせることを期待しているだろうが、その一方でネットは、選別《フィルタリング》のための重要なしかけを提供してもいる。文章のうまさや添付された顔写真は相手と会う前のフィルターとしてはたらく。利用料金もそうだ。ほとんどのサイトは定額制を採っており、定額料が高くなるほど、会員は選び抜かれていくことになる。また、概してネット上では、関係性を深めていくかどうかを決める権限が自分に与えられているような感覚が生じる。ジャーナリストのルイーズ・フランス(France 2002)が指摘するように、「うまくいかなかったり、何だか感じがよくないときには、いつでも削除《デリート》キーを押すことができる。メールに返事しないでおくのは、この世でもっとも簡単なこと」だからだ。第二に、時間のない専門職や過酷なシフト制勤務に就く労働者にとっては、仕事以外の場で気の合う人と出会う機会を見つけにくくなってきたことがある。そして第三に、欧米圏全般にわたって独身者人口が(未婚・離婚ともに)急増したことがある。この独身者人口の増加期に、オンラインでの出会いの機会がもたらされたのだ。

一般的には、恋人よりむしろ、あるいはそれと並行して、友人をオンラインで見つけようとすることが多いにせよ、ともあれ、ネット利用者の三分の一は、ある種の私的な関係を求めてウェブに向かっているという。[*3] 三年以内には、独身者の半数以上がオンラインでパートナーに出会うようになるだろうという予測もある。若者のあいだには、こうしたものとはまた別の形のネット恋愛も見かけられる。そのようすを、前出のフランスは次のように描きだしている。「最近のティーンエイジャーのなかには、実際にセックスする前にサイバーセックスをしようとする者がいる。親世代が、ローリング・ストーンズのライブでキスをしたのをきっかけにつきあい始めたとすれば、それに代えて彼らにありがちなのは、チャットルームやネットサイトでつきあい始めることだ。ことによれば、クラブで出会い、それから家に戻って、ネット上で関係をもつこともあるだろう」。

ネット恋愛人口の増加は、社会成員の「成熟」の過程だけでなく、若者たちの交際パターンも変えつつある。[*4] オンラインでの匿名性は、しばしばある種の解放感をもたらす。男性は、オンラインを打ち解けやすく、親密になりやすい場と感じており、女性は、バーやクラブやレストランなどよりも、まわりを気にすることなく安心してふざけ合える気楽な場ととらえている(Gavin 2002; Whitty and Gavin 2001)。ネット恋愛のもたらす解放感は、裏を返せば、対面的な相互行為において、人びとがいかに見た目や言葉づかいのしきたりにとらわれているか、相手にじろじろ見られることにプレッシャーや居心地の悪さを感じているかを物語るものだ。ジェフ・ギャヴィン(Gavin, 2002)がチャットルームを常用する四二名にインタビュー調査したところによれば、半数以上がネット上で出会った相手と恋愛関係に発展しており、彼らはチャットからメールへ、次に電話へと進み、そして最後に対面で会っていた。

また、ウィッティとギャヴィンがオーストラリアで三〇〇名の学生に対して行った調査では、そのうちの半数が、初めての「意味ある」恋愛をオンラインで出会った相手と経験していた(Gavin 2002; Whitty and Gavin 2001)。実際、ある調査によれば、ネット上で始まった恋愛は、パブやナイトクラブのような従来型の状況で出会った場合よりもうまくいく傾向にあることが示されている(Gavin 2002)。ギャヴィンの指摘するように、「オンラインでのコミュニケーションは、まず親密な内容の話から始まり、それからよりありふれた事柄について伝え合い、最後に直接顔を合わせることになるという点で、従来の出会いとは逆向きなのである」[*5]。奇妙なことに、オンラインの匿名性は、恋愛が始まろうとする際には、人に心を開く気を起こさせるようであり、それゆえ、関係構築の確かな基盤になりそうなものにも思える。

しかしながら、ネットデートには、新たな関係をくり広げるのに申し分ないプラットフォームとは言いがたい面もある。ネットデートにまつわるトラブルを集めた専門サイト www.wildxangel.com では、ネットがいかに誤解や欺瞞におあつらえむきかを思い知らされる最悪な話に事欠かない。ネット上で恋に落ちた相手と実際に顔を合わせてみたら、本当の年齢は全然違っていたとか、真剣な交際だと思っていたら、相手は結婚していて配偶者と別れる気もなかったとか、関心があるのはおたがいの関係よりも銀行口座だったという話もある。このような問題はあるにせよ、〔ネット上へと〕脱埋めこみされた友情と恋愛は、長期にわたる関係の土台となる新たなコミュニケーション形態であり、また、オンラインでの新たなアイデンティティの創出と試行を可能にする手段であると言えよう。こうした点において、それらにはポスト社会的な関係の特徴がはっきり表れているのである。

オンラインでの見合い結婚

見合い結婚が目的のネット利用に明瞭に見られる民族的差異は、民族的マイノリティの共同体やディアスポラにとってのネットの重要性を示している。見合いの仲介は、アメリカのインド系移民のあいだでは、もっとも人気のあるネットの用途のひとつだ。アダムズとゴース(Adams and Ghose 2003)の調べたところでは、ある見合い仲介サイトだけで八万八〇〇〇人の登録があり、すべてのサイトを合計すると何十万もの人数になるのではないかという。ジャーナリストのアイシャ・カーンは、二〇〇三年に書かれた記事のなかで、[*6] イギリスでも何百人ものムスリム女性が、これまでの人づてに頼るやり方に限界をおぼえて、ネットを使って結婚相手を探し始めていることを紹介している。

アメリカでは国内結婚と国際結婚を一本化した見合い仲介サイトの人気が高いが、それはインドからもよく利用されているからだ。彼らはインド国内だけでなく、アメリカ、カナダ、イギリス、その他の国にも花婿花嫁探しの手を広げている。アダムズとゴースの言うように、「こうした橋渡しを背景として生まれた婚姻によって、海を越えた家族の紐帯の緊密な網の目が形づくられていく」(Adams and Ghose 2003: 430)のである。この重要な文化的プロセスは、インドにとって異文化との接触や流入を促進するものかもしれない。しかしアダムズとゴースは、むしろそれによって民族的または準民族的な境界をまたぐような結婚が抑制されることになる可能性について考察している。見合い仲介サイトには、家族向けの保守的なものから、欧米圏の出会い系サイトとも共通点の多い個人向けのふしだらなものまで、さまざまなタイプがある。家族向けの見合い仲介サイトでは、顔写真はたいてい小さく低解像度だが、カーストや宗教、民族、学歴、職業に関する情報はいずれも事細かく載せており、これらの要素が外見よりも重視されていることがわかる。あるサイト(www.matrimonialonline.net)では、実に五二〇ものカーストを選べるリストを用意して、その属性が相手を決める際に重要であることを強調している。これらのサービスに特徴的なのは、宗教と文化に重点が置かれていることだ。利用者にたずねられる質問項目には、どの宗派の信徒であるかとか、どのくらいの頻度で祈りを捧げるかなどがある。アダムズとゴースの指摘するように、概して欧米圏のデートサイトでは、興味関心の類似性や身体的外見の好みで利用者をマッチングするが、インド社会やインド系ディアスポラのあいだでは、そうした利用のしかたはほとんど見られない。それは彼らの伝統的な身体観に由来するものだ(たとえば Angelo 1997: 103 を見よ)。セックスは結婚してから経験すべきものというインドの伝統的観念を、欧米的なデートの考え方は揺るがしかねないのである。

ただし、身体的特徴の中でも肌の色は別であり、見合い仲介サイトでも決まって記載されている。

肌の色を書きこむ欄を見ると、「小麦色」の場合がほとんどだ。それよりも色黒なときにはたいてい補足説明がある。アダムズとゴースがwww.bharatmatrimony.comというサイトから引用している例を挙げると、「短所：当方の娘は色白ではありません。もちろん色黒というほどではありませんが、色白と言い切れるほどとも思われません」といったぐあいだ(Adams and Ghose 2003: 432)。この書き方からは、将来の結婚相手とその親に求める学歴や職業的地位などの階層性に、何とか合わせていこうとする社会的プレッシャーがうかがえるだろう。

イギリス生まれのパキスタン系女性のあいだでオンラインの見合い仲介が広がりつつあるのも、これまでのような人づてのやり方では、パキスタン文化の求めるところをなかなか満たせないという難しさがあるためだ。ムスリム専用に作られたサイトは急速に増えており、結婚前にデートしたり同棲したりすることのないムスリムの若者たちが、オンラインで配偶者候補のことをよく知るのに役立っている。同じ目的で二〇〇二年一月にはMuslimmatch.comというサイトが立ちあげられており、現在では世界中に一万五〇〇〇人の会員がいる。会費は三ヵ月あたり一四・九九ポンドだ。この期間中は、興味をもった相手とメッセージをやりとりすることができる。創始者のひとりウォリード・サイードは、この手のネットサービスについて、それ以前は郵便で行われていた同種のサービスよりも、多くの選択と紹介の機会をムスリムたちに与えるものだと説明している。サイトはすばやく更新できるし、利用者は昼夜を問わずいつでもアクセスできるからだ。

こうした見合い仲介サービスは、友人や親戚の助けを借りたり、あるいは、イギリス版の『デイリー・ヤン』や『イースタン・アイ』といったアジア言語の新聞に広告を載せたりするやり方の難点を、いくらか解消してくれる。とはいえ、ネットでのパートナー探しが成功したあかつきには、やはりたいていは若い男性とその親が若い女性の家族を訪問するという手順が踏まれることになる。おたがいの紹介が済んだら、しばらく二人きりにされる。この短い顔合わせのあいだに、彼らは、好きな物や嫌いな物、仕事、教育、きょうだいの結婚状況、今の家庭環境などについて、話を交わす。アイシャ・カーンがインタビューしたイギリス生まれのパキスタン系のネット利用者は、その束の間の機会だけがおたがいをよりよく知るための「限られたのぞき窓」なのだと述べている。それから、再び親たちが合流して歓談が始まる。こうした手順について、インタビューを受けたある女性は、初めの二人きりの顔合わせは「苦痛」でしかない、うまく物事を運んで成功させなければというプレッシャーがあまりに大きいと告白している。

妻とともに muslim-marriages.co.uk というサイトを立ちあげたアリ・ハッサンは、当初は郵便でサービスを提供していた。しかし彼は、ネットを使った方が、利用者はしがらみなくパートナー候補を見てまわれることに気づく。

友人や家族に仲介してもらうような、これまでのやり方で相手の男性を見つけて、顔合わせの席が設けられた場合には、カップルを成立させようとするプレッシャーがより大きくかかるでしょう。顔合わせに応じたということは、双方にその気があるという意味になるからです。相手のことを知りたいだけなら、ネットを使えばいいのです。一度に複数の相手を見てまわることもできます。そんなこと、実際に顔を合わせるやり方ではできないでしょう。[*7]

この記事を書いたカーンも指摘しているように、この手のサービスはイギリスに暮らすムスリムの若者たちには人気があるものの、親たちにはまだ承認されていない。その点については、ハッサンも次のように述べている。「ウェブでパートナーを見つけることには、偏見がつきまとうのです。あいつはダメだ、相手を紹介してくれる友人や家族がいなかったんだ、というね。ひとは自分の娘の夫がネットで見つけた相手だということを、他人には知られたくないものです。私はまだ結婚式に招待されたことがないんですよ。なぜなのか、見当はつきますがね」。[*8]

これらのサイトのほとんどは、連絡先を公開しないことで、利用者の身元が特定されるのを防いでいる。そのため、匿名性と情報管理がきわめて重要になっている。だが、そのことはまた、利用者が年齢を偽ったり、矛盾したことを記載したりする欧米圏のデートサイトと同種の問題を引き起こすだろう。しかしながら、ムスリムの共同体で、こうしたサイトを使ったアプローチがふつうのことになるまでには、もうしばらく時間がかかるかもしれない。あるサイト利用者の兄は、次のように発言している。

オーケー。確かにインターネットは預言者ムハマンドの時代にはなかっただろうよ。でも、原則は変わっちゃいない。男と女は結婚前には、いかなる種類の関係ももってはならないんだ。顔を合わせなければいいってわけじゃない。メールをやりとりしながら、おたがいの頭と心のなかで何が起こっているかが問題なんだ。いくら結婚サイトが人気があって世間的にも認められるようになったと言っても、それだけでは、そのやり方が正しいということにはならないんだよ。[*9]

さて、こうしたオンラインのお見合い結婚が登場したことからもわかるように、ネットは種々のパートナー仲介に柔軟に用いられるだけでなく、ディアスポラ文化に特有の需要にもきわめて適合的だ。親や共同体の承認を得る前に結婚相手の候補者と会ったり顔見知りになったりすることが禁じられている状況や、見合いを仲介する慣習や人脈が移住によって途絶えてしまった状況では、ネットは重要な役割を担うものとなる。また、アダムズとゴースの指摘するように、ネットは、見合い仲介サイトのようなケースでは、フーコーのいう一望監視装置《パノプティコン》と同様に、「見ることと／見られることという一対の事態」を切り離す装置としてはたらく。そこでは「見られることはあっても、こちらから見ることはできず、情報の客体になることはあっても、伝達の主体には決してなれない」(Foucault 1977: 200／邦訳二〇三頁)。見合い仲介サイトにおける花嫁候補も、そしていくぶんかは花婿候補も、情報の主体というよりむしろ客体であると言えよう。しかし、カーンの記事に引かれているイギリスの見合い仲介サイトの例などは、候補選びに対する〔主体的な〕関与の自由度を広げる可能性も示唆しているように思われる。もっともアダムズとゴースはこうした点にはふれず、異文化圏への離散や移転によって「従来のような物理的場所にもとづく結婚仲介の一望監視装置」が危機にさらされている環境下で、ネットはそれに対する技術的な解決策を提供するものだと論じるにとどまっている。

興味深いことに、インド系利用者の集まるサイトのなかでも、indya.com のように、欧米的な価値体系——身体的外観、他者の身体への欲望、遊びとしての交際、等々——によって、身体が評価されるサイトでは、自分の肌の色やカースト、職業、学歴を書きこむことには批判が寄せられる。ただし当然のことながら、こうしたサイトはおよそ有用ではない。慣習に縛られた女性がそこに登録することなど、めったにないからだ。

友情の再結合

ジンメルは、近代社会において、人びとの生活はより断片的で没人格的なものになり、社会的紐帯は煩わしく途切れやすいものとみなされるようになったと論じている(Simmel 1950a, b)。こうした状況は、人びとがかつての友人とあまり接触を保ちつづけなくなったことのうちにも見てとれるだろう。それに対してネットは、子どもの頃や一〇代のうちに連絡が途絶えてしまった友人たちを再び結びつける強力な補助手段ともなる。ロンドン郊外に住むスティーヴとジュリー・パンクハーストが二〇〇〇年に自宅の空き部屋を使って立ちあげた「フレンズ・リユナイテッド」(www.friendsreunited.co.uk: 以下FRと略記)は、かつての同級生と再会できるサイトとして、かなりの人気を博している。利用者数はイギリスの成人人口の一五%にあたる九〇〇万人、一日あたりの訪問者数は五万人からさらに伸びつづけているという盛況ぶりだ。FRはオーストラリア、ニュージーランド、南アフリカでも事業を開始しており、スペイン、イタリア、オランダでも立ちあげが予定されている。ジャーナリストのピーター・マーティンは、なぜこれほどFRが人気を得たのかを取材する中で、社会統合の弱まりに対する現代人の不安感を見いだしている。

あてどなくさまよう私たちの生活や、進学や就職によって、あるいは、家族の求めに応じて失われてしまった青春期の友情——それこそが「社会などというものは存在しない〔存在するのは個人だけだ〕」というマーガレット・サッチャーの黙示録的な宣言のうちに示される社会喪失の内実であったわけだが、それらを再びつなぎ直したいという巨大な欲望のなかに、FR現象は入りこんでいった。サッチャーがそう宣言するより前に、核家族は崩壊しており、離婚率は急上昇し、ティーンエイジャーのドラッグ濫用や自殺は危機的なレベルに達していた。メールとネットの登場は実生活での交流に終止符を打つことになるだろうという、ありがちな悲観的予測が聞かれ始めた頃には、私たちはもうすでに奇妙な室内文化——ソファを片時も離れない子どもの姿に象徴されるような——の中にいたのである。[*10]

このような、社会統合の著しい衰退という観念と結びついた不安感を、FRのようなサービスは解消してくれるというわけだ。マーティンによれば、FRの最初のユーザーグループは四〇代で、「中年期の重責とそれにともなう危機にもっともさらされている人たち」だったという。[*11]現在の利用者の平均年齢は三〇代半ばだ。サイトを介して連絡を取った後は、まずメールをやりとりして、それから電話へ、そして実際に会う、という順序をたどるのが一般的である。学校での思い出掲示板も開設されていて、そこに投稿された書きこみから、かつて級友だったいじめっ子や恋人がその後どんな人生を送ってきたかを知ることができる。FRは、それまでに類例のない形の社会的なつながりを提供するものであり、ひとを過去の人生とつなげ直すことによってノスタルジーをかき立てる。五歳以降の友人たちが彼らとの思い出の扉を開き、自らのルーツを通してアイデンティティを構築していくことができるのである。

旧友との再会だけでなく、FRは、同窓会やグループ旅行の勧誘、疎遠になった親戚や離れた場所に住む親との連絡を取りもつサービスも行っている。マーティンは「FRが共同体への渇望に応えていることは明白だ」として、次のように書いている。「FRでくり広げられる過去と現在の膨大な往還のことを考えるなら、今日オンラインをめまぐるしく行き交っているほどの規模で集合的記憶と自己開示があふれ出したことは、人類史上なかったと言ってよいだろう」[*12]。FRのおかげで、かつてのいじめっ子はいじめた相手に何年も経ってから謝ることができる。もっとも、それでいじめられた側の気持ちがすっきりするかどうかはまた別の話だが。また、FRの名前検索機能を使えば、どこの学校に通っていたか知らない相手でも探し出せるので、有名人や政治家の経歴を突きとめることもできる。他の多くのネットサービスと同様に、ある種の監視やいやがらせに悪用することもできるし、実際、警察の犯罪捜査に利用されてもいる。

FRはまた、創始者のひとりスティーヴ・パンクハーストによれば、何千人もの学生時代の古い恋人たちに再び火をつけてまわる役回りを果たしていることでも有名だという[*13]。むろん、その裏には暗い面が潜んでいる。結婚相談所「リレイト」に勤めるデニス・ノウルズの話では、結婚生活が破綻した経験をもつ顧客の一〇人に一人は、ネットのチャットルームやデートサイト、FRをその原因に挙げるそうだ。テクノロジーは人びとを過去の友人とつなぎ直すさまざまな方法をもたらす。とはいえ、ノウルズの述べるように、「問題が起きたらウェブサイトのせいだというのは、少し前の時代なら離婚の原因に電話を持ちだしてくるようなものだろう」[*14]。ＦＲで再び恋の炎が燃え上がったとしても、それは、カップルが他のやり方で再会した場合よりも、現実感に乏しかったり妄想をふくらませたりするせいではないのである。

オンラインのクィア・コミュニティ

クィア・レズビアン・バイセクシュアル・トランスセクシュアル（ＱＬＢＴ）[*15]の女性たちのネット利用に関する研究は、ネットがクィアのアイデンティティとオンライン共同体《コミュニティ》の形成にとっていかに重要かを明らかにしている（Correll 1995; Munt et al. 2002; Wakeford 1996; Wincapaw 2000）。シェリー・コーレルは「インターネット・カフェ」と呼ばれる電子掲示板を対象に参与観察を行い、オンラインのレズビアンメンバーが形成され、また、そのメンバーとなる過程で、個人と共同体のアイデンティティがどのように取り扱われるかを検討した。そこから明らかになったのは、偏見と排除のリスクにさらされている女性たちにとって、オンラインの交流の場がポジティブな効果をもつことだ。こうした研究はまた、タークル（Turkle 1995）やその他の研究者たちが、ややもすると生物的性差《セックス》と社会的性差《ジェンダー》を混同しがちであること、そして、女性のあいだにあるはずの差異――性的指向、人種、年齢、社会階層など――を見逃しがちなことにも気づかせてくれる。

第5章でも紹介したように、ブライソンはＱＬＢＴ女性のネット利用に関する探索的調査を行い、ネットがクィアの生と共同体に関する語りの生成をどう再／媒介するかを分析している。彼女がそこから見いだしたのは、ネット技術とネット上の共同体が、他のクィア女性と比較的安全に交流することのできる、きわめて重要な空間を生みだしていることだ。それは、新たな形の性的アイデンティティや性的行為を試みる機会を提供するものであり、また、ひとつの性的サブカルチャーの洗礼を受け、関わりをもち、クィアとしてのアイデンティティを学びとっていく文化的コンテクストを形づくってもいた。ブライソンは、QLBTのアイデンティティ形成において、ネットは書籍などと同じような役割を果たすものだと論じている。これまでの諸研究は、書籍や映画、同人紙誌のようなテクストが、クィアのアイデンティティを形成しつつある人にとって、いかに重要で、クィア文化への帰属感を与えてくれるものであるかを明らかにしてきた。それらはある種の社会的・文化的な台本の伝達装置なのであり、その台本の読者はテクストのうちに自らの姿を見いだす歓びを得るのだ(Lynch 1990)。

同様に、電子掲示板やチャットルームの設けられたウェブサイトもまた、そこから知識を得て文化になじんでいくための源泉となり、性的アイデンティティ形成における「共同体での見習い期間」(Bryson 2004: 245)のための貴重な道具立てを提供する。オンラインで提示されるレズビアンとしてのアイデンティティ——ブッチ〔butch: レズビアンの男役〕か、フェム〔femme: 女役〕か、グルール〔grrrl: パンクロック文化とフェミニズムに結びついた女性像〕かなど——を偽るべきではないと、利用者たちはいささか堅苦しく考えていたが、中には、そこに日常的な対面的相互行為で課される〔ジェンダー役割の〕窮屈な制約を乗り越える可能性を見いだす者もいたことを、ブライソンは指摘している。

携帯電話での相互行為と親密性

見せびらかしの社交

第6章では、新たな形の社交が、テクノロジーを介したパーソナルネットワークによって編成されつつあり、それによって人びとは、相互行為の文化空間を拡張し、再定義していることを論じた。この節では、若者たちが携帯電話によって社交のありようをどのように再編しつつあるのかを探っていく。携帯電話をその一部に組みこんだ、電子的コミュニケーションと対面コミュニケーションの併用は、今日の都市的な相互行為を特徴づけるものだ(Castells 2002: 556)。携帯電話の利用をひとつの背景要因として、カステルの言う「社交形成の個人間ネットワーク individual network of socialisation」が広がりつつある。ここでまず強調しておくべき重要な点は、携帯電話のもたらす多様なコミュニケーションの可能性である。携帯電話は、対面的交流を取り結ぶようにも切り離すようにも作用する際立った柔軟性をもつ。一方では、対面的関係を堅固にするが、それは、友人や恋人といつでも連絡がとりあえるからというだけでなく、携帯電話をシェアすることによる場合もある(このシェアの慣習については、後ほどあらためてふれる)。しかし他方では、ヴァーチャルなやりとりに集中することで、目の前にいる相手を遠ざけ、対面的な接触を断片化してしまうこともある。

二〇〇二年三月にイギリスで放送されたボーダフォンのテレビ広告は、同じ部屋にいる家族が、それぞれおたがいの気を引こうとしてメールを送り合う姿を映しだすことで、携帯電話のもつこうした性質を浮き彫りにしていた。携帯電話の脱埋めこみ作用は、社交的な親密さだけでなく、よそよそしさとも相性のよいものなのだ。通話やメールのやりとりによって目の前の状況からすばやく撤退できるだけでなく、「音のアリバイ」を使えば通話相手に自分のいる場所を偽ることもできる。〔駅や街頭などを〕偽造した騒音を通話中に流しておけばいいのだ。ガルシア＝モンテスらは「携帯電話の利用はアイデンティティの葛藤(と他者への信頼)を悪化させかねない」と述べている(Garcia-Montes et al. 2006: 73)。その一方で、彼らは臨床心理学を援用しながら、不意の電話で目下の状況から離脱(distancing)せざるをえない事態に適応し対処することは、「超越的」でより統合された自己感覚につながるものだと論じている。また、携帯電話は「拡張的現在 present extensive」を創りだす。約束の時間を決めたり変えたりするのを容易にすることで、〔過去の約束や未来の予定に拘束されない〕現在の拡張をもたらすのである。携帯電話では、だれにでもすぐ連絡が取れるために、休暇中に仕事の電話がかかってきたり、仕事中に私的な電話がかかってきたりすることが起きる。私生活と職場生活の交錯に対応する必要が生じ、私的空間と公的空間の区別が曖昧になる。ガルシア＝モンテスらは、そのため、「公的自己」と「私的自己」の境界がぼやけることになるだろうと示唆している。

二〇〇一年には、子どもや青少年のあいだで携帯電話の利用がどれくらい広がっているかが明らかになった。EUの調査によれば、一五〜二四歳の若者の八〇％が携帯電話を常用していた(Wilska 2003)。また、二〇〇一年のイギリスでの調査では、*16 全国の中学生の約六〇％が携帯電話を所有しており、一四〜一六歳の所有率がもっとも高かった。若者たちへの携帯電話の普及にともなって、とりわけ年少者がそれを利用することに関する不安も広がっている。成人による子どもの性的搾取、これまでのような対面的なふれあいの衰退、子どもの携帯電話使用料のおそろしく高額な支払い請求が、親の心配をかき立てている。こうした不安は、これまでのような形のコミュニケーションが崩壊するのではないかという、より一般的な懸念の一部をなすものだ。それはひとつには、パーソナルCDプレイヤーや携帯電話などのような個人化された利用形態をとる新しいテクノロジーが、伝統的な共同体や子どもの親の目が届かないところで使われることに起因している。

日本では二〇〇五年には携帯電話の利用者が七五〇〇万人に上り、そのうちの二五%がネットへのアクセス機能を備えた第三世代(3G)の携帯電話を使っていた。日本の親たちを脅かしているのは、子どもが携帯電話から出会い系サイトを使って被害にあうという問題だ。出会い系サイトは小児性愛や児童買春の隠れ蓑にもなっているが、ある調査によれば、一五〜一八歳の少女の二二%、少年の一八%が、こうしたサイトに携帯電話でアクセスしたことがあるという。[*17]

イギリスでは、「NCHアクション・フォー・チルドレン」[*18]のような児童保護団体が、ネット上で小児性愛問題が広がるのを防ぐため、携帯電話キャリア企業に対して、一八歳未満の利用者には、成人向けサイトへのアクセス制限をかけるようはたらきかけてきた。それによって、未成年によるチャットルームやポルノサイト、ギャンブルサイトの利用を防止するための規制策が新たに設けられ、携帯電話キャリアの大手六企業(オレンジ、O2、Tモバイル、ヴァージン、ボーダフォン、スリー)の合意のもとで、二〇〇四年に導入されている。[*19]

携帯電話にはまた、いやがらせ電話やいじめに用いられるという問題もあり、七〜一六歳の年齢層では、こうした電話やメールを受けとったことのある者が一四%に上る。一方で、これまでの研究からは、携帯電話をもっていないと、仲間との交流が減ったり、帰属感が弱まったり、テクノロジーの進展についていく機会が限定されたりすることで、社会的排除につながりかねないことも明らかになっている。「持てる者」と「持たざる者」の分断が進み、後者は情報革命から取り残されつつあるのだ(Charlton et al. 2002; Leung and Wei 1999)。ガルシア゠モンテスらの引用しているアメリカの調査によれば、携帯電話の非利用者は、低学歴で低収入といった社会的に恵まれない階層集団に属していることが多いという(Garcia-Montes et al. 2006)。

一般的には「テクスティング」と呼び名で知られるショート・メッセージ・サービス(SMS)は、ネット上の小児性愛問題に対する親や児童保護機関の心配をよそに、とりわけ若者の間では、もはやありふれたものとなっている。SMSは手っ取り早くて簡単、安価という点で、機能的であるばかりではない。熱心に指を走らせ、携帯電話をなでまわすその姿は、一〇代の若者のアイデンティティにとってそれがいかに重要かを物語っている。親たちにとって携帯電話は、親の目からの逃避や隠しごとを連想させるものかもしれないが、若者にとっては、見せびらかしによる社会的交流(conspicuous social interaction)の手段でもある。若者向けの携帯電話はファッションアイテムとして商品化され、利用されており、多種多彩な明るい色のデザインのものが販売されている。携帯電話の見せびらかしは、実際上、自分の個性《アイデンティティ》を表現するうえで中心的な役割を担うものになっている。若者たちはたびたびバッグやポケットから携帯電話を取りだしたり、机やテーブルの上に置いたりして、見せびらかし、時には他の人に使わせてやったりする。携帯電話がすでに広く普及していることを考えると、これは〔普及初期のように〕ステイタスシンボルを見せびらかすという意味あいのものではないだろう(Charlton et al. 2002: 153)。

一〇代の若者の場合は、親が子どもの行動を監督するために携帯電話を買い与えることが多いが、子ども方は、その監督から逃れ、独立心と仲間との交友を深めるために携帯電話を利用する。イギリスの若者文化研究グループ「ロア」[*20]の行った調査では、一〇人に一人は、対面よりも携帯電話で仲間とふざけ合うのを好むという結果が報告されている。このことは、携帯電話がネットと同じような性質をもっていることを示していよう。つまり、人びとは、対面よりもテクノロジーを介して距離を置いた方が、自信をもってより親密なコミュニケーションが取れるということだ。依然として一般的には、若者たちのあいだではヴァーチャルな接触が人間的なふれあいに取って代わりつつあるのではないかという不安が根強く残っているが、以上で見てきたように、携帯電話は対面的な交流を取り結ぶようにも切り離すようにも作用する柔軟性をもつのである。

若者たちの互酬性

アレクサンダー・テイラーとリチャード・ハーパーの研究によれば(Taylor and Harper 2003)、彼らの調査した一六～一九歳の若者にとって、携帯電話は、交換の儀式を通じた社会的親密性の中核をなすものだったという。若者たちのあいだでは、テクストメッセージや通話料の分担、さらには携帯電話そのものが、たがいの社会関係を固めることを目的としたある種の贈与行為に用いられていたのである。テイラーとハーパーは、携帯電話という新しいテクノロジーが「交換の儀礼 a ritual of exchange」(Berking 1999)の一部になっていると指摘している。人類学および社会学の分野では、アーヴィング・ゴフマンの「相互行為儀礼」論(Goffman 1972)や、アルヴィン・グールドナーの「互酬性の規範」論(Gouldner 1973)をはじめとして、さまざまな互酬性に関する研究が進められてきた。贈り物の意味は、単に何を贈るかによって決まるわけではない。儀礼的様式によって贈ること、儀式的に送り届けることに意味があるのだ(Cheale 1987; Schwartz 1967: 7)。携帯電話は、友情と親密性の儀式的表示において中心的な役割を果たしている。重要なのは、この新しいテクノロジーが贈与交換を媒介することだ。贈り物がなされ、受けとられ、返礼されるという儀礼をとおして、おたがいのあいだに関係性が築かれていく。この贈与の文化のなかで、若者たちは言葉づかいや〔顔文字などの〕記号をうまく選んで、注意深くメッセージを組み立てることをうながされ、創造性を育んでいく。このことからすれば、SMSが子どもの読み書き能力《リテラシー》を阻害するのではないかという懸念には、疑問の余地があろう。[*21] 実際、ロンドンの能力開発教育機構は、学力の乏しい若者たちの読み書き能力を向上させる方法のひとつとして携帯電話を活用している。

　テクストメッセージがどんな書き方をされているかは、彼らにとって大切なポイントだ。句読点の省略は、たいてい受け手を不快にさせるものとみなされる。読みづらいだけでなく、通信料をケチっているという意味にもなるからだ〔訳注：当時は一文字単位で課金されたことが背景にある〕。恋人や友人からの、感傷的で思いやりのある楽しいテクストメッセージは、思い出の結晶として大切にされる。そういうメッセージを消去するのは耐えがたいことだという若者も多い。興味深いことに、そこでは電子的メッセージがかけがえのない個人的なものとして取り扱われているのであり、特別な贈り物という性格を帯びていることがあらわになっている。「テクストメッセージは、今や単なる言葉の交換という以上の意味をもち、相手との関係性へのコミットメントを示す贈り物となっている」(Taylor and Harper 2003: 9)。それゆえに恋人たちは、昼に延々と長電話した後でも、夜にはまた「おやすみ」のメッセージを送りあうのだ。

多くの若者は、この手のテクスティングのことを、相手への想いや傾倒、親密さを伝えるための、恋愛関係における「ルール」のひとつとみなしている。だが、男性と女性では、携帯電話利用について重要な違いがあることも報告されている。シメオン・イェイツ(Yates 2005)は一八〜三〇歳を対象とした調査を二〇〇五年に行い、調査協力者に、通話利用の日記式記録をつけることと、テクストメッセージを保存しておくことを求めた。あわせてフォーカスグループへの聞き取り調査も行われた。その結果から明らかになったのは、女性は男性よりも長いメッセージを書く傾向にあること、とりわけ送り先の相手も女性である場合にその傾向が強いことだ。女性の書いたメッセージの平均文字数が八二字だったのに対して、男性の平均は六八字であり、男性同士でやりとりされたメッセージの場合はさらに少なかった。その一方で、男性の場合に特徴的だったのは、ののしり文句がしばしば景気づけのしるしに使われることだ。彼らが「おいクソったれ」と書いて送り、その返信が「なんだマヌケ野郎」であったとしても、それは脅しや挑発ではなく、「よう、調子はどうだい」という意味であったりするのである。

また男性には、まわりに仲間がいる状況でも、携帯電話で話すのを気にしない傾向がみられた。そこからは、人前での携帯電話利用が、何かしら得意げに行われているようすがうかがえよう。女性の場合はそれと逆で、仲間たちといるときには、電話がかかってきてもあまり出たりしない。しかし男性も、恋人や母親と話すときには、仲間たちから離れてこっそり行うことが多かった。そうした相手との親密な会話を人前ですることは、男性のあいだでは依然として受け容れがたいものであるようだ。男性からは、まわりに話の内容を知られたくないときには、よくテクスティングを使うという声も聞かれた。仲間の反感を恐れる者にとって、秘密の漏れない伝達手段はありがたいものだろう。まわりと面倒なことにならないように〔通話ではなく〕テクストメッセージを使うという話も、男女双方から出ていた。フォーカスグループでは、メッセージの最後にキスの顔文字〔訳注：英語圏では:-xなどがキスの意味で用いられる〕をつけることの良し悪しや、週末もずっと電話してこなかった相手の男性に対して、週明けに女性の方からテクストメッセージを送ることの是非などが、熱心に議論された。「テクストエチケット」は今なお確実に進化している。若い女性たちは、恋人がテクストメッセージで別れ話をすることに対して、非難囂々《ごうごう》だった。テクストメッセージやネットで関係に終止符を打つことは、機械的な無機質さを思わせるがゆえに、もっとも恥ずべき携帯電話の利用法とみなされるのである(Taylor and Harper 2003)。

携帯電話は、プライバシーと自立性の象徴と言えそうなものでありながら、一方では、テイラーとハーパーの指摘するように、友人同士のシェアの対象になるものでもある。大学食堂やカフェやパブでは、時として、三〜四人の若者たちがグループで携帯電話をまわし合い、携帯電話を介した局所的な交流が生まれている光景を目にする。テーブルの上に携帯電話が置かれるときには、責任ある使い方をするなら、だれが取りあげて使ってもかまわないという暗黙の了解があり、それは、所有者が使用者に信頼を寄せていることを示すものとなっている。信頼はこのようにして、シェアの儀礼のなかで伝達されるのである。

友人の携帯電話を借りて恋人にテクストメッセージを送り、その通信料分のお返しをするといった行為は、グールドナー(Gouldner 1973)の言う「互酬性の規範」にあたるものであり、友情の証として重要な意味をもつ。携帯電話をシェアして使うとその分だけ利用料金がかさむため、貸し借りや料金負担のバランスをどう取るかが、互酬性を保ち、また友情をひそやかに確証していくうえでの問題となる。実際、送られたテクストメッセージに対して、料金のかかる携帯電話からではなく、無料のネットサービスを使って返信したりすると、対等・公平なやりとりとみなされず、守銭奴という非難を浴びることもある。料金の異なるサービスが使われた場合には、そのメッセージは互酬性を欠くものと受けとられるのだ。

グールドナーの「互酬性の循環」に関する分析によれば、人と人とのあいだの交換が関係性を強固にするメカニズムは、おたがいが道義的責務として〔交換への〕関与を強め合っていくことによって機能するという。テイラーとハーパーはこの分析枠組を用いながら、若者たちが、携帯電話を介した贈与行為において、メッセージが来たら返信せねばならず、その返信が来たらまた返信せねばならず、というふうに暗黙の義務契約にとらわれてしまうことを説明している。また彼らは、ゴフマン(Goffman 1972: 90)の「関係維持志向のやりとり supportive interchange」という概念を用いて、携帯電話での会話やテクスティングが、たがいの個人的紐帯や社会的協調を確認するものであることを指摘している。互酬性が大きな意味をもつということは、裏を返せば、返信しないでおくことによって、携帯電話はだれかを仲間はずれにしたりするための効果的な手段にもなるということだ。テイラーらの調査の中で、ある少女は次のように語っている。「ええ、ときには着信音がまったく鳴らない日もあるわ。そんなときは「私のことなんてだれも好きじゃないんだ、私のことを気にしてる人なんてひとりもいないんだ！」って感じ……」(Taylor and Harper 2003: 179)。テクストメッセージは、このようにまさに親密性そのものとみなされるようなこともあるものであり、より一般的には、親愛の情を示す特有の語法や顔文字などを用いることで親密さを表現し、おたがいの関係性を固める重要な手段となっている。しかし、すでに見たとおり、恋の終わりを告げる際に用いられるならば、むしろ逆に冷淡きわまりない伝達手段ともみなされる。また、パスワードをかけてメッセージを非表示にしたりできない携帯電話は、シェアの文化の中では、私的な内容のメッセージを友人に隠すことのできない状況をもたらす。そこではプライバシーは、友人との秘密と理解の共有《シェア》に委ねる以外にないわけだ。

マルチメディア対応の携帯電話の登場は、まちがいなく、さらに思いもよらないような形の相互行為を生んでいくことだろう。写真や動画の撮影とメッセージ添付の機能は、監視や隠し撮り、証拠写真の記録、思い出の交換や共有など、さまざまな面で新たな展開を見せている。携帯電話は、対面的相互行為よりヴァーチャルなコミュニケーションを優越させるグローバルな情報技術のひとつとして言挙げされることが多いが、その民族誌的研究から明らかになったのは、むしろ従来型の交友の再節合をもたらすようなローカライズされた利用法がなされていることだ(Taylor and Harper 2003; Yoon 2003)。これまでのところ、若者たちがローカルな交友関係から離脱《ディスエンベッド》しようとしている形跡はない(Yoon 2003)。むしろ逆に、若者たちの携帯電話利用においては、信頼と互酬性が中心的役割を果たしている。携帯電話を介した贈与行為と儀礼的互酬性は、友情と連帯の証となることによって、若者たちの関係性への精神的関与を強固にするものなのである。くわえて重要なのは、携帯電話が仲間とのコミュニケーションを促進し、それ以外の情報通信技術も使いこなしていく素地を育むものだとすれば、「持たざる者」はますます不利な立場に追いやられかねないことである。私たちは、情報強者と情報弱者のあいだにどのような格差が生じているのかを理解する必要に迫られ始めている。

携帯電話は、見せびらかしによる社会的交流の手段でもある。それは比較的目新しい通信装置であり、ファッションアイテムでもあり、すぐに流行遅れになりがちだとはいえ、若者たちに活き活きとした交流をもたらしている。さらにまた、携帯電話は、ネット上のチャットルームと同様に、誠実さと秘密と連帯に彩られた親密性を探し求め、伝え合うには、理想的なテクノロジーと言えるだろう。その意味で、携帯電話は、まさにカステル(Castells 2002)の言う「社交形成の個人間ネットワーク」の広がりを形づくる新しいテクノロジーのひとつになっている。このように、若者の携帯電話利用に関する諸事例は、それが信頼と互酬性を通じていかに社会的紐帯を強めるものであるかを示しているが、一方で、情報技術を介したコミュニケーションをめぐる世間一般の議論は、その脆弱さにばかり目を向けがちなのである。

結論

ネットや携帯電話は、肉体性をともなわない、記号空間に根ざした社会的相互行為の集合システムであり、そこに見られるのは、「ポスト社会的」なコミュニケーション形態の代表的な諸事例とも言えるものである。私たちはここで、「ポスト社会的」という語を、「コミュニケーション技術によって媒介され、構成される、人間の相互行為の諸形態」(Knorr-Cetina 2001: 532–3)と定義することができるだろう。ポスト社会的な相互行為が姿を現す環境下では、相互行為、空間、コミュニケーションなどの語のもつ意味は、対面性にもとづく社会的つながりを前提としたそれまでの用語法とは、かなり異なったものとなる。たとえば「グローバルなハイパー空間」は、表層性や些末性、利己性といった特徴を帯びる一方で、新たな集団性を育む可能性を秘めてもいる。

また、情報技術を介したコミュニケーションは、別様の社会空間や別様の現実を創りだす可能性をもつ。ヴァーチャルなケアの共同体の例からもわかるように、こうした新しい共同体は、家族、親族や地域住民同士で支えあう既存の従来型ネットワークを犠牲にして作られていくわけでは必ずしもない。若者の携帯電話利用に見られるように、情報技術を介した相互行為は、対面的な関係性と並行して取りもたれたり、その内部に埋めこまれたりすることも多い。言い換えるなら、新しいテクノロジーは既存の社会的コンテクストの一部に組みこまれていくのであり、ひいては、そのコンテクストがテクノロジーの用途を方向づけていくのである(Taylor and Harper 2003)。

しかしながら、ネット上で生じる相互行為は、個人的関係を形成し維持する基本的なルールを変化させ、数多くの大きな問題を投げかけるものでもある。物理的な距離の近接性を必要としないネット上の相互行為においては、年齢・階層・ジェンダー・民族・人種などの社会構造的あるいは生来的な諸属性は、対面状況の場合とはいくぶん異なった役割を演じる。ネット上の関係性は、必ずというわけではないにせよ、経歴や生い立ち、出身共同体、その他の経験の共通性を基盤とすることが多い。

そこに、興味関心をともにするウェブサイトのような、異なる性質をもった共有《シェア》の様式が加わることは、仕事や余暇、地域共同体など、さまざまな場面にわたって、対面的状況と結びつけられてきた儀礼や慣習を再編していくことになるだろう。

情報技術を介したコミュニケーションにおいては、人間関係の永続性という観念は崩れさり、むしろその浮動性や予測不能性、可変性、個人主義性に力点が置かれる。そこでは、ポスト近代主義の強調するような自己の社会的構築性が際立たせられ、人間関係が自己実現のための特権的な領域をなすという近代主義的な考え方は力を失う。人間関係は移ろいやすく、流動的で実験的なものとみなされる。友情は、ネット上で、家族関係や性的関係、仕事上の関係から切り離されることもあれば、結合されることもある。そのことは、それらの境界がどこにあるのかを示す規則がもはや存在しない今の時代にあって、多くの問題をもたらすだろう。チャットサイトでは、性的アイデンティティの実験が行われ、その不確かさや移ろいやすさが露わになっている。こうした事例は、再編されつつある性とジェンダーの行方をうらなう上で、大きな意味をもつものだ。

ひとつの可能性としては、この新しいコミュニケーション様式が「一般に懸念されるように」信頼や互酬性の衰退を帰結することも考えられるだろう。時間と空間の脱埋めこみによって、もはや相互行為がもっぱら対面的なものではなくなった現代の状況下では、信頼が近代社会よりも大きく必要とされるようになっている。時間－空間の再編成によってグローバルとローカルの新たな結びつきが生まれ、その一方で、従来の社会関係は特定の物理的な場所への束縛から徐々に解き放たれつつある。金融取引や専門知識の提供機関をはじめとして、組織のシステムがますます抽象的で顔の見えない没個人的なものと化すなかにあって、信頼の問題は重要性を増している。相互行為は信頼関係によって取りもたれるものであるからだ。信頼をどう確保するかは、人びとの紐帯がより不確実で偶然的な性質を帯びるようになった社会において、まさに差し迫った課題となっているのである。そこで次章では、これをひとつの論点として、ポスト近代の社会的紐帯をめぐる責任とケア、道徳性の問題と関連づけながら、議論を進めていくことにしたい。

第８章　社会的関係性と個人的関係性のポリティクス

本書では、ローカル／グローバルな規模の政治運動や、都市の自発的結社、そして、対面関係と情報技術を介した関係の組み合わさった新たな帰属形態によって、ある種の排他性をおびた家族・共同体・地域の結びつきが、いかなる挑戦を受け、また再編されつつあるかを見てきた。新しい社会的紐帯は、一方では、散発的で流動的、一時的という特徴をもつ。しかし他方では、濃密なつながりとして現れることも多くあり、旧来の不平等に対抗する可能性をもたらすものでもある。ここでの議論のポイントは、友情に関する言説が、こうした社会的紐帯の急激な変容にどう対処するかをめぐって展開されている、ということだ。友情は、状況に応じて姿を変え、順応性に富むものである。このことは、新自由主義や個人主義、あるいは、平等・正義・民主主義に関する言説など、時として相矛盾するさまざまな言説に訴えかける力を確実にもっている。社会関係資本論の場合には、友情は、統治に関わる一要因とみなされている。それとは逆に、親密な関係性を階層的《ヒエラルキー》な関係性に対置させるような枠組を打ちだす言説の場合には、友情は、ポスト近代的な状況を表す強力なメタファとなる。ネットや携帯電話を介した、脱埋めこみされた「ポスト社会的な関係」の出現にともなって、その不定形性やスピード、物理的距離を超えた相互行為、さらには「自己」の新たな観念が、これまでの人びとの紐帯を組み替えつつある。

親族との関係の質は、友情に認められるような精神的価値で測られるようになってきたが、一方で、友情の価値もまた、家族や共同体の絆のもつ輝きやノスタルジーと結びつけて語られるようになってきた。家族関係を描きだすのに用いられる友情のメタファは、純粋な関係性を探し求めることのうちにある、一連の熱情をかき立てるものだ。しかしながら、友人関係は、旧来の階層的な関係性に対抗する面をもつものの、これまでの「家族」や共同体などの伝統的紐帯が義務として担い、あるいは保障してきた責任や保護者的役割を負うものではない。血縁関係は、法的には非血縁関係より優先され、保護されるべきものとされるが、友人関係がそのようなあつかいを受けることはありえないだろう。問題は、友人関係のような個人的紐帯がより流動的で不確かな性質のものであること、そのため、相互の信頼や助け合い、他者へのケアが掘り崩されるように思えることだ。

友情は称賛されるべきものという考え方は、個人主義の文化に根ざしているが、ポスト近代に関する研究のなかには、その個人主義文化が、道徳的統制を弱め、道徳的無関心につながるのではないかという懸念が見られる。主体性に関する研究は、近代およびポスト近代の個人について考察する際、関係の不十分さを強調する。クノール＝セティナ(Knorr-Cetina 2001: 525)によれば、個人とは、「根を抜かれた」「脱埋めこみされた」「自力を頼りにするしかない」「内向きの」「個人主義化された」「アトム化された」「存在論的不安をかかえた」ものとして特徴づけられるという。そこでの主体は、自立的ながらも、混乱と無気力を潜ませた存在ととらえられている。こうした社会状況の揺らぎが、人びとを結びつける共通の道徳枠組の差し迫った必要性を際立たせているのである。

この最終章では、以上のような論点に照準を合わせつつ、流動的で選択的な新しい社会的紐帯の広がりにともなう、信頼、正義、ケアの問題に取り組んでいく。離婚率の上昇や、子どもと高齢者のケアをめぐる危機的状況が生じたのは、新たに見いだされた自由、選択的関係性の増大、女性の自律性の高まりに呼応した動向である。ここでの問題関心は、イデオロギー的にも実際的にも、女性がケアの責任を担わされてきたことを、問いなおすことにつながっていくだろう。また、前章ではネットのような非対面的相互行為がどれほど信頼できるかを見てきたが、ここでは、政治の指導力とヒエラルキーに疑念の目が向けられる今の時代において、政府や指導者層への信頼がどの程度の水準にあるかを明確にする。自己と他者の誠実性への信頼は、便宜主義《オポチュニズム》的な個人中心の社会では、当然視しえない。ギデンズ(Giddens 1991)は、グローバル化し、自己再帰性の上昇した脱伝統社会では、新しい形の不確実さや知識、社会運動が生まれており、それに対処するには新たなタイプの政治が必要になると論じている。それが生の政治(life politics)であり、それによって連帯を取り戻し、人びとの生に意味のある内実をもたらす、新たな伝統を復元もしくは発明しなければならない、という。ギデンズの論にしたがえば、新たな政治の創出をとおしてのみ、信頼の生成は可能ということになろう。この抜本的な政治の考え方の変更は、近代の福祉国家体制におけるような、市民へのケアの提供方式や、社会成員の集合的福祉を支える物質的資源の配分方式を、見なおすことに関係してくる。

以下ではまず、今日の政府が「信頼」をどのように定義・測定・解釈しているかを見ていく。欧米圏では、信頼の問題は、社会関係資本論の文脈で取りあげられるようになってきている。第5章で検討したこの理論は、現在、信頼をめぐる定義や議論に影響を与えており、社会関係が急速に変化する時代における信頼と道徳性の問題について、いくつもの知見をもたらしている。次に、それが社会正義とケアの倫理にとっていかなる含意をもつかという点に、議論を進める。デリダをはじめとするポスト構造主義者は、社会的なものの回復と、道徳性の探求にとって、友情が担う役割について考察している。アリストテレス派の理念においては、友情とは、個人の自発的な行為者性《エージェンシー》と個人間の選択的親和性の純粋な表れを、道徳的に追い求めることだと意味づけられていた。男女間でケアの責任をより公平に分担する必要がありながら、政府はいまだ中心的な課題として取り組んではいない。この問題については、デリダの友愛のポリティクスに対して、フェミニズムによるケアの倫理の立場から応答するなかで論じていく。それとともに、ポスト近代の道徳的主体にまつわる困難さの所在も明らかになるだろう。

信頼の衰退と道徳基準の高まり?

ポスト近代的な状況と価値観についての悲観的な見方と肯定的な見方、双方ともに関心をよせているのは、新しい交際のあり方における道徳性の位置づけと、倫理的生活の回復への欲求である。しかしながら、ポスト近代を一連の社会的・文化的プロセスとしてとらえるなら、そこには相矛盾する要素が含まれる。見方の違いは、そのことを反映している。ポスト近代は、一方では、より開放的で思いやりのある寛容な社会へとつながるように思える。だが他方では、厳格で統制的な社会関係から民主的な関係への転換が求められ、それにともなってあらゆる形の権威への不信が強まっていく傾向も認められる。社会的・政治的信頼の急速な低下を際立った特徴とする、個人および集団の変化は、自らの権威の承認を必要とする為政者にとって、困難な状況をもたらしかねない。そのため、政府や政治アナリストは、民主政や社会政策の管理運用の一手法として、いくつかの「信頼」指標を考慮するようになり、社会集団における信頼の水準を定期的に測定するようになった。

権威が疑われ、政治的支持の基盤が揺らいでいくポスト近代的な状況にあって、政府は、それに見合った新しい統治のしかたを採り始めている。倫理的問題に訴えかけることで、「よき政府」であることを演じてみせようとする。政府はいまや、出生率や収入分布や就業状況などよりも、市民性、社会の信頼水準、共同体への帰属感の強さ、自助努力の程度に関心を向ける(Rose 1999: 390)。情緒や価値観や信条は、自律的な個人の自己統治と、倫理的な政府の要求するところとを結びつける、新たな「メディア」となった。こうした動向は、人口と領土を重視する生政治(biopolitics)(Foucault 1997)から、社会関係資本や健康、福祉のような問題を重視する倫理的な政治への移行の一部をなすものと言えよう。これらのものは目に見える形をとりにくく、そのため測定するのが難しいにもかかわらず、よき政府を示す強力な指標となりつつある。友情が脚光を浴びているのには、こうした理由がある。友人関係は、社会関係資本の生産性に寄与する潜在要因としてあつかわれ、統治の一環として調査の対象となっている。ローズが「倫理政治 ethopolitics」という造語によって明示しようとしたのは、政策立案者たちが公的な議論の場で、倫理的な訴求力をもつ主張を喧伝するために、社会関係資本の話をいかに活用しているかということだ(Walters 2002)。

「信頼」もまた、第5章で見たように、パトナム(Putnam 1993a, 2000)の論じる意味での「社会関係資本」のひとつとされ、共同体内の活動や助けあいの生産性を測るための調査対象となっている。調査データの分析結果によれば、社会的・政治的信頼が低下しており、政府等への不信感も強まっている。政府関係者の注目するところによれば、イギリスやアメリカをはじめとする欧米諸国では、戦後、二種類の信頼が低落傾向にあることが確認されている。ひとつは、同胞市民一般への信頼にあたる「社会的信頼」であり、もうひとつは、選挙の投票率などで測られる「政治的信頼」である。たとえば、世界価値観調査[*1]や、一九八〇年代末に行われたイギリス社会意識調査[*2]では、一九五〇年代以降、欧米五ヵ国で社会的信頼の低下が見られる。これは、一九五〇年代から八〇年代にかけての政治的信頼の凋落と軌を一にしており[*3]、イギリス政府を信頼する者の比率は、二〇〇〇年調査でもさらに落ちこんでいる[*4]。地方選挙・国政選挙・欧州議会議員選挙の投票率も、同様の下降線をたどっており、第5章ですでにふれたように、とりわけ近年はその傾向が強まっている。

一九五〇年代から八〇年代後半にかけて、総じて社会的・政治的信頼の低下が見られたのは、都市化と伝統的な集団主義の弱まりによるものとされる(Hall 1999; Putnam 1993a, 2000)。ホール(Hall 1999)によれば、一九八〇年代以降の保守政権は、より「個人主義的」な起業家精神を奨励することで、人びとが競争心を強め、信頼を弱めるのを助長してきたという。この間に進んだ離婚率や失業率の上昇、都市圏への人口移動も、人びとの信頼を低下させる傾向をもっていた。ホールはまた、利己的な価値観をもつ者は、概して信頼の水準が統計学的に有意に低いことを指摘している(Hall 1999: 447)。一九八〇年代のより個人主義的な社会で育った者は、より利己的な価値観をもつ傾向が認められ、道徳規範を相対化してとらえがちなことも示唆された。こうしたことに加えて、情報技術を介したコミュニケーションの出現も、政治不信を強めるひとつの要因でありうるだろう。人びとや運動団体は、地域や世界のできごとに関する正確な情報をすばやく入手できるようになり、また、すばやくコミュニケーションをとって政治行動を組織していくこともできるようになった。それとともに、政府や多国籍企業による人権侵害、世界的規模の環境破壊、等々の問題に対する意識が先鋭化しているように思われるのである。

世界各国の指導者層に対する信頼の欠如については、むしろ肯定的に解釈することもできるだろう。今日の人びとの求める道徳基準が高まったため、その基準とのギャップが不信となって表れたと考える余地もあるからだ。これに関しては、世界経済フォーラムを構成する一五ヵ国で行われた世界世論調査からも裏づけられる。[*5] そこから明らかになったのは、組織に対する信頼はどの国でも低下しておらず、低下しているのはその指導者層に対する信頼であること、また、指導者層は自らが率いる組織よりも低い信頼しか得ていないことだ。この調査では、各組織の指導者が、「あなたや家族の利害に大きく関わる問題に、翌年うまく対処してくれそうか」という点で、どのくらい信頼を寄せているかを設問している。八分野の指導者層の中では、非政府組織(NGO)の指導者だけが、すべての調査対象国で市民の十分な信頼を得ていた。[*6] 次に信頼されていたのは、国連と宗教的な指導者であり、四〇%以上が大きく信頼できると答えている。もっとも信頼されていなかったのは、アメリカ合衆国の指導者（二七%）だった。例外的にアメリカの指導者を信頼していた国はアメリカだけであり、七五%の人が問題にうまく対応してくれるだろうと信頼を寄せていた。

一五ヵ国の調査対象者のうち、一〇人に四人は、二〇〇一年九月一一日のテロ攻撃によって、政府指導者層への信頼が低下したと答えているのに対して、信頼が増したという者は一割強にとどまる。信頼の高さにもっとも影響を与えていた指導者の属性は「正直さ」であり、次に「ヴィジョン」、そして「経験」と「知性」とつづき、もっとも重視されていなかったのは「思いやり」だった。多くの人が不信感をもつ指導者の特徴は、有言不実行（四割）、利己的（三割）、そして秘密主義と傲慢さ（各一割）であった。興味深いことに、五つの調査項目のうち、性格的な欠点はもっとも重視されていなかった。調査から明らかになった信頼の危機的状況に対して、ダグ・ミラーは「問題の解決にあたっては、NGO、国連、宗教団体（および、人びとから高い信頼を得ているその他の組織）のリーダーの協力を考慮に含めることが必要だろう」と述べている。[*7]

社会における信頼の低下は、このように、利己主義の強まりというよりむしろ、ポスト近代に特徴的な道徳性の増大によるものと考えることもできるだろう。バウマン（Bauman 1993）は、ポスト近代とは道徳の強化をともなうものであり、合理性や有用性に執着していたのはもはや過去のことになりつつあると主張している。それによって、道徳は、より強く人びとの関心を惹くようになり、また、おたがいの安全や個々人の福祉につながるものと位置づけられていく。グローバルな規模で、人びとの政治的な抗議活動が高まりを見せ、モラルの高さや公約の遵守が疑われる指導者層への不寛容が強まっている。たとえば、イギリスでは一九八〇年代半ばから現在にかけて、政治運動が盛り上がりを見せたが、それはまさに投票率が低下していった時期でもあった。この数十年のあいだに、請願書への署名活動や国会議員へのロビー活動、抗議運動も、その数を着実に増やしてきた。

一九九〇年代に始まる新しいスタイルの政治的抗議活動は、反グローバリゼーションの旗印を掲げながら、そのもとに世界中のさまざまな運動団体を結集させ始めている。たとえば、反資本主義のデモや、マクドナルド・シェル石油・エッソ石油などを批判する環境運動、世界貿易機関・国際通貨基金・経済協力開発機構のようなグローバル資本の代弁者に対する抗議活動、さらには、温暖化によって地球に損害を与えたとして各国政府や大企業を糾弾するものもある。ローカルあるいはグローバルな規模で展開されるさまざまな抵抗運動には、たとえば、第三世界における児童労働問題、熱帯雨林の破壊、遺伝子組み換え作物、動物虐待、地球温暖化、多国籍企業やグローバルブランドによる地域文化の消滅、第三世界の債務、各国の防衛支出の問題などがある。

反資本主義デモも勢いを増し、大規模な世界会議やサミットが行われるたびにその開催地で実施されるようになった。一九九九年一一月三〇日には、八七ヵ国のおよそ一二〇〇のＮＧＯ団体から何万もの人びとがシアトルに結集し、世界貿易機関の全面的な改革を訴えた。二〇〇〇年のメーデーでは数千人の参加者がホワイトホール〔ロンドンの官庁街〕をデモ行進し、二〇〇一年四月二四日にカナダのケベックで南北アメリカ諸国の首脳会議が開かれた際にも、活動家たちが抗議行動をくり広げた。こうした活動は、警察が催涙弾やゴム弾、放水車を用いて対応するほど、激しいものだった。メーデーが世界的な抗議活動の日として定着しているにもかかわらず、こうしたデモが多くの国でしばしば政府関係者の意表を突くものであるのは、活動がもっぱらネットを通じて水面下で組織され、主要なメディアにも察知されないためである。これまでのなかでもっとも大きな規模の平和行進のひとつは、二〇〇三年のイラクへの空爆と侵攻に際して行われたものだ。「戦争連合をくい止めろStop the War Coalition」という呼び名で知られるグローバルな平和運動は、五大陸六〇ヵ国の四〇〇都市にまたがる一連のデモを組織し、昼夜にわたる平和集会や行進などの大規模な直接行動を展開した。ここで重要な点は、政党や宗教団体のような人びとの共通利害に関わる組織体が衰退するにつれて、環境運動や各種の抗議活動のような異議を唱える者たちの共同体が隆盛してきたことだ。伝統的な政治参加から、アイデンティティ・ポリティクスをそのうちに含む新しい政治参加への移行は、投票行動から政治的意思をより直接的に表明する行動への移行でもある。

こうした政治的抗議活動は、人びとが新たな共同性を重視し始め、そのもとに集うようになりつつあることを示している。コミュニタリアンは、個人主義が、市民の集合的自尊心や自発的互助性、社会関係資本を侵食することによって、共同体を脅かしているととらえるが、こうした見方は、社会運動研究の観点からは疑問が付される。たとえば、ポール・リクターマン(Lichterman 1996)によれば、一九六〇年代から七〇年代の対抗文化運動にひとつのルーツをもつ表出的個人主義は、公的責任や集合的コミットメントの感覚と結びついたものである。ラディカルな民主的政治運動は、個人をエンパワーし、共同活動を通じた団結の機会を与えることで、個人により強いアイデンティティ感覚をもたらす。アルベルト・メルッチ(Melucci 1996)は、労働組合のような古い社会運動の衰退と、アイデンティティ・ポリティクスのような集合的アイデンティティに特徴づけられた新しい運動の隆盛を強調する。メルッチによれば、人びとは集合的な表出行動を通じて、自らのアイデンティティを確認するとともに、おたがいに関係しあうことになる。そこでは社会的行動を通じて新しい社会的つながりが創造されているのであり、その点で、信頼の低下とともに社会的な紐帯と道徳性の崩壊が進んでいるとするコミュニタリアンの主張は、疑わしく思えるのである。

社会統制としての信頼

実際の動向からも強く示唆される後期近代の際だった特徴は、あからさまに倫理に訴えかけ、また、倫理的な政治目標を打ちだすような言説と政策の爆発的な増大である(Walters 2002: 391)。そうした倫理的な政治概念や動きのなかでも、とりわけ重要度の高いものとしては、コミュニタリアニズム、社会的一体性、ステークホルダー経済〔訳注：消費者・雇用者等々の、株主以外の利害関係者を重視する志向性をもった経済・経営〕、「第三の道」などが挙げられるだろう。社会関係資本論もそのひとつであり、近代経済学の計量分析の力を借りながら、共同体をめぐる問題と信頼の問題とを結びつけている。「共同体」「市民性」「市民社会」といったことばで訴えかけるとともに、学術的厳密性の装いを備えてもいる。ウォルターズによれば、倫理政治《エソポリティクス》が計測対象とするものは、「あたかも自然に存する性質であるかのようにみえる」という。その一例として、彼はパトナムらの著作から、「信頼自体、個人的属性であるのと同様に、社会システムの創発特性でもある」(Putnam, Leonardi and Nanetti 1993b: 177／邦訳二二〇頁)という箇所を引用している。

社会関係資本は、社会的プロセスの新しいとらえ方を示しているが、また、行政的プロジェクトによる搾取につながるおそれもある。パトナムの分析は「資本」のメタファを用いながら、協働とネットワークの構築の過程を資本の蓄積として定義する。こうした言説は、私たちに、社会は自治的なものであり、独自のダイナミクスをもっていると信じこませようとする(Walters 2002: 391)。国家的経済施策のもとで、社会的なものと経済的なものとの関係を再編しようとする社会関係資本の言説を通じて、私たちはコミュニティに「投資」するようにうながされる。市民性、結社、協働、その他のさまざまな社会的な価値と実践は、それ本来の意義によってではなく、そうした社会関係資本が「物質的・人的資本への投資」(Putnam 1993a)から得られる利潤をより増大させることをもって、評価されるようになる。社会関係資本が、今日の社会的使命としてもっとも重視するのは、富の再分配でも社会的ニーズの充足でも社会的正義の達成でもなく、経済効果である。ウォルターズの主張するように、それによって私たちは、協働や信頼、共同体を、社会の効率性と競争力を増進させるメカニズムとみなすようにしむけられる。経済的合理性を浸みこまされた共同体においては、公的ないし社会的「投資」が、それまでの公的「支出」に取って代わり、犯罪や政治的排除のない共同体を約束するのである。

ここで重要なのは、社会関係資本に関する言説がある種の統制的な作用をもつことだ。社会関係資本は、あたかも人びとの内に生まれつき自然に備わっているかのように見える規範によって、人びとを分断し、等級づける。それは、社会的な排除と結束、社会性と反社会性、正気と狂気などの二元的区別と結びつきながら、さらに市民的なものと市民的でないものの区別を加える(Walters 2002: 392)。社会関係資本に関する議論は、信頼と市民性に関する中流階級の規範で塗りこめられている。それゆえ、マイノリティの集まるスラム街やその他の社会的に剝奪された地域の住人たちに、こうした市民的態度が欠けていることが、貧困の原因とみなされることもある。社会関係資本は、善良なる近隣関係のイメージで語られる。そうしたイメージのもとで、共感性にもとづく政治を想像させるような権力作用がはたらき、政府にとっては、めんどうな経済的搾取の問題を避けつつも、社会的不公正に取り組んでいるように見せかけることが可能になる(Walters 2002: 392–4)。こうした動向は、今日の欧米圏における社会問題の私事化と市民の消費者化の一端といえるだろう。社会の断片化の背景をなす不平等と不正義は、中立的な見かけをもった市場の力によって正当化される。そこではもはや、友情、信頼、社会性は、自己陶酔的な個人主義と「倫理的な政府」のなかに、完全に囲いこまれてしまうように思えるのである。

友情、歓待、社会的正義

友情は自己の再帰的プロジェクトの重要な一側面に取りこまれてきたが、それに対してデリダは、友情を別の方向へと導こうとする。デリダは、友情を、今日の混乱した個人の不安定なアイデンティティの拠りどころとはみなさない。むしろそうした考え方を乗り越えて、より大きな世界平和と相互理解へとつながっていく可能性をもつような、ひとつの理念的なメタファとして位置づける。私的領域と公的領域を、個人的なことと政治的なことを横断する友情の特性は、民主主義と市民性《シティズンシップ》の理解を深めてくれる面をもつ。それは「社会関係資本」の名のもとに囲われた「信頼」の表層的なあつかいを超えるものであり、また、倫理的問題の私事化を超えていくものでもある。プラトンとアリストテレスにならって、デリダは、政治的経験を組織立ててとらえる概念として、友情に特権的な地位を与える。『友愛のポリティクス』(Derrida 1997a)は、民主主義論を掘り下げる一環として道徳性の問題に取り組むなかで、友情を正義の実践のメタファとして描きだす。そこでは、権威と服従という階層的な関係よりも、兄弟愛《フラタニティ》や友情という水平的な関係に、多くの議論があてられている。

デリダにとって、友情とは、犠牲を必然的にともなう関係であり、他者を脅して個人的欲求を満たす手段にしてはならないという理念である。友情は功利主義的であってはならず、自由を喚起するものでなければならない。気高き友情は、友に対してのみならず、敵に対しても寛大であることを求める。政治《ポリティクス》に結びつけられる際には、友情とは誠実さであり、他者の尊重をとおして育まれる徳である。このような見方は、バウマン(Bauman1993)のいう「ポスト近代的な感受性」――それは寛容や連帯、そして他者への責任を涵養する肯定的な一面をもつ――とも関連するものだろう。デリダは、公と私の区別を、個人的な(それゆえ前政治的な)ことと政治的なことの区別を、掘り崩していく。そして、平等と兄弟愛と倫理的・政治的責任にもとづいた、分離のポリティクス(politics of separation)としての友情の可能性を追究する。

デリダはまた、歓待《ホスピタリティ》の倫理と、レヴィナス(Lévinas 1969)における歓待のポリティクスとの関連についても検討している。彼は、古典的な意味での歓待の倫理は、はたして政治的・法的領域に取りこみうるのかと問いかけるのだが、しかし、どうすれば取りこめるのか、確たる答えは存在しないことも認める。エリザベス・グロス(Grosz 1997)が指摘するように、ここでのデリダの意図は、政治的解答を提示することにはなく、むしろ読者を当惑させることにある。デリダによれば、倫理と政治の関係は、他者をまず重んじるような非伝統的な友情の概念と「来たるべき民主主義」の関連にかかわってくるものだという。デリダは、兄弟愛を、家族的なものや民族中心主義的なものにしてしまうことのない「来たるべき民主主義」の構想は可能かと問う。「来たるべき民主主義」とは、単に現在の延長上に未来を構想するのではなく、まだ見ぬ何かを未来に約束するという矛盾をはらんだ、複雑な性格をおびているのである。

民主主義は平等を意味するが、平等への要求は、単独性(singularity)への要求と、すなわち「単独者としての他者の尊重」(Derrida 1997b: 4)と、どこかで折りあいをつけなければならない。何かの一員となる経験は、つねにある種の満たされなさをともなう。デリダはまた、新しい形の国際主義を擁護し、そこに近代的な国民国家の利害と領土への束縛を超えるような新たな解放の可能性の表れを見いだす(Derrida 1997b: 202)。サイモン・クリッチリーによれば、デリダの考える民主主義とは、社会における固定的な政治形態のことを指すのではなく、ひとつのプロセスを意味している(Critchley 1998: 275)。すなわち、脱領土的な民主化のプロセスである。[*8] こうしたプロセスの例としては、グリーンピースやアムネスティ・インターナショナル、国境なき医師団などが挙げられよう。これらの組織は、国民国家の領土的境界を越えて活動し、(人間や動物、植物の)解放を諸国家に要求しつづけることで、既存の民主主義を改善していく継続的なプロセスとみなしうる(Critchley 1998: 276)。

このように、デリダの脱構築的アプローチをとることによって、私たちは、私的生活における道徳性の回復を求めるポスト近代的な欲望のもたらす困難に対処し、新たな倫理的ポリティクスを探求するためのメタファとして、友情を用いることができるだろう。デリダは、民主主義と友情の倫理という概念について検討を加えるなかで、無条件の歓待というテーマを提起している。移民にあふれる現代ヨーロッパでは、「いったいどの程度、われわれは他者を迎えいれる《ウェルカム》べきなのか」が問題になる。デリダは、あるインタビューのなかで次のように答えている(Derrida1997b: 7)。

> 私は迎えいれなければなりません。この「しなければならない」とは、何の条件もなしにという定言命法の意味においてです。それがだれであれ、私は他者を、滞在許可証も、名前も、理由も、パスポートも求めることなく、無条件で迎えいれなければなりません。それが私と他者との関係への最初の入り口であり、私の場所、私の故郷、私の家、私の言語、私の文化、私の国民、私の国家、そして私自身への入り口なのです。しかし、もちろんそれは恐怖をともないます。恐ろしいことなのです。

私たちはそれゆえ、移民法をはじめとして、法、権利、慣習、国境にいたるまで、この無条件性を組織化していかなければならない、とデリダは主張する。歓待は、市民権の新たなあり方に関わるものであり、このような形の帰属のもつ意味について私たちは再考を迫られることになる。カントにおけるコスモポリタニズム〔世界市民主義〕の概念は、よそ者を受けいれることなどの歓待の条件を含むものであった。こうしたコスモポリタニズムの伝統は、古代ギリシャにおける「世界の市民 citizen of the world」という考え方にまでさかのぼることができる。しかしデリダによれば、コスモポリタニズムの概念は、国家や国家機関、市民権などの政治的なものにしか関わらない点で、限界をもっている。デリダは、資本主義を解体する必要性を検討するなかで、歓待の問題への応答として次のように述べている(Derrida1997b: 12)。

他者は、すでに私たちの内にあり、何らかの仕方でかくまわれなければならず、迎えいれられなければなりません。私たちはまた、折りあいをつけなければなりません。それは複雑な無意識の作用によることになるでしょうが、私たちの内にある歓待と折りあいをつけなければなりません。私たちの内にある、このもの(this one)、このイメージは、この他なるもの(this other one)を排除しかねない、拒絶反応を起こしかねないものです。何らかの仕方で彼または彼女の内にある歓待と折りあいをつけようとしない者は、そもそも他者を歓待することはできません。そのことを私たちは知っています。それは過去のギリシャの賢人たちが教えてくれたことでもあります。あなたがあなた自身の内で問題を解決しなければならないこと、そこにすでに社会があり、異質な単独性の複数性があり、他者に対して真にほほ笑みかけるということでもあるのです。あなたがあなた自身と戦争状態にあるとすれば、あなたは他者に対して拒絶反応を示してしまうかもしれません。それが問題を複雑にしているのです。

デリダのアプローチは、個人的なものと社会的なものの分離を問いかえす概念装置としての可能性を、友情に見いだすものだ。それは、自己と他者の差異の相互理解を通じて、社会的なものを回復するための手がかりを与えてくれるだろう。そこでは、自己や主観性を中心とした考え方は否定され、個人主義か集団主義かの二者択一を迫るような社会性のとらえ方も拒否される。私たちが手にした友情の観念とは、そうした二元論を掲げるコミュニタリアンの政治理論を乗り越えようとするものであり、社会性を差異の表出として、また、よそ者を迎えいれ、手を携える必要性を示すものとして、とらえ直すのである(Corlett 1989)。

しかしながら、男性同士の友情を想定する伝統的な考え方は、正義の探究への扉を開くものではあるが、一方で、女性性を抑圧し、性的な対象と位置づけ、それによって男性同士のホモソーシャルなつながりを特権化する可能性を作りだすものでもある。そのメカニズムについて、デリダは何も明らかにしてはいない。マルラーナ・ヴァルヴェルデ(Valverde 1999)の批判によれば、デリダは、女性的あるいはフェミニズム的な友情の概念と実践を周辺化するような一連のテクストを取りあげることによって、ホモソーシャルな友情の実践と男性的な倫理を称揚してしまっているという。エリザベス・グロス(Grosz 1989)やイヴ・セジウィック(Sedgwick 1985)らは、女性性の周縁化によって、男性的な関係が特権化された公共圏が形づくられていると主張する。こうした特権化は、第一に、女性を親族関係における交換の対象として扱うことや、性的契約を通じて社会的義務を負わせること(Pateman 1988)、女性の身体現象〔月経など〕を病理学的にとらえるような専門知のあり方につながる。そして第二に、女性を欲望の対象として扱うことを意味するものでもある(Valverde 1999: 309)。女性性が中心となる状況が生じるのは、友情が私的な関係性に向けられた場合に限られる。女性は養育者同士であるときにもっとも友情を発揮する集団とみなされているのである。

ポスト近代のフェミニズムとケアの倫理

デリダは友情を歓待と結びつけることで、私的にみえる責任とケアを政治的な問題へと読みかえる可能性を示した。だが、こうした哲学的なレベルでの議論から、具体策を導出することはできない。また、正義と権利が係争点となる公共圏を特権化することによって、ケアの意味と実践を形づくるジェンダー化された権力の力学は、不問に付されてしまう。それゆえ、乳幼児や子どもの場合であれ、高齢者や病気・障碍をもった親族の場合であれ、日常的なケアの問題をめぐって市民と政府とのあいだで日々くり広げられている権力闘争が、より広い政治的でグローバルな文脈と結びつけられて検討されることもない。この節で、私はケアの倫理について検討していく。ポスト近代における流動的で選択的な関係性は、社会と個人に諸々の問題を投げかけるものだった。それらの問題を理解するうえで、ケアの倫理は重要な含意をもっている。

伝統的な形の家族中心型のケアの存在と、より友人関係に近い上下のない形をとる新しい実験的なライフスタイルの隆盛という事態は、信頼、コミットメント、ケアにもとづく新たな道徳的枠組の必要性を浮き彫りにしている。[*9] ひとり親がその数を増し、結婚のパターンが変わり、家族成員の流動性はますます高まりつつある。それによって生じる新しい関係性においては、だれかが病気や障碍を抱えることになっても、必ずしも自分たちでケアを担ってくれるとは限らない。政府の悩みの種はこうした点にある。[*10] 新たな社会的紐帯が、ケアに関する深刻な危機を引きおこしてきたのである。これに対して、政府はまず、ケアがそもそもジェンダー化されてきたことに立ち向かう必要があるだろう。イギリスでは、一九九九年に保健省によって初の「ケアの担い手に関する国家戦略」が導入された。その報告書は、高齢者や障碍者のケアの担い手によって、イギリス社会が五七〇億ポンドを節約していることを明らかにし、「ケアはイギリスにとって不可欠な構成要素である」(Department of Health 1999: 5)という認識を示している。この資料ではまた、八人に一人が成人のケアを担っており、男性よりも女性がケアの担い手になりやすいことも報告されている。[*11]

労働市場が変化し、子育てしながら働く女性が増加したことによって、イギリスをはじめとする欧米諸国では、保育や子守りに対する需要がここ一〇年間に急速に増加している。[*12] 女性の就業率が大きく上昇し、男性の就業率が落ちているにもかかわらず、男性に比べて女性は家事により長い時間を割いている。[*13] 生活時間調査によれば、あらゆる世帯類型にわたって、女性は、フルタイムで働いていても、男性より多くの時間を子育てに費やす傾向にある。育児責任が分担されている場合でも、家事・育児の主たる責任を引き受けやすいのは女性である。[*14] のみならず、一九七〇年代初頭から世帯主がひとり親である世帯の数も二倍に増えており、その九〇%は女性のひとり親世帯だ。[*15]

しかしながら、女性が必ずしも男性に比べて道徳的によりよいケアの素質をもっているというわけではない。むしろ支配の構造こそが、だれがどのようにケアを担うかを規定している。ケアは、伝統的には親密な関係性にもとづく私的実践とされ、私的領域において引き受けられつつも、親族関係から生じる義務とも異なる受けとられ方をしてきた。しかしまた、公的な労働市場においては、まともに対価の支払われない仕事と位置づけられてもいる。実際、ケア職や清掃業は社会の中でもっとも賃金の低い仕事である。そのことは、ケアや養育をそもそも女性に向いたものと性格づけ、その地位を貶める本質化の論理によって正当化されてきた。二〇世紀の近代的な女性運動は、ケア労働の重く逃れがたい責任から女性を解放することを目指していた。しかし、現代のフェミニストは、ケアを自立や自己実現とも両立可能な、人間の生のきわめて重要な一側面であると認識するようになっている。

フェミニズムにおけるケアの倫理を論じるなかで、キャロル・ギリガン(Gilligan 1982, 1987)は、二つの道徳的な志向性の違いを検討している。ひとつは正義と権利への志向であり、もうひとつはケアと個人的関係性への志向である。ギリガンは、道徳的発達に関する女性へのインタビュー調査の結果から、この「ケアか／正義か」という違いを抽出し、女性は男性とは異なる形で倫理を概念化していることを指摘する(Gilligan 1982)。男性が道徳的問題を複数の抽象的な権利や規則の葛藤という観点から取りあげる傾向にあったのに対して、女性は特定の状況における複数の責任の葛藤としてとらえる傾向にあった。そこに見られるように、ケアの倫理とは、あれかこれかの二者択一を迫る道徳的ディレンマに対処するための〔抽象的な〕原理や規則を導出・適用する方法というよりむしろ、〔道徳的問題と向き合う際の〕一連の実践と熟慮の総体なのである。しかし、ギリガンの研究は、女性性を本質化し、伝統的な社会役割を再強化したとして、厳しい批判にさらされることにもなった。ギリガンの研究は、白人中流階級の異性愛女性に対して行われたインタビュー調査にもとづいていたため、性的指向や人種、階級、宗教、民族、年齢、障碍の有無など、女性間に存する差異を見落としていた。その後の調査研究では、道徳的推論のパターンは男女間でそれほど明確には分かれないこと、男女の道徳的アプローチにはかなり重複や類似性がみられることが明らかになっている(Sevenhuijsen 1998)。
第一世界と第三世界の女性の関係に着目した研究もまた、女性性を本質化しないことがいかに重要であるかを示している。富める国の女性は、職業キャリアを継続するため、子どものケアを高齢の両親に頼んだり、開発途上国出身の女性を雇ったりすることができる。一方、タイやドミニカ共和国などの地域では、何百万もの貧しい女性が子どもや家族のもとを離れることを強いられ、より豊かなアメリカや西欧諸国に渡って、子守りやメイド、セックスワーカーとして働いている。こうした伝統的な「妻」役割を想起させる仕事が、貧しい国から富める国へとグローバルに移動していくことからもわかるように、家父長制とグローバルな資本主義が交錯しながら、女性とその家族に圧力を与え、「ケアの不足」(の第三世界への偏り)を生んでいるのである(たとえば、Ehrenreich and Hochschild 2003 を参照)。近年は父親のケア役割が強調されるようになり、イギリスなどの国々では男性雇用者の育児休暇の保障を政府にうながしているが、それはまた、子どもの親権と離婚後の養育をめぐる公的議論の中心を占めるようにもなっている(Lupton and Barclay 1997; Smart and Neale 1999)。

こうした状況に対して、セルマ・スヴェンハウゼン(Sevenhuijsen 1998: 52)は、ポスト近代的なフェミニズムによるケアの倫理の必要性を主張する。私たちが対峙すべき問題は、道徳的な行為者性《エージェンシー》とアイデンティティの基準に、民族中心主義と西洋における自律的個人の理想視が組みこまれていることにある。この基準は、人びとが(男性であれ女性であれ、黒人であれ白人であれ)他者への責任をもつことから生じる道徳的配慮の価値を貶めてしまう。道徳的主体としてアトム化された個人は、自立的・自足的に行為することを期待される。「このようにして、脆弱性と依存性は、理想自己のもとから容易に引き離され、他者の——弱者や「困窮」した人びとの——もとへと位置づけられ、投影されることになる」(Sevenhuijsen 1998: 52)のである。フェミニズムにおけるケアの倫理は、こうした人間の脆弱さ、曖昧さ、依存性を、道徳的主体の外部から内部へと位置づけなおすものだ。スヴェンハウゼンは、「自己」と「他者」のケアの倫理をめぐる多文化主義的なとらえ方を擁護し、フェミニズムによるケアの倫理をポスト近代の道徳・政治哲学の枠組として位置づけるとともに、それを精神分析における道徳的主体性の概念と結びつけている。フェミニズムによるケアの倫理は、人間の本性を関係論的にとらえ、自己と他者の根本的な分離を前提としない。道徳的主体性・ケア・責任は、相互的な性格のものとみなされ、「他者」のみならず、道徳的な諸主体それ自身にも向けられることになる。

スヴェンハウゼンによれば、合理主義の伝統から生まれた完全で確固たる自己という理念が力を失い、ポスト近代的な自己が立ち現れてくることによって、他者への責任を引き受けるだけの脆弱さと備えをもった、多元的で曖昧な自己を承認することができるようになったという。利他主義と利己主義はもはや対立概念ではない。それゆえ、「他者」は自己から分離されるのでもなければ、「女性」や「異文化」に投影されるのでもなく、自己の内部で経験されることになる。ケアの倫理は、コミュニケーション・解釈・対話をとおして状況に即した知を獲得することによって、いかに責任を承認できるかにかかっている。自立と自律を追い求めることに代えて、フェミニズムによるケアの倫理は、つながりと依存を、人間の生と道徳的主体性にとって本来的なものとして重視する。デリダと同様に、道徳的主体を探求するなかで、スヴェンハウゼンは「ケアする連帯」(Sevenhuijsen 1998: 67)という概念を提起し、ケアの倫理が公共道徳においてより重要な位置を占めるべきであることを主張する。そうすることで初めて、ケアの倫理は、私的な慈善などではなく、共同的な行為と集合的な討議を通じた、政治的倫理の一形態として理解されるものとなる。市民権をリベラリズムの権利モデルの観点から概念化することをやめ、〔各自の置かれている〕状況に応じた権利としてとらえ直す必要があること。ニーズをくみ取り、ケアする連帯の政治が必要とされていること。スヴェンハウゼンは、そう主張するのである。

他者への責任

ここまでみてきたように、ポスト近代的な状況によって提起されたもっとも重要な問題とは、新しい社会的紐帯が、はたして自己中心性と他者への無関心を正当化してしまうものなのか、それとも他者を承認し歓待の手を差し伸べる可能性をもつものなのか、ということである。バウマン(Bauman 1995: 2)の示唆するように、ポスト近代の状況下では、どう他者との関係を取りもてばよいのかの指針が与えられないために、他者への責任は不確かさに満ちたものとなる。近代というプロジェクトを特徴づける合意や確固たる理性の崩壊によって、ポスト近代が定義されるものである以上、そこから満足のいく解決が引きだされることはない。ポスト近代の社会理論は、新たな社会的紐帯のもつ選択性と自由に着目することによって、表面的には主体の自律性という理念を取りもどしたように見えるが、しかし同時に、道徳やコミットメント、責任、信頼、ケアに関する不安が深刻化していることも明らかにしてきた。私たちはいかにして、個人の自立性と親密性を、公的領域にある政治や市民権と結びつけ、個々の社会的・個人的な関係性を超えた社会的平等を求めていくことができるのか？　これが、私たちが現在直面している課題である。友情が人びとに訴えかける力が高まり、平等と相互尊重にもとづく新たな関係性が希求されていることは、新しい形の帰属をともなうよりよい未来が切望されていることを意味している。それはまた、ケアと責任を担う新たな連帯を築き、社会的主体としての自己を回復するための、新たな倫理の構想が差し迫って必要とされていることを意味してもいる。

原　注

序　章

＊1　たとえば、Heath and Cleaver(2003), Chandler et al.(2004)を参照。一九七一年から二〇〇一年までのイギリス国勢調査の経年データによれば、単身者世帯は三一%増加しており、退職者以外でひとり暮らしが増えているという他の調査結果を裏づけている(Office for National Statistics 2003)。このようなひとり暮らしの増加傾向は、ヨーロッパ全般にわたる特徴である(Kaufmann 1994)。

＊2　単身者世帯は一九七三年の九%から二〇〇一年には一六%に増加した。

＊3　この「想像の共同体」という概念は、ベネディクト・アンダーソン(Anderson 1991)によって提唱され、探究された。

第1章

＊1　啓蒙主義は、合理性、自由、博愛、科学性を特徴とする一八世紀の思想潮流であり、一七世紀の科学革命の流れをくむものである。その表れは、ディドロ、ヴォルテール、モンテスキュー、J・J・ルソー、ヒューム、カントらの著作に見いだせる。

＊2　たとえば、Chambers(2001), Lupton and Barclay(1997)を参照。

＊3　『アメリカのデモクラシー』の原著第一巻は一八三五年に、第二巻は一八四〇年に刊行された。

＊4　Mills(1959)を参照。

＊5　Gans(1962), Liebow(1967), W.F. Whyte(1943)を参照。

＊6　Gans(1962), W.H. Whyte(1956)を参照。

第2章

＊1 'Speed Dating: Tow Post Reporters Went along to the first speed dating event in Nottingham', *Nottingham Evening Post* 二〇〇二年二月一四日号、一二–一三頁。

＊2 同上記事より。

＊3 'Richard and Judy' チャンネル4、二〇〇四年三月一一日放送分。

＊4 'Women's Hour' BBCラジオ4、二〇〇四年三月一二日放送分。

第3章

＊1 Hammond and Jablow(1987), Nardi(1992)を参照。

＊2 イギリスでかつて選挙制度改正法に「Reform Bill」という名称が与えられたのは、庶民院〔下院〕の選挙制度の公正化を表現するためだった。アール・グレイを首相とするホイッグ党内閣のときに成立した一八三二年の選挙制度改正法は、中流階級の男性に選挙権を拡大することによって、より大きな人口をもつ共同体の利益にかなう形で議席を再配分するものだった。

＊3 アンドリュー・ボナー・ローは、一九一六年にロイド・ジョージのもとで大蔵大臣となったイギリスの保守党の政治家である。彼は一九二二年、戦時下で成立した連立政権を倒して首相になったが、体調不良のためすぐに辞任した。

＊4 その例は『悪くふるまう男たち Men Behaving Badly』(BBC)のようなテレビ番組や『ナッツ』のような男性誌のなかに見られる。

＊5 私たちは、四つの学校で合計一〇〇人弱の生徒に対して一六のグループ・インタビューを行った。対象となった学校は、ノッティンガムにある都心の私立男子校一校、共学公立校二校、ケントにある私立

女子校二校である。

＊6　Will Stott, 'Too Drunk to Feck', *Loaded*, December 2000, 61–6 より。

第4章

＊1　「社会関係資本」という用語については、第6章で批判的に検討する。

＊2　たとえば、イギリスの「総合的世帯調査（二〇〇〇／〇一年）」を参照（National Statistics 2001）。

＊3　*Working Parents' Health Report*, BUPA 2002. https://www.bupa.co.uk/intercom/pdfs/news/54715%20-%20Working%20parents.pdf で入手可能（二〇〇五年一二月一七日アクセス）。

＊4　「総合的世帯調査（二〇〇〇／〇一年）」より。

＊5　この研究は、内閣府・雇用年金局・国防省・内務省・保健省の五つのイギリス政府機関と、就職関連のコンサルティング会社ノーマン・ブロードベントから資金提供を受けている。

＊6　EOC〔Equal Opportunity Commission 雇用機会均等委員会〕の「賃金に失望するようになる女性たち Women Heading for Pay Disappointment」という報告書による。http://www.eoc.org.uk/cseng/news/timetogeteven.asp で入手可能。二〇〇四年の雇用機会均等委員会の調査によると、イギリスでは女性の圧倒的多数が同じ能力の男性と同じだけの収入を期待しているにもかかわらず、フルタイムで働く男性と女性のあいだの給料の平均の差は月に五五九ポンドになる。

＊7　同上報告書より。

＊8　http://www.eoc.org.uk/cseng/news/5_jan_sexandPower.asp を参照。

＊9　同上ＵＲＬを参照。

＊10　最近のデータは、英国学士院や王立工学協会を含む学術団体に焦点をあてた、二〇〇二年のイギリスの科学技術委員会の報告にもとづく（Tysome 2003）。東部ミッドランド女性研究者ネットワーク（EM-

LAWN: The East Midlands Local Academic Women's Network)のウェブサイト(www.lboro.ac.uk/admin/personnel/athena_web/index.htm)で入手可能。

＊11 同上のEMLAWNサイトを参照。

＊12 'Binge Drinking: Nature, Prevalence and Causes', IAS fact Sheet, Institute of Alcohol Studies, October 2005を参照。http://www.ias.org.uk/factsheets/binge-drinking.pdf(二〇〇五年一二月一八日アクセス)。

＊13 『野生に返った女の子たち Girls Gone Wild』は、胸をちらりと見せた女性を撮影することで有名な、南カリフォルニアのマントラ・フィルムという会社のDVDとビデオのセットである。

＊14 「みだらな文化 raunch culture」は、ニューヨークのジャーナリストで作家のアリエル・レヴィ(Levy 2005)によって広まった用語である。彼女の『女性優越主義のメス豚』という著書は、憤慨した論調で、豊胸手術をする、男性に自分の体をちらりと見せる、ポールダンスをする、気軽にセックスをする、パリス・ヒルトンのような有名人をまねる、といったアメリカの女子大学生の行為を記録している。

＊15 「デブのクズ」と「淫売のターシャ」は、イングランド北部の労働者階級の文化に起源をもち、それを風刺する、男性向けのわいせつなマンガ雑誌『ヴィズ Viz』の登場人物である。

＊16 内閣府の首相直轄対策部局による「イングランドに対するアルコール関連被害削減戦略」(二〇〇四年三月)より。www.strategy.gov.uk/work_areas/alcohol_misuse/index.asp で入手可能(二〇〇五年一二月一八日アクセス)。

＊17 同上書、七頁より。

＊18 Simon Lennon and David Brown, *The People*, 21 March 2004, 28–9 より。

＊19 Christen Pears, 'Why Girls Drink Themselves Stupid', *The Northern Echo*, 12 January 2004, 10 より。

＊20 Tasha Kosviner, 'My night of booze and pub brawls', *The Evening Standard*, 15 March 2004, 9 より。

＊21 Tinknell and Chambers(2002)を参照。

＊22　序章の注1を参照。
＊23　たとえば、'Action urged as under-performing boys eclipsed by girls in GCSEs', *The Guardian*, 26 August 2004 を参照。
＊24　Chambers(2005)を参照。
＊25　Oram(1992)を参照。
＊26　『セックス・アンド・ザ・シティ』(ＨＢＯ制作)は、一九九八年六月から二〇〇四年二月までアメリカとイギリスのテレビ局で放映された。
＊27　『セックス・アンド・ザ・シティ』第一六話。
＊28　K. Akass and J. McCabe 'Introduction: Welcome to the age of un-innocence', in *Reading Sex and the City* (London: I.B. Tauris, 2004), 8–9 より引用。

第5章

＊1　たとえば、イギリス政府の文書『イギリスをともに育む——近隣関係の刷新のための国家的戦略』(Social Exclusion Unit 1998)、ヘンリー・センターと救世軍による報告書『責任格差——今日のイギリスにおける個人主義・共同体・責任』(Henley Centre and Salvation Army 2004)などを参照。
＊2　この点についてイギリスで実証した例としては、内閣府の効率性改革部門のディスカッションペーパー「社会関係資本」(Aldridge et al. 2002)、健康教育機構の報告書『社会関係資本と健康』(Campbell et al. 1999)などがある。また、社会関係資本の国際比較研究としては、ＯＥＣＤの報告書『諸国家の福利厚生——人的資本、社会関係資本、教育、技能開発の役割』(OECD 2001)がある。国勢調査等の政府統計データの分析結果を掲載するイギリスの定期刊行誌『社会動向 Social Trends』の三三号(二〇〇一年)では、社会関係資本とその政策面での含意への関心が高まったことで、より多くの委託調査が行わ

れるようになり、より幅広いデータが利用可能になっていることを報告している。

＊3 http://pages.ebay.com/sell/givingwirks/giving_statistics.html

＊4 『社会動向』三三号、二〇〇三年、一九頁より。

＊5 Hall(1999)の引用している全国民間非営利団体協議会編「民間非営利機関一覧 Voluntary Agencies Directory」を参照。

＊6 『社会動向』三三号、二〇〇三年、図A3(二一頁)より。

＊7 政府統計『イギリスの生活——総合的世帯調査(二〇〇〇/〇一年)』(National Statistics 2001)、表13・5(二二六頁)より。

＊8 同上書、表13・5(二二六頁)より。

＊9 『社会動向』三三号、二〇〇三年、図A3(二一頁)より。

＊10 同上書より。

＊11 同上書より。

＊12 政府統計『イギリスの生活——総合的世帯調査(二〇〇〇/〇一年)』(National Statistics 2001)より。

＊13 一九七一～二〇〇一年のイギリス国勢調査の経年データによれば、退職前の年齢層におけるひとり暮らし人口が増加しており、単身世帯が三一%増加していることが裏づけられている(Office for National Statistics 2001)。このような単身者の増加は、ヨーロッパ全体に見られる傾向である(Kaufmann 1994)。

＊14 Kaufmann(1994)より。

＊15 内務省の『市民性調査：市民、家族、共同体』(Attwood et al. 2001)、『社会動向』三三号(二〇〇三年)、Hall(1999)を参照。

＊16 Attwood et al.(2001)、『社会動向』三三号(二〇〇三年)を参照。

＊17 より詳しい情報は次のURLを参照。http://www.nationmatter.com/graph-T/dem_par_ele_re_vot_

turn/EUR

＊18 『社会動向』三三号(二〇〇三年)、一九–二〇頁より。

＊19 同性同士の関係性は依然として異性愛規範と関連づけてとらえられているのが現状であり、それに対して「非異性愛的」という語は、レズビアン、ゲイ、バイセクシュアル、トランスジェンダー、クィア、その他の性的アイデンティティを包含するものであり、少なくともその意味では中立的に用いうる表現だろう(Weeks, Heaphy and Donovan 2001)。

＊20 『ゲイ・ムスリム』、監督：カーラ・レイヴァン、制作総指揮：リチャード・マッケロー、「チャンネル4」二〇〇六年一月二三日放送。

＊21 メアリー・ブライソン(Bryson 2004: 251)が注釈において述べているように、「QLBTという頭字語は、こうしたアイデンティティを名指す恣意的な記号が、存在や本質の普遍的側面にそのまま結びついていることを素朴に前提しているわけでは決してない」。ブライソンは、こうした記号表現が集団を可視化する言説作用をもつ点できわめて問題含みのものであり、実際、異議が申し立てられていることを強調している。QLBT等の表現は、どのような社会的文脈のもとで用いられるかによって、否定的な従属化効果をもつものにも、肯定的な解放効果をもつものにもなるのである。

＊22 第8章では、この問題についてインターネット上の共同体という観点からさらに深く議論している。

第6章

＊1 Schwartz(1996), Sproull and Kiesler(1991), Tarrow(1998: 228–44)を参照。

＊2 D, Timms, 'Iraq war game comes under fire', *The Guardian*, 15 August 2003. http://www.mediaguardian.co.uk で閲覧可能。

＊3 http://webdb.iue.it/FMPro?-db=RSidnet&-lay=web&-format=RSidnet/search.htm&-view を参照。

＊4　調査は、ロンドン、バーミンガム、リーズ、ブラッドフォード、カーディフ、グラスゴーの貧困地区で実施された。

＊5　ここでのダーハンとシェファー(Dahan and Sheffer 2001)の議論は、異種混交性の弁証法を論じたウェーブナー(Werbner 1997)を参考にしている。

＊6　たとえば http://www.virtualnation.org/ を参照。

＊7　たとえば http://www.nativeweb.org/ を参照。

＊8　ＮＧＯは非政府組織(Non Government Organization)を、ＩＧＯは政府間国際組織(International Government Organization)を指す。

＊9　その例としては http://www.tibet.org/ や http://www.freetibet.org/ などのチベット関連のサイトが挙げられる。

第7章

＊1　初期の研究においては、オンラインで公開された形で行われるメッセージ交換は、だれでもアクセス可能なものであるため、それを用いた研究を公表する際、その旨をメッセージ交換の参与者に伝える必要はないと考えられていた(Sudweeks and Rafaeli 1996)。また、それらの参与者たちの匿名性が確保されていれば、研究倫理基準を十分満たすものとみなされていた。こうした考え方に対しては、たとえばリード(Reid 1996a)のように疑問視するむきもあるが、これまでに行われたほとんどの研究は、参与者から利用許諾を得ることを試みたかどうかすら記載していない(Pleace et al. 2000)。

＊2　Oliver Owen ‘Chat rooms and the exploitation of children by paedophiles: Our Worst Nightmare’, *The Observer*, 18 March 2001, 17.

＊3　France(2002), Gavin(2002), Whitty and Gavin(2001)を参照。

＊4 『テレグラフ・オンライン Telegraph on-line』の二〇〇三年三月一五日付の記事 'Love online "can be stronger"' に引用された、ジェフ・ギャヴィン(Jeff Gavin)の発言より。

＊5 同上記事より。

＊6 Aisha Khan, 'How to Net a Husband', *The Guardian*, 19 May 2003, G2, 8–9.

＊7 同上記事、八頁より。

＊8 同上記事、九頁より。

＊9 同上記事、九頁より。

＊10 Peter Martin, 'We'll mate again', *Sunday Times Magazine*, 27 April 2003, 23–4 より。

＊11 同上記事、二四頁より。

＊12 同上記事、二四頁より。

＊13 同上記事、二五頁より。

＊14 同上記事におけるインタビューより。

＊15 第5章の注21を参照。

＊16 National Opinion Poll Research Group Internet Surveys(2001)より。

＊17 同上論文より。

＊18 NCHアクション・フォー・チルドレンは二〇〇四年一月一二日に報告書を刊行し、携帯電話によるネットへのアクセスには危険がともなうことを警告している(Carr 2004)。

＊19 David Batty and Justin McCurry, 'Children to be shielded from abuse via mobile', *The Guardian*, 12 January 2004, 3.

＊20 Roar, 'Have young people developed a new communication etiquette?', 2003. http://www.roar.org.uk/press40.htm で閲覧可能。

＊21　たとえば、Michael North, 'My Summr Hols Wr Cwot. B4, We Usd 2 Go 2ny 2c My Bro, His Gf & Thr 3:- @kds Ftf, *The Times Higher Education Supplement*, 19 September 2003, 22 を参照。

第8章

＊1　世界価値観調査の詳細については、http://www.worldvaluessurvey.org/ を参照。

＊2　イギリス社会意識調査 British Social Attitudes Survey は一九八九年に実施され、いくつかの質問については、一九五九年の市民文化調査 Civic Culture Study と比較することができる(Almond and Verba eds. 1963, 1989)。

＊3　イギリスでは、一九五九年には「ほとんどの人は信頼できる」と答えた成人は五六%であったが、一九八九年のイギリス社会意識調査では四四%に低下している(Jowell et al. eds. 2001)。

＊4　イギリス政府を「ほぼつねに」または「だいたいは」信頼していると答えた割合は、一九七四年の三九%から、二〇〇〇年には一六%まで下落している。ただし、この間の一九九〇年代には、信頼の低下傾向が若干持ちなおしていた時期もあった(Jowell et al. eds. 2001)。

＊5　この世論調査は、世界経済フォーラムのための環境管理国際機構によって行われた。この団体は世界の状況改善を目的とする独立組織であり、一九九五年には国連の経済社会会議からNGO諮問機関賞を与えられている。世界経済フォーラムの二〇〇三年一月一四日付の記事「リーダーシップをはじめとする公的信頼の低下について」http://www.weforum.org/pdf/AM_2003/Trust-in-Leaders.pdf を参照(二〇〇三年七月一日にアクセス)。

＊6　調査に参加したのは、アルゼンチン、カナダ、中国、ドイツ、ギリシャ、イギリス、インド、イタリア、メキシコ、オランダ、ナイジェリア、ロシア、カタール、韓国、アメリカ合衆国の機関である(同上記事による)。

＊7　同上記事による。
＊8　ここで、クリッチリー(Critchley 1998)は、ウィリアム・コノリー(Connolly 1992)の非領土的民主化の概念を援用している。
＊9　たとえば、リーズ大学の「ケア・価値観・福祉の未来に関するESRC研究班」によって行われている一連の重要な調査を参照(http://wwwleeds.ac.uk/CAVA/research)。
＊10　たとえば、イギリスの状況については保健省(Department of Health 1999: 20)を参照。
＊11　ケア提供者の四八％が女性であり、四二％が男性となっている(Department of Health 1999: 17)。
＊12　二〇〇二年秋の労働力調査による「働く母親を持つ子どものための非公式な子育て事情」(『社会動向 Social Trends』三四号、二〇〇二年)より。http://www.statistics.gov.uk/statbase/ を参照(二〇〇六年二月二六日アクセス)。この労働力調査によれば、働く母親をもつ一五歳以下の子どもの三分の一が、調査時点前の一週間以内に祖父母に預けられた経験をもっていた。祖父母の性別については言及されていないが、祖父に比べて祖母の方がこうした世話をしやすいと思われる。
＊13　たとえば、二〇〇〇年から二〇〇一年までのあいだにフルタイムで働きながらカップルで暮らす女性は、平均して平日におよそ四時間半を子育てと子ども関連の事柄に費やしている。同じ状況の男性の場合は一時間少ない。出典は、二〇〇三年春の労働力調査による「仕事と家族」(二〇〇四年一月八日統計局発行)より。http://statistics.gov.uk/cci を参照(二〇〇六年二月二六日アクセス)。
＊14　たとえば、二〇〇二年の統計局によるイギリス生活時間調査を参照。http://statistics.gov.uk/cci で入手可能(二〇〇六年二月二六日アクセス)。平均して、女性は二時間三〇分を家庭内の雑事に費やしており、男性よりも一時間三〇分多い。
＊15　二〇〇四年一月八日に刊行された『国民統計』の「世帯類型」より。参照元は、二〇〇一年国勢調査 http://statistics.gov.uk/cci(二〇〇六年二月二六日アクセス)。

訳者あとがき

本書は、デボラ・チェンバース(Deborah Chambers)の *New Social Ties: Contemporary Connections in a Fragmented Society*, Palgrave Macmillan, 2006 の全訳である。チェンバースは、二〇一五年現在、イギリスのニューキャッスル大学芸術文化学部の教授職にあり、カルチュラルスタディーズ、フェミニズム、メディア研究を専門としている。単著としては本書のほか、*Representing the Family*, Sage, 2001; *A Sociology of Family Life: Change and Diversity in Intimate Relations*, Polity, 2012; *Social Media and Personal Relationships: Online Intimacies and Networked Friendship*, Palgrave Macmillan, 2013 がある。

本書の最大の特色は、哲学・思想、社会学、ジェンダー論、文化研究、メディア研究など、きわめて多岐にわたる先行研究を視野に収めながらも、友情を中軸に据えた、まとまりある研究領域の全体像を描きだしてみせたことにある。日本でも、社会学的若者研究や社会心理学、教育学を中心に、友人関係については一定の研究蓄積がある。しかし、このように広く学際的な視野をとり、かつ、それぞれの分野の研究を有機的に関連づけてひとつの研究領域としてまとめあげ、独自の問題系――特定の場所や状況に埋めこまれた地縁(地域共同体)や血縁(家族・親族)から、脱埋めこみされた「友情」的な関係性への移行は何をもたらすのか――を示してみせる試みは、未だ乏しいように思う。

訳者代表の辻が専門とするメディア研究を例にとろう。ネット上で取りもたれる関係性やコミュニティは大きな主題のひとつであり、社会関係資本論的なアプローチを中心に活発に研究が進められている。他方には、メディアの表象する種々の関係性(家族や友人、恋愛など)についての研究もある。本書の訳者のひとり、東の研究はその系譜に位置するものであり、ポピュラー文化に描きだされる関係性のジェンダー・ポリティクスを独自の観点から分析している(東園子『宝塚・やおい、愛の読み替え――女性とポピュラーカルチャーの社会学』新曜社、二〇一五年)。しかしながら、前者のような関係性の研究と、後者のようなその表象の研究は、実際には別の研究領域・文脈に位置づけられ、それらを架橋する必要性やおもしろさすらほとんど意識されていないのが現状だろう。メディア研究という比較的狭い分野ひとつをとっても、有機的なまとまりをもった学際研究は、未だに大きな今後の課題として残されているように思われる。

また、たとえば日本の家族社会学にとっては、家族を友人と類比的に位置づけ、家族を親密性の単位として／友人をケアの単位としてとらえなおす本書のような試みは、意外に新鮮な――しかし抵抗感のある――ものかもしれない。「友だち家族」ということばがあることからもわかるように、現象面では、家族の友情化は進みつつある。しかし、理念的・規範的な面では、家族が友人よりも重要で絶対的な拠りどころであることが、未だに暗黙の前提とされがちではないか。訳者のひとり、久保田をはじめとする若手研究者を中心に、少しずつこの暗黙の前提も問われ始めている(久保田裕之「若者の自立／自律と共同性の創造――シェアハウジング」、牟田和恵編『家族を超える社会学――新たな生の基盤を求めて』新曜社、二〇〇九年)。それは、どのような家族であるべきかという問いから、なぜ家族が(友人等より)特権化されるべきなのかという問いへのシフトである(もっともこの点については本書で明示的に述べられているわけではないが)。

家族から、血縁であることや性的関係性や生活の共同性を取り除いていったとき、そこに残るものは何か。あるいは、地域共同体や職場を離れ、一切の利害関係がなくなったとき、それでもそこにいた相手とのつきあいがつづくとすれば、何がそうさせるのか。私たちはその何かを、友情とか親しさ(親密性)と呼ぶしかあるまい。その点で、「友情」とは、おそらくは私たちの社会性の原基をなすものに与えられた名辞でもある。なぜ彼と・彼女とつきあうのかと問われて、私たちは必ずしも明確な理由を答えられるとは限らない。しかも、それは「愛」というほど大仰なものではなかったりもする。そうした茫漠とした「友情」的なものに、私たちの社会は大きく支えられているのではないか。

それにもかかわらず、たとえばパトナム流の社会関係資本論は、友人関係にはあまり大きな関心を払わない。日本でも、その流れを引く研究論文や政府の白書類が注目するのは、旧来的な血縁・地縁・職場縁や、その延長線上でとらえられた情報縁が主である。こうした友情という社会的紐帯の等閑視によって、社会関係資本論や共同体論の論調にバイアスが生じていることについては、本書でもくり返し指摘されるとおりだが、しかし、さらに見落とされている点もあるように思われる。「友情」ということばで表されるような関係性を、「資本」としてとらえることの問題である。

本書が強調するように、ポスト近代における友情は、功利主義的な合理性にもとづかない関係性として価値づけられている。社会関係資本論のひとつの眼目は、ミクロな次元ではそうした合理性にもとづかない関係性であっても、マクロな次元では——いわば「神の見えざる手」によって——社会や共同体を効率的に機能させる合理性につながることを示してみせたことにある。したがって結局のところ、社会関係資本論のなかでは、人びとの関係性は、社会や共同体にとって、ひいては個人にとって役に立つかどうかという観点から評価されることになるわけだ。役に立つ／立たないことを超えて価値づけられていたはずの友情は、こうして、役に立つ／立たないことの内に再び回収されてしまうのである。

それは何の役に立つのかという評価軸は、近年の社会学(のみならず学問全般・社会全般)においても力を強める一方だ。そこでは、役に立たないものに価値はないのかという問い自体が封殺される。言説としての「友情」は、そのような問いの封殺に抵抗するはずのものでありながら、社会関係資本論のような言説によって巧みにその抵抗性を削がれてしまう。これは、単に社会関係資本論が友情を軽視しているということ以上に、本書のテーマにとって重要な問題であるように思えるのだが、チェンバースはこうした問題にかなり接近しながらも、割とあっさり通り過ぎてしまう。他にも、いいところまで迫りながら踏みこみが浅いと思える点が訳者にはいくつかあった。

もっとも本書は、オリジナルな議論を詰めていくというよりは、すでに述べたように、ひとつのまとまりをもって友情研究の全体像を示す性格のものであり(著者のオリジナリティはむしろそこにある)、ここから議論をどう詰めていくか、どう研究を発展させていくかは、私たちに委ねられた今後の課題と言うべきだろう。ただ、もうひとつだけ不満を記しておくと、第1章の友情の思想史にはやや物足りなさを感じた。紙幅の制約はわかるが、ジャン＝ジャック・ルソーすら登場しないのはいかがなものか。このあたりに関心をもたれた読者は、清水真木『友情を疑う——親しさという牢獄』(中央公論新社、二〇〇五年)、葛山泰央『友愛の歴史社会学——近代への視角』(岩波書店、二〇〇〇年)を併読されるとよいだろう。

また、これは著者の責任ではないが、原著の出版が二〇〇六年であるため、ネット関連で取りあげられている事例は、現在から見るとやや古く感じられるものになってしまった。この点は翻訳が遅れた訳者の責任であり、読者にお詫びしたい。参照されているネットサイトにも現在はリンク切れになっているものがあるが、「インターネットアーカイブ」(https://archive.org)などに保存されている場合も多いので、それらをご活用いただければと思う。ただし、チェンバースの議論自体は、ネットや情報技術の短期的動向に左右されるものではなく、それを利用する人びとの中長期的な動向に照準されている。この一〇年で携帯電話はスマートフォンに替わり、ネットコミュニティの中心は、電子掲示板からフェイスブックやツイッターなどのソーシャルメディアへと移行したが、それによって本書で論じられている問題群が色あせてしまったようには、まったく思えない。そのことは、チェンバースの問題意識の確かさ、骨太さを証拠だてるものでもあろう。

本書の翻訳にあたっては、辻大介が序章・第1章・第6章・第7章・第8章前半を、久保田裕之が第2章・第5章・第8章後半を、東園子が第3章・第4章を分担し、藤田智博が第1章・第6章の下訳を担当した。最終的には辻がすべてに目をとおして訳文を修正・推敲し、文章の流れを整えた。その際、日本語としての読みやすさを考慮して、文意を損ねない範囲で語を削除・追加したり、文の前後を入れ替えたり、逐語訳にこだわらず意訳した箇所がある。キータームに関してはできるだけ訳語の統一を図ったが、文脈に応じてよりわかりやすいと思われる語をあてた場合もある。その際も「仕事のやりがい《コミットメント》」のようにルビを付すなど、なるべく原語との対応がわかるように努めた。巻末の文献一覧の作成にあたっては、妹尾麻美、白野愛美の両氏に手伝っていただいた。岩波書店の山本賢氏には、翻訳作業の遅延にも辛抱強く対応していただき、本訳書の企画段階から校了に至るまで多大なるご助力をいただいた。心より感謝申し上げる。

二〇一五年一一月

訳者を代表して　辻　大介

愛は遠く離れて
――グローバル時代の「家族」のかたち
U・ベック
E・ベック＝ゲルンスハイム
伊藤美登里 訳
四六判三三四頁
本体三六〇〇円

正義・ジェンダー・家族
S・M・オーキン
山根純佳
内藤準
久保田裕之 訳
四六判三六四頁
本体四四〇〇円

正義への責任
I・M・ヤング
岡野八代
池田直子 訳
四六判三四二頁
本体三九〇〇円

近代
想像された社会の系譜
C・テイラー
上野成利 訳
四六判三三八頁
本体三二〇〇円

宗教とグローバル市民社会
ロバート・ベラーとの対話
R・N・ベラー
島薗進
奥村隆 編
四六判二五六頁
本体二八〇〇円

岩波書店刊
定価は表示価格に消費税が加算されます
2015年12月現在

友情化する社会——断片化のなかの新たな〈つながり〉
デボラ・チェンバース

2015年12月25日　第1刷発行

訳　者　辻《つじ》　大介《だいすけ》　久保田裕之《くぼたひろゆき》
東《あずま》　園子《そのこ》　藤田智博《ふじたともひろ》

発行者　岡本　厚

発行所　株式会社　岩波書店
〒101-8002　東京都千代田区一ツ橋2-5-5
電話案内　03-5210-4000
http://www.iwanami.co.jp/

印刷・理想社　カバー・半七印刷　製本・松岳社

ISBN 978-4-00-025422-9　Printed in Japan

著者略歴

デボラ・チェンバース(Deborah Chambers)

イギリス，ニューキャッスル大学芸術文化学部教授．ケント大学で文化社会学を専攻し，修士号・博士号を取得．専門は，カルチュラルスタディーズ，フェミニズム，メディア研究．単著としては本書のほか，*Representing the Family*, Sage, 2001; *A Sociology of Family Life: Change and Diversity in Intimate Relations*, Polity, 2012; *Social Media and Personal Relationships: Online Intimacies and Networked Friendship*, Palgrave Macmillan, 2013 がある．

訳者略歴

辻　大介

1965年生まれ．大阪大学大学院人間科学研究科准教授．コミュニケーション論，メディア研究．『コミュニケーション論をつかむ』(共著，有斐閣，2014年)，「つながる——友人関係とジェンダー」(伊藤公雄・牟田和恵編『ジェンダーで学ぶ社会学〔全訂新版〕』世界思想社，2015年)ほか．

久保田裕之

1976年生まれ．日本大学文理学部社会学科准教授．家族社会学，福祉社会学．『他人と暮らす若者たち』(集英社，2009年)，「若者の自立／自律と共同性の創造——シェアハウジング」(牟田和恵編『家族を超える社会学』新曜社，2009年)ほか．

東　園子

1978年生まれ．大阪大学大学院人間科学研究科招へい研究員．文化社会学，ジェンダー論．『宝塚・やおい，愛の読み替え——女性とポピュラーカルチャーの社会学』(新曜社，2015年)，「紙の手ごたえ——女性たちの同人活動におけるメディアの機能分化」(『マス・コミュニケーション研究』83号，2013年)ほか．

藤田智博

1980年生まれ．京都大学大学院文学研究科研究員．価値観・価値意識の社会学．「若年層の内向き志向——留学をめぐる「グローバリゼーションの逆説」」『ソシオロジ』(60巻1号，2015年)ほか．

文　献

Adams, P.C. and R. Ghose, 'India.com: The construction of a space between', *Progress in Human Geography*, 27:4(2003), 414–37.

Adams, R.G., 'The demise of territorial determinism', in R.G. Adams and G. Allan(eds.), *Placing Friendship in Context*(Cambridge: Cambridge University Press, 1998), 153–82.

Adams, R.G. and G. Allan(eds.), *Placing Friendships in Context*(Cambridge: Cambridge University Press, 1998).

Adams, R.G. and R. Blieszner, 'An integrative conceptual framework for friendship research', *Journal of Social and Personal Relationships*, 11(1994), 163–84.

Adkins, L., *Gendered Work: Sexuality, Family and the Labour Market*(Buckingham: Open University Press, 1995).

Afshar, H., 'Marriage and family in a British Pakistani community', in S. Jackson and S. Scott(eds.), *Gender: A Sociological Reader*(London: Routledge, 2002), 238–47.

Aitchison, C., *Gender and Leisure: Social and Cultural Perspectives*(London: Routledge, 2003).

Akass, K. and McCabe, J.(2004)'Ms Parker and the Vicious Circle: Female narrative and humour in Sex and the City', in K. Akass and J. McCabe(eds.), *Reading Sex and the City*(London: I. B. Tauris, 2004), 177–98.

Aldridge, S. and D. Halpern with S. Fitzpatrick, *Social Capital: A Discussion Paper* (London: Performance and Innovation Unit, Cabinet Office, 2002).

Allan, G., *A Sociology of Friendship and Kinship*(London: George Allen & Unwin, 1979).

Allan, G., *Friendship: Developing a Sociological Perspective*(Hemel Hempstead: Harvester Wheatsheaf, 1989).（仲村祥一・細辻恵子訳『友情の社会学』世界思想社，1993 年）

Allan, G., 'Class variation in friendship patterns', *British Journal of Sociology*, 41 (1990), 389–92.

Allan, G., *Kinship and Friendship in Modern Britain*(Oxford: Oxford University Press, 1996).

Almond, G.A. and S. Verba (eds.), *The Civic Culture: Political Attitudes and Democracy in Five Nations* (Princeton, NJ: Princeton University Press, 1963). (石川一雄ほか訳『現代市民の政治文化——五ヵ国における政治的態度と民主主義』勁草書房，1974 年)

Almond, G.A. and S. Verba (eds.), *The Civic Culture: Political Attitudes And Democracy In Five Nations* (Newbury Park, CA: Sage, 1989).

Anderson, B., *Imagined Communities: Reflections on the Origin and Spread of Nationalism,* rev. edn (London and New York: Verso, 1991). (白石隆・白石さや訳『定本　想像の共同体——ナショナリズムの起源と流行』書籍工房早山，2007 年)

Anderson, M., *Family Structure in Nineteenth-Century Lancashire* (Cambridge: Cambridge University Press, 1971).

Andrew, A. and J. Montague, 'Women's friendship at work', *Women's Studies International Forum*, 21:4 (1998), 355–61.

Angelo, M., *The Sikh Diaspora: Tradition And Change In An Immigrant Community* (New York and London: Garland, 1997).

Appadurai, A., *Modernity at Large: Cultural Dimensions of Globalization* (Minneapolis: University of Minnesota Press, 1996). (門田健一訳『さまよえる近代——グローバル化の文化研究』平凡社，2004 年)

Aristotle, *The Ethics of Aristotle: The Nichomachean Ethics*, trans. J.A.K. Thomson, Book 9 (Harmondsworth: Penguin, 1955), 1169 a23-b11. (神崎繁訳『新版アリストテレス全集 15　ニコマコス倫理学』岩波書店，2014 年)

Aristotle, *Eudemian Ethics*, with translation and commentary by Michael Woods (rev. Oxford translation, 1982), 1234b, 18ff.

Aronowitz, S., J. Cutler and S. Aronowitz (eds.), *Post-Work: The Wages of Cybernation* (London: Routledge, 1998).

Arthurs, J., '*Sex and the City* and consumer culture: Remediating postfeminist drama', *Feminist Media Studies*, 3:1 (2003), 83–98.

Asher, S.R. and J.M. Gottman (eds.), *The Development of Children's Friendships* (Cambridge: Cambridge University Press, 1981).

Attwood, C., G. Singh, D. Prime, R. Creasey et al. (2001) *Home Office Citizenship Survey: People, Families and Communities*, Home Office Research Study 270. Home Office Research, Development and Statistics Directorate (London: HMSO, 2003). Available at: http://www.renewal.net/Documents/Research/

Homeofficecitizenship.pdf(accessed 10/04/2004).
Ballard, R.(ed.), *Desh Pardesh: The South Asian Presence in Britain*(London: Hurst, 1994).
Barker-Benfield, G.J., *The Culture of Sensibility*(Chicago: The University of Chicago Press, 1992).
Barrett, D.V., *Secret Societies: From the Ancient and Arcane to the Modern and Clandestine*(London: Cassell, 1997).
Barrett, M. and M. McIntosh, *The Anti-Social Family*(London: Verso, 1982).
Bauman, Z., *Legislators and Interpreters: On Modernity, Post-modernity and Intellectuals*(Cambridge: Blackwell, 1987).(向山恭一ほか訳『立法者と解釈者――モダニティ・ポストモダニティ・知識人』昭和堂，1995年)
Bauman, Z., *Modernity and the Holocaust*(Cambridge: Polity Press, 1989).(森田典正訳『近代とホロコースト』大月書店，2006年)
Bauman, Z., 'Modernity and ambivalence', in M. Featherstone(ed.), *Global Culture: Nationalism, Globalisation and Modernity*(London: Sage, 1990), 143–70.
Bauman, Z., *Intimations of Postmodernity*(London: Routledge, 1992).
Bauman, Z., *Postmodern Ethics*(Oxford: Blackwell, 1993).
Bauman, Z., *Life in Fragments: Essays in Postmodern Morality*(Oxford: Blackwell, 1995).
Bauman, Z., 'Morality in the age of contingency', in P. Heelas, S. Lash and P. Morris(eds.), *Detraditionalisation: Critical Reflections on Authority and Identity*(Oxford: Blackwell, 1996), 49–58.
Bauman, Z., *Community: Seeking Safety in an Insecure World*(Cambridge: Polity Press, 2001).(奥井智之訳『コミュニティ――安全と自由の戦場』筑摩書房，2008年)
Bauman, Z., *Liquid Love*(Cambridge: Polity Press 2003).
Baxter, S. and G. Raw, 'Fast food, fettered work: Chinese women in the ethnic catering industry', in S. Jackson and S. Scott(eds.), *Gender: A Sociological Reader*(London: Routledge, 2002), 165–9.
Baym, N.K., 'Interpreting soap operas and creating community: Inside an electronic fan culture', in S. Kiesler(ed.), *Culture of the Internet*(Mahweh, NJ: Lawrence Erlbaum, 1997), 103–20.
Beck, U., *Risk Society: Towards a New Modernity*(London: Sage, 1992).(東廉・伊藤美登里訳『危険社会――新しい近代への道』法政大学出版局，1998年)

Beck, U., *The Invention of Politics*(Cambridge: Polity Press, 1997).

Beck, U., *Democracy Without Enemies*(Cambridge: Polity Press 1998).

Beck, U. and E. Beck-Gernsheim, *The Normal Chaos of Love*(Cambridge: Polity Press, 1995).

Beck, U. and E. Beck-Gernsheim, 'Individualisation and "precarious freedoms": Perspectives and controversies of a subject-oriented sociology', in P. Heelas, S. Lash and P. Morris(eds.), *Detraditionalisation: Critical Reflections on Authority and Identity*(Oxford: Blackwell, 1996), 23–48.

Beck, U. and E. Beck-Gernsheim, *Individualization*(London: Sage, 2002).

Beck-Gernsheim, E., *Reinventing the Family: In search of New Lifestyles*(Cambridge: Polity Press, 2002).

Bell, C., 'Mobility and the middle-class extended family', *Sociology*, 2(1968), 173–84.

Bell, R., *Worlds of Friendship*(Beverly Hills, CA: Sage, 1981).

Bellah, R., R. Madsen, W.M. Sullivan, A. Swidler and S.M. Tipton, *Habits of the Heart: Individualism and Commitment in American Life*(London: University of California Press, 1996).（島薗進・中村圭志訳『心の習慣――アメリカ個人主義のゆくえ』みすず書房，1991 年）

Berger, P. and H. Kellner, 'Marriage and the construction of reality', Diogenes, reprinted in M. Anderson(ed.), *The sociology of the Family*(Harmondsworth, Penguin, 1980), 302–24.

Berger, P. and T. Luckmann, *The Social Construction of Reality*(London: Allen Lane, 1966).（山口節郎訳『現実の社会的構成――知識社会学論考』新曜社，2003 年）

Berger, P., B. Berger and H. Kellner, *The Homeless Mind: Modernisation and Consciousness*(Harmondsworth: Penguin, 1974).（高山真知子ほか訳『故郷喪失者たち――近代化と日常意識』新曜社，1985 年）

Berking, H., *Sociology of Giving*(London: Sage, 1999).

Berlant, L. and M. Warner, 'Sex in public', in L. Berlant(ed.), *Intimacy*(Chicago: University of Chicago, 2000), 311–30.

Beynon, J., *Masculinities and Culture*(Buckingham: Open University Press, 2002).

Bhabha, H.K., *The Location of Culture*(London: Routledge, 1994).（本橋哲也・正木恒夫・外岡尚美・阪元留美訳『文化の場所――ポストコロニアリズムの位相』法政大学出版局，2005 年）

Bhachu, P., *Twice Migrants: East African Sikh Settlers in Britain*(London: Tavistock, 1985).
Biddulph, S., *Manhood: An Action Plan for Changing Men's Lives*(London: Finch, 1995).
Binnie, J. and B. Skeggs, 'Cosmopolitan knowledge and the production and consumption of sexualized space: Manchester's gay village', *Sociological Review*(2004), 39–61.
Bishop, A.P., B. Mehra, I. Bazzell and C. Smith, 'Socially grounded user studies in digital library development', *First Monday*, 5:6(2000). URL: http://firstmonday.org/issues/issue5_6/bishop/.
Blau, P., *Exchange and Power in Social Life*(New York: John Wiley & Sons, 1964).(間場寿一ほか訳『交換と権力——社会過程の弁証法社会学』新曜社, 1996年)
Blieszner, R. and R.G. Adams, *Adult Friendship*(Newbury Park, CA: Sage, 1992).
Boggs, C., 'Social capital and political fantasy: Robert Putnam's Bowling Alone', *Theory and Society*, 30(2001), 281–97.
Boswell, J., *Same-Sex Unions in Pre-Modern Europe*(New York: Villard Books, 1994).
Bourdieu, P., 'The forms of capital', in J.G. Richardson(ed.), *Handbook of Theory and Research for the Sociology of Education*(New York: Greenwood Press, 1983a), 241–58.
Bourdieu, P., *Sociology in Question*(London: Sage, 1983b).
Bowlby, R., *Shopping with Freud*(London: Routledge, 1993).
Brannen, J. and P. Moss, *Managing Mothers: Dual Earner Households after Maternity Leave*(London: Unwin Hyman, 1991).
Bridenthal, R., 'The family: The view from a room of her own', in B. Thorne and M. Yalom(eds.), *Rethinking the Family: Some Feminist Questions*(London: Longman, 1982).
Brooks, D, *Bobos in Paradise: The New Upper Classes and How they Got There*(New York: Simon & Schuster, 2000).(セビル楓訳『アメリカ新上流階級ボボズ——ニューリッチたちの優雅な生き方』光文社, 2002年)
Brown, S.E., 'Love unites them and hunger separates them: Poor women in the Dominican Republic', in R. Reiter(ed.), *Toward an Anthropology of Women*(New York: Monthly Review Press, 1975), 322–32.

Bryson, M., 'When Jill jacks in: Queer women and the Net', *Feminist Media Studies*, 4:3(2004), 239–54.

Budgeon, S. and S. Roseneil, 'Cultures of intimacy and care beyond "The Family": Friendship and sexual/love relationships in the twenty-first century', paper presented at *International Sociological Association World Congress of Sociology*, Brisbane July 2002. Available at: http://www.leeds.ac.uk/cava/papers/culturesofintimacy.htm.

Burgess, A. and S. Ruxton, *Men and their Children*(London: Institute for Public Policy Research, 1996).

Burgess, E.W. and H.J. Locke, *The Family: From Institution to Companionship*(New York: American Book Company, 1945).

Burghes, L., L. Clarke and N. Cronin, *Fathers and Fatherhood in Britain*(London: Family Policy Studies Centre, 1997).

Burns, A. and C. Scott, *Mother-Headed Families and Why They Have Increased*(Hillsdale, NJ: Lawrence Erlbaum, 1994).

Burrows, R. and S. Nettleton, 'Reflexive modernization and the emergence of wired self-help', in K. Renninger and W. Shumar(eds.), *Building Virtual Communities: Learning and Change in Cyberspace*(New York: Cambridge University Press, 2002).

Busfield, J., *Men, Women and Madness: Understanding Gender and Mental Disorder*(Basingstoke: Macmillan - now Palgrave Macmillan, 1996).

Butler, J., *Gender Trouble: Feminism and the Subversion of Identity*(London: Routledge, 1990).（竹村和子訳『ジェンダー・トラブル――フェミニズムとアイデンティティの攪乱』青土社，1999年）

Cameron, D. and D. Kulick, *Language and Sexuality*(Cambridge: Cambridge University Press, 2003).（中村桃子・熊谷滋子・佐藤響子・クレア・マリィ訳『ことばとセクシュアリティ』三元社，2009年）

Campbell, A., P. E. Converse and W.L. Rodgers, *The Quality of American Life*(New York: Russell Sage, 1976).

Campbell, C., with R. Wood and M. Kelly, *Social Capital and Health*(London: Health Education Authority, 1999).

Cancian, F.M., 'Gender politics: Love and power in the private and public spheres', in A. Rossi(ed.), *Gender and the Life Course*(Hawthorne, NY: Aldine de Gruyter, 1985), 253–64.

Cancian, F.M., 'The feminization of love', *Signs: Journal of Women in Culture and Society*, 4(1986), 692–709.

Caplan, P. and J.M. Bujra, *Women United Women Divided: Comparative Studies of Ten Contemporary Cultures*(Indiana: Indiana University Press, 1978).

Carnegie, D., *How to Win Friends and Influence People*(New York: Simon & Schuster, 1937).(山口博訳『人を動かす』創元社，2007 年)

Carr, J., *Child Abuse, Child Pornography and the Internet: Executive Summary*(London: NCH, 2004). The summary is available at: http://www.nchafc.org.uk/downloads/children_internet_report_summ.pdf.

Carrington, C., *No Place Like Home: Relationships and Family Life among Lesbians and Gay Men*(Chicago and London: University of Chicago Press, 1999).

Castells, M., *The Informational City: Information Technology Economic Restructuring and the Urban-Regional Process*(Oxford: Basil Blackwell, 1989).

Castells, M., *The Rise of the Network Society,* vol. 1 of *The Information Age: Economy, Society and Culture*(Cambridge, MA: Blackwell, 1996).

Castells, M., *End of the Millennium,* vol. 3 of *The Information Age: Economy, Society and Culture*(Oxford: Blackwell, 1998).

Castells, M., 'Materials for an exploratory theory of the network society', *British Journal of Sociology*, 51:1(2000), 5–24.

Castells, M., *The Internet Galaxy: Reflections on the Internet, Business and Society* (New York: Oxford University Press, 2001).(矢澤修次郎・小山花子訳『インターネットの銀河系――ネット時代のビジネスと社会』東信堂，2009 年)

Castells, M., 'Local and global: Cities in the network society', *Tijdschrift voor Economische en Sociale Geografie*, 93:5(2002), 548–58.

Chamberlain, M., 'Brothers and sisters, uncles and aunts: A lateral perspective on Caribbean families', in E.B. Silva and C. Smart(eds.), *The New Family?* (London: Sage, 1999), 129–42.

Chambers, D., *Representing the Family*(London: Sage, 2001).

Chambers, D., 'Comedies of sexual morality and female singlehood', in M. Pickering and S. Lockyer(eds.), *Beyond a Joke: The Limits of Humour*,(Basingstoke: Palgrave Macmillan, 2005), 162–79.

Chambers, D., L. Steiner and C. Fleming, *Women and Journalism*(London: Routledge, 2004a).

Chambers, D., E. Tincknell and J. Van Loon, 'Peer Regulation of Teenage Sexual Identities', *Gender and Education*, 16:3(September 2004b), 397–415.

Chambers, D., E. Tincknell and J. Van Loon, 'Teachers' views of teenage sexual morality', *British Journal of Sociology of Education*, 25:5(November 2004c), 573–86.

Chandler, J., M. Williams, M. Maconachie, T. Collett and B. Dodgeon, 'Living alone: Its place in household formation and change', *Sociological Research Online*, 9:3(2004). Available at: http://www.socresonline.org.uk/9/3/chandler.html(accessed 06/01/2005).

Charlton, T., C. Panting and A. Hannan, 'Mobile telephone ownership and usage among 10- and 11-year-olds', *Emotional and Behavioural Difficulties*, 7:3(2002), 152–63.

Cheale, D.J., 'Showing them you love them: Gift giving and the dialectic of intimacy', *The Sociological Review*, 35:1(1987), 150–70.

Cherlin, A., *Marriage, Divorce, Remarriage*(Cambridge, MA: Harvard University Press, 1992).

Clare, A., *On Men*(London: Chatto and Windus, 2001).

Clark, D. and D. Haldane, *Wedlocked? Intervention and Research in Marriage*(Cambridge: Polity Press, 1990).

Clawson, M.A., 'Summer: Early modern fraternalism and the patriarchal family', *Feminist Studies*, 6(1980), 368–91.

Clawson, M.A., *Constructing Brotherhood: Class, Gender, And Fraternalism*(Princeton, NJ: Princeton University Press, 1989).

Cohen, S. and T. Wills, 'Stress, social support and the buffering hypothesis', *Psychological Bulletin*, 98(1985), 310–57.

Coleman, J., *Foundations of Social Theory*(Cambridge, MA: Belknap press, 1990).（久慈利武監訳『社会理論の基礎(上)(下)』青木書店, 2004・2006年）

Coleman, J., 'The Rational Reconstruction of Society: 1992 Presidential Address', *American Sociological Review*, 58(1993), 1–15.

Coleman, J., 'Social capital in the creation of human capital', *American Journal of Sociology*, 94(supplement)(1988), S95-S120.

Coleman, J. and T.J. Fararo(eds.), *Rational Choice Theory: Advocacy and Critique*(London: Sage, 1992).

Colman, M., *Continuous Excursions: Politics and Personal Life*(London: Pluto Press,

1982).
Connell, R.W., *Gender and Power: Society, the Person and Sexual Politics*(Cambridge: Polity Press, 1987).(森重雄ほか訳『ジェンダーと権力——セクシュアリティの社会学』三交社，1993年)
Connell, R.W., 'Cool guys, swots and wimps: The interplay of masculinity and education', *Oxford Review of Education*, 15:3(1989), 291–303.
Connell, R.W., *Masculinities*(Cambridge: Polity Press, 1995).
Connell, R.W., *The Men and the Boys*(Oxford: Polity Press, 2000).
Connolly, W., *Identity\Difference: Democratic Negotiations of Political Paradox*(Ithaca, NY: Cornell University Press, 1992).(杉田敦・齋藤純一・権左武志訳『アイデンティティ＼差異——他者性の政治』岩波書店，1998年)
Corlett, W., *Community Without Unity: A Politics of Derridian Extravagance*(Durham, NC: Duke University Press, 1989).
Correll, S., 'The ethnography of an electronic bar', *Journal of Contemporary Ethnography*, 24:3(1995), 270–98.
Cote, S. and T. Healy, *The Well Being of Nations: The Role of Human and Social Capital*(Paris: Organisation for Economic Cooperation and Development, 2001).
Cott, N., *The Bonds of Womanhood*(New Haven, CT: Yale University Press, 1977).
Cotterill, P., 'Interviewing women: Issues of friendship, vulnerability and power', *Women's International Forum*, 15(1992), 593–606.
Craven, P. and B. Wellman, 'The network city', in M.P. Effrat(ed.), *The Community: Approaches and Applications*(New York: Free Press, 1974), 57–88.
Critchley, S., 'The other's decision in me(What are the politics of friendship?)', *European Journal of Social Theory*, 1:2(1998), 259–79.
Dahan, M. and G. Sheffer, 'Ethnic groups and distance shrinking communication technologies', *Nationalism and Ethnic Politics*, 7:1(2001), 85–107.
Davidoff, L. and C. Hall, *Family Fortunes: Men and Women of the English Middle Class, 1780–1850*(London: Routledge, 1994).
Davidoff, L., M. Doolittle, J. Fink and K. Holden, *The Family Story: Blood, Contract and Intimacy, 1830–1960*(London: Longman, 1999).
Davies, B., *Frogs and Snails and Feminist Tales*(London: Allen & Unwin, 1989).
Davies, B. and R. Harré, 'Positioning: The discursive production of selves', *Journal for the Theory of Social Behaviour*, 20:1(1990), 43–63.
Debord, G., *Society of the Spectacle*(London: Rebel Press, 1967).

De Kerckhove, D., *Connected Intelligence: The Arrival of the Web Society*(Toronto, Canada: Somerville House, 1997).

Delanty, G., *Community*(London: Routledge, 2003).（山之内靖・伊藤茂訳『コミュニティ――グローバル化と社会理論の変容』NTT 出版，2006 年）

Delany, G., *Social Theory in a Changing World: Conceptions of Modernity*(Cambridge: Polity Press, 1999).

Dennis, N., F. Henriques and C. Slaughter, *Coal is our Life: An Analysis of a Yorkshire Mining Community*(London: Tavistock, 1956).

Department of Health and Social Security, *Caring about Carers: A National Strategy for Carers*(London: Department of Health and Social Security, 1999).

Department of Trade and Industry, 'Closing the digital divide: Information and communication technologies in deprived areas: A report by the Social Exclusion Unit Policy Action Team 15'(London: Department of Trade and Industry, 2000).

Derlega, V.J., B.A. Winstead, P.T.P. Wong and S. Hunter(1985)'Gender effects in an initial encounter: A case where men exceed women in disclosure', *Journals of Social and Personal Relationships*, 2(1985), 25–44.

Derrida, J., *The Politics of Friendship*(London: Verso, 1997a).（鵜飼哲ほか訳『友愛のポリティックス（Ⅰ）（Ⅱ）』みすず書房，2003 年）

Derrida, J., *Politics and Friendship: A Discussion with Jacques Derrida*(Centre for Modern French Thought, University of Sussex, hosted by Geoffrey Bennington, 1 December 1997b). Available at: http:www.sussex.ac.uk/Units/frenchthought/derrida.htm(accessed 12/06/2003).

Derrida, J., *Adieu à Emmanuel Lévinas*(Paris: Galilée, 1997c).（藤本一勇訳『アデュー――エマニュエル・レヴィナスへ』岩波書店，2004 年）

Dobash, R.E. and R. Dobash, *Women, Violence and Social Change*(London: Routledge 1992).

Donaldson, M., 'What is hegemonic masculinity', *Theory and Society*, 22(1993), 643–57.

Dovey, J., *Freakshow*(London: Pluto Press, 2000).

Dryzek, J., *Discursive Democracy: Politics, Policy and Political Science*(New York: Cambridge University Press, 1990).

Duck, S., *Friends for Life: The Psychology of Close Relationships*(Hemel Hempstead: Harvester Wheatsheaf, 1983).（仁平義明監訳『フレンズ――スキル社会の

人間関係学』福村出版，1995 年）
Duck, S., *Relating to Others*(Milton Keynes: Open University Press, 1988).
Duncombe, J. and D. Marsden, 'Whose orgasm is this anyway? "Sex Work" in long-term heterosexual couple relationships', in J. Weeks and J. Holland (eds.), *Sexual Cultures: Communities, Values and Intimacy*(New York: St. Martins Press - now Palgrave, 1996), 220–38.
Durkheim, E., *Sociology and Philosophy*(New York: Free Press, 1974).（山田吉彦訳『社会学と哲学』創元社，1952 年）
Durkheim, E.,[1893]*The Division of Labour in Society*(London: Macmillan, 1984).（井伊玄太郎訳『社会分業論(上)(下)』講談社，1989 年）
Edwards, M., 'Enthusiasts, Tacticians and Sceptics: The World Bank, Civil Society and Social Capital'(1999).
Ehrenreich, B. and A.R. Hochschild(eds.), *Global Woman: Nannies, Maids and Sex Workers in the New Economy*(London: Granta Books, 2003).
Eldridge, M., 'A study of teenagers and SMS', *Proceedings of Mobile Futures Workshop*, CHI. Seattle, WA, 31 March-5 April 2001.
Elling, A., P. De Knop and A. Knoppers, 'Gay/lesbian sport clubs and events: Places of homosocial bonding and cultural resistance?' *International Review for the Sociology of Sport*, 38:4(2003), 441–56.
Epstein, D., 'Keeping them in their place: Hetero/sexist harassment, gender and the enforcement of heterosexuality', in A.M. Thomas and C. Kitzinger (eds.), *Sexual Harassment: Contemporary Feminist Perspectives*(Buckingham: Open University Press, 1997), 154–71.
Evans, G., 'The decline of class divisions in Britain? Class and Ideological Preferences in the 1960s and 1980s', *British Journal of Sociology*, 44(1993), 449–71.
Faderman, L., *Surpassing the Love of Men: Romantic Friendship and Love Between Women from the Renaissance to the Present*(New York: William Morrow, 1981).
Faludi, S., *Backlash: Undeclared War Against American Women*(New York: Vintage 1993).（伊藤由紀子・加藤真樹子訳『バックラッシュ——逆襲される女たち』新潮社，1994 年）
Fehr, B., *Friendship Process*(Thouthand Oaks, CA: Sage, 1996).
Feinberg, L., '18 women end Cosmos Club's 110-year male era', *Washington Post*, 12 October 1988, B3(quoted in Spain, 1992).
Ferri, E. and K. Smith, *Parenting in the 1990s*(London: Family Policy Studies

Centre, 1996).

Festinger, L., S. Schacter and K. Back, *Social Pressures in Informal Groups*(New York: Harper, 1950).

Finch, J. and J. Mason, *Negotiating Family Responsibilities*(London: Routledge, 1993).

Finch, J. and P. Summerfield, 'Social reconstruction and the emergence of companionate marriage, 1945–59', in D. Clark(ed.), *Marriage, Domestic Life and Social Change: Writings for Jacqueline Burgoyne(1944–88)*(London: Routledge, 1991), 7–32.

Finch, J., J. Mason, J. Massen, L. Wallis and L. Hayes, *Wills, Inheritance and Families*(Oxford: Clarendon Press, 1996).

Fink, J. and K. Holden, 'Pictures from the margins of marriage: Representations of spinsters and single mothers in the mid-Victorian novel, inter-war Hollywood melodrama and British Film of the 1950s and 1960s', *Gender and History*, 11:2(July 1999), 233–55

Fischer, C.S., *To Dwell Among Friends: Personal Networks in Town and City*(Chicago: University of Chicago Press, 1982).（松本康・前田尚子訳『友人のあいだで暮らす――北カリフォルニアのパーソナル・ネットワーク』未来社，2002年）

Flanagin, A. and M. Metzger, 'Internet use in the contemporary media environment', *Human Computer Research*, 27(2001), 153–81.

Flax, J., 'Forgotten Forms of Close Combat: Mothers and Daughters Revisited', *Disputed Subjects: Essays on Psychoanalysis, Politics and Philosophy*(London: Routledge, 1993).

Flood, M., 'Men's movements', *Community Quarterly*, 46(1998), 63–71.

Fortier, A.M., *Gender, Ethnicity and Power: Identity Formation in Two Italian Organisations of London,* unpublished PhD dissertation(Goldsmiths College, University of London, 1996).

Foucault, M., *Discipline and Punish*(New York: Random House, 1977).（田村俶訳『監獄の誕生――監視と処罰』新潮社，1977年）

Foucault, M., *The History of Sexuality, vol.1: An Introduction*(Harmondsworth: Penguin, 1979).（渡辺守章訳『性の歴史1』新潮社，1986年）

Foucault, M., 'The birth of biopolitics', in P. Rabinow(ed.), *Michel Foucault. Ethics: Subjectivity and Truth*(New York: New Press, 1997).

France, L., 'Love at first site: Discos and singles bars are a distant memory for today's lonely hearts', *Observer Magazine*, 30 June 2002. Available at: http://observer.guardian.co.uk/magazine/story/0,11913,746525,00html.

Francis, B. and C. Skelton, 'Men teachers and the construction of heterosexual masculinity in the classroom', *Sex Education*, 1:1(2001), 9–21.

Franklin, C. II, 'Hey, home - yo, bro: Friendship among black men', in P.M. Nardi(ed.), *Men's Friendships*(London: Sage, 1992).

Friedman, M., *What are Friends For? Feminist Perspectives on Personal Relationships and Moral Theory*(Ithaca, NY and London: Cornell University Press, 1993).

Friedman, M., *Feminism in Ethics: Conceptions of Autonomy*(Cambridge: Cambridge University Press, 2000).

Froehling, O., 'Internauts and guerrilleros: The Zapatista rebellion in Chiapas, Mexico and its extension into cyberspace', in M. Crang, P. Crang and J. May (eds.), *Virtual Geographies: Bodies, Space and Relations*(London and New York; Routledge, 1999), 164–77.

Frosh, S., A. Phoenix and R. Pattman, *Young Masculinities*(Basingstoke: Palgrave, 2002).

Fukuyama, F., *Trust: The Social Virtues and the Creation of Prosperity*(London: Penguin, 1996).（加藤寛訳『「信」無くば立たず』三笠書房，1996年）

Gamman, L. and M. Marshment, *The Female Gaze: Women as Viewers of Popular Culture*(Seattle: Real Comet, 1989).

Gans, H.J., *The Urban Villagers: Group and Class in the Life of Italian-Americans*(New York: Free Press of Glencoe, 1962).（松本康訳『都市の村人たち――イタリア系アメリカ人の階級文化と都市再開発』ハーベスト社，2006年）

Garcia-Montes, J.M., D. Caballero-Munoz and M. Perez-Alvarez, 'Changes in the self resulting from the use of mobile phones', *Media, Culture and Society*, 28:1(2006), 67–82

Garrod, J., 'The work-life balance', *Sociology Review*, 13:2(2003), 30–1.

Gavin, J., 'Arousing suspicion and violating trust: The lived ideology of safe sex talk', *Culture, Health and Sexuality*, 2:2(2000), 117–34.

Gavin, J., 'Chat-room relationships', paper presented at British Psychological Society conference, Bath University, 2002.

Gearing, F.O., *The Face of the Fox*(Chicago: Aldine, 1970).

Giddens, A., *The Consequences of Modernity*(Stanford, CA: Stanford University

Press, 1990).（松尾精文・小幡正敏訳『近代とはいかなる時代か？――モダニティの帰結』而立書房，1993 年）

Giddens, A., *Modernity and Self-Identity*(Cambridge: Polity Press, 1991).（秋吉美都・安藤太郎・筒井淳也訳『モダニティと自己アイデンティティ――後期近代における自己と社会』ハーベスト社，2005 年）

Giddens, A., *The Transformation of Intimacy: Sexuality, Love and Eroticism in Modern Societies*(Cambridge: Polity Press, 1992).（松尾精文・松川昭子訳『親密性の変容――近代社会におけるセクシュアリティ、愛情、エロティシズム』而立書房，1995 年）

Giddens, A., 'Living in a post-traditional society', in U. Beck, A Giddens and S. Lach(eds.), *Reflexive Modernization: Politics, Tradition and Aesthetics in the Modern Social Order*(Stanford, CA: Stanford University Press, 1994a).（「ポスト伝統社会に生きること」松尾精文・小幡正敏・叶堂隆三訳『再帰的近代化――近現代における政治、伝統、美的原理』而立書房，1997 年）

Giddens, A., *Beyond Left and Right: The Future of Radical politics*(Stanford, CA: Stanford University, 1994b).（松尾精文・立松隆介訳『左派右派を超えて――ラディカルな政治の未来像』而立書房 , 2002 年）

Giddens, A., 'The post-traditional society and radical politics: An interview with Anthony Giddens', in L.B. Kaspersen(ed.), *Anthony Giddens: An Introduction to a Social Theorist*, trans. S. Sampson(Oxford: Blackwell, 2000).

Gilbert, R. and P. Gilbert, *Masculinity Goes to School*(Sydney: Allen & Unwin, 1998)

Gilligan, C., *A Different Voice: Psychological Theory and Women's Development*(Cambridge, MA: Harvard University Press, 1982).（生田久美子・並木美智子訳『もうひとつの声――男女の道徳観のちがいと女性のアイデンティティ』川島書店，1986 年）

Gilligan, C., 'Moral orientation and moral development', in E. Feder Kittay and D.T. Meyers(eds.), *Women and Moral Theory*(Savage, MD: Rowman & Littlefield, 1987), 19–33.

Goffman, E., *Interaction Ritual: Essays on Face-to-Face Behaviour*(Harmonsdworth: Penguin Books, 1972).（浅野敏夫訳『儀礼としての相互行為――対面行動の社会学』法政大学出版局，2012 年）

Goffman, E., *Forms of Talk*(Philadelphia: University of Pennsylvania Press, 1981).

Goldthorpe, J.H., *Social Mobility and Class Structure in Modern Britain*, 2nd edn (Oxford: Clarendon Press, 1987).
Goss, R.E., 'Queering procreative privilege: Coming out as families', in R.E. Goss and A.S. Strongheart(eds.), *Our Families, Our Values: Snapshots of Queer Kinship*(Binghampton, NJ: The Harrington Park Press, 1997), 3–20.
Gouldner, A.W., *For Sociology: Renewal and Critique in Sociology Today*(London: Allen Lane, 1973).(村井忠政訳『社会学のために——現代社会学の再生と批判』杉山書店，1987年)
Gouldner, M. and M. Symons Strong, *Speaking of Friendship: Middle-Class Woman and their Friends*(New York and London: Greenwood Press, 1997).
Grebler, L., J.W. Moore and R.C. Guzman, *The Mexican-American People*(New York: Free Press, 1970).
Green, E., S. Hebron and D. Woodward, *Women's Leisure, What Leisure?*(London: Macmillan, 1990).
Greer, G., *The Whole Woman*(New York: Doubleday, 1999).
Griffin, C., *Typical Girls? Young Women from School to The Full-Time Job Market* (London: Routledge, 1985).
Griffiths, M., *Feminisms and the Self: The Web of Identity*(London: Routledge, 1995).
Grosz, E., *Sexual Subversions: Three French Feminists*(Sydney: Allen & Unwin, 1989).
Grosz, E., 'Ontology and equivocation: Derrida's politics of sexual difference', in N. Holland(ed.), *Feminist Interpretations of Jacques Derrida*(University Park, PA: Pennsylvania University Press, 1997), 73–101.
Guerrero, E., *Framing Blackness: The African American Image in Film*(Philadelphia: Temple University Press, 1993).
Hacker, H.M., 'Blabbermouths and clams: Sex differences in self-disclosure in same-sex and cross-sex friendship dyads', *Psychology of Women Quarterly*, 5 (1981), 385–401.
Haezewindt, P., 'Investing in each other and the community: The role of social capital', in National Statistics, *Social Trends*, 33(London: HMSO, 2003).
Haidar-Yassine, H., *Internet Friendships: Can Virtual be Real?*, PhD thesis(Alliant International University, 2005), 2651.
Hakim, C., *Key Issues In Women's Work: Female Diversity and the Polarisation of Wom-*

en's Employment(London: Glasshouse Press, 2004).
Hall, J., 'The capital(s) of cultures: A nonholistic approach to status situations, class, gender, and ethnicity', in M. Lamont and M. Fournier(eds.), *Cultivating Differences, Symbolic Boundaries and the Making of Inequality*(Chicago: University of Chicago Press, 1992), 257–85.
Hall, P., 'Social capital in Britain', *British Journal of Political Science*, 29(1999), 417–61,
Hall, S., 'Introduction', in S. Hall and B. Gieben(eds.), *Formations of Modernity*(Cambridge: Polity Press, 1992), 1–16.
Halttunen, K., *Confidence Men and Painted Women: A Study of Middle-Class Culture in America, 1830–1870*(New Haven, CT: Yale University Press, 1982).
Hammond, D. and A. Jablow, 'Gilgamesh and the Sundance Kid: The myth of male friendship', in H. Brod(ed.), *The Making of Masculinities: The New Men's Studies*(Boston: Allen & Unwin, 1987), 241–58.
Hansen, K., '"Our Eyes Behold Each Other": Masculinity and intimate friendship in Antebellum New England', in P.M. Nardi(ed.), *Men's Friendships*(London: Sage, 1992).
Hanson, S. and G. Pratt, *Gender, Work and Space*(London: Routledge, 1995).
Hardy, M., 'Doctor in the house: The Internet as a source of lay health knowledge and the challenge to expertise', *Sociology of Health and Illness*, 21:6(1999), 820–35.
Harrison, K., 'Rich friendships, affluent friends: Middle-class practices of friendship', in R.G. Adams and G. Allan(eds.), *Placing Friendship in Context*(Cambridge: Cambridge University Press, 1998), 92–116.
Harrison, H., *Intimate Relations: A Study of Married Women's Friendships*, PhD thesis(Southampton University, 1999), 50–2972. BL.
Harvey, D., *The Condition of Postmodernity: An Enquiry into the Origins of Cultural Change*(Oxford: Blackwell, 1990).(吉原直樹監訳・解説『ポストモダニティの条件』青木書店，1999 年)
Harvey, S., 'Hegemonic masculinity, friendship and group formation in an athletic subculture', *The Journal of Men's Studies*, 8:1(1999), 91–108.
Hayden, D., *Redesigning the American Dream: The Future of Housing, Work and Family*(New York: Norton, 1984).(野口美智子・梅宮典子・桜井のり子・佐藤俊郎訳『アメリカン・ドリームの再構築』勁草書房，1991 年)

Haywood, C., 'Out of the curriculum: Sex talking, talking sex', *Curriculum Studies*, 4:2(1996), 229–51.

Haywood, C. and M. Mac an Ghaill,[1996], 'Schooling masculinities', in M. Mac an Ghaill(ed.), *Understanding Masculinities*(Buckingham: Open University Press, 2000).

Heaphy, B., J. Weeks and C. Donovan, 'Narratives of care, love and commitment: AIDS/HIV and non-heterosexual family formations', in P. Aggleton, G. Hart and P. Davies(eds.), *Families and Communities Responding to AIDS* (London: UCL Press, 1999), 67–82.

Heath, S. and E. Cleaver, *Young, Free and Single? Twenty-Somethings and Household Change*(Basingstoke: Palgrave, 2003).

Heim, M., 'The erotic ontology of cyberspace', in M. Benedikt(ed.), *Cyberspace: First Steps*(Boston, MA: MIT Press, 1992). (NTT ヒューマンインタフェース研究所ほか訳『サイバースペース』NTT 出版, 1994 年)

Helgeson, V.S., P. Shaver and M. Dyer, 'Prototypes of intimacy and distance in same-sex and opposite sex relationships', *Journal of Social and Personal Relationships*, 4(1987): 195–233.

Heller, Z., 'Girl columns', in S. Glover(ed.), *Secrets of the Press: Journalists on Journalism*(London: Allen Lane, The Penguin Press, 1999), 10–17.

Henley Centre and Salvation Army, *The Responsibility Gap: Individualism, Community and Responsibility in Britain Today*(Henley Centre/Salvation Army, 2004). available at: http://www.salvationarmy.org.uk/en/responsibilitygap/home.htm(accessed 13/05/2004).

Herdt, G.H., *Guardians of the Flutes*(New York: McGraw-Hill, 1981).

Herdt, G.H., *Ritualized Homosexuality in Melanesia*(Berkeley, CA: University of California Press, 1984).

Herek, G., 'On heterosexual masculinity: Some psychical consequences of the social construction of gender and sexuality', in M. Kimmel(ed.), *Changing Men: New Directions in Research on Men and Masculinity*(Newbury Park, CA: Sage, 1987), 68–82.

Hey, V., *Patriarchy and Pub Culture*(London: Tavistock, 1986).

Hey, V., *The Company She Keeps: The Social and Interpersonal Construction of Girls' Same-Sex Relationships*, PhD thesis, University of Kent, 1988.

Hey, V., *The Company She Keeps: Ethnography of Girls' Friendship*(Buckingham:

Open University Press, 1997).
Hite, S., *Women and Love*(London: Penguin, 1987).
Holland, J., C. Ramazanoglu, S. Sharpe and R. Thomson, 'Power and desire: The embodiment of female sexuality', *Feminist Review*, 46(1994), 21–38.
Holland, J., C. Ramazanoglu, S. Sharpe and R. Thomson, *The Male in the Head: Young People, Heterosexuality and Power*(London: Tufnell Press, 1998).
Hornsby, A., 'Surfing the net for community', in P. Kivisto(ed.), *Illuminating Social Life*(Thousand Oaks, CA: Pine Forge Press, 1998), 63–106.
Howard, G., 'Love in the office', *New Law Journal*, 23 December 1994, 1762–64.
Howard, P.E.N., L. Rainie and S. Jones, 'Days and nights on the Internet: The impact of a diffusing technology', *American Behavioral Scientist*, 45:3(2001), 382–403.
Hume, D., *A Treatise of Human Nature*(*1739–40*), Introduction A.D. Lindsay, (London: Dent, 1977).（木曾好能訳『人間本性論』法政大学出版局，1995年）
Hunt, G. and S. Satterlee, 'Darts, drink and the pub: The culture of female drinking', *The Sociological Review*, 35(1987), 575–601.
Hutcheson, F.,[1755], *A System of Moral Philosophy*(Bristol: Thoemmes, 2000).
Institute for Volunteering Research(2003), *Volunteering Facts and Figures*. Available at: http://www.ivr.org.uk/facts.htm(accessed 20/02/2003).
Internet Crime Forum(2001). Available at: http://www.internetcrimeforum.org.uk(accessed 25/04/2006)
Jackson, C., '"Laddishness" as a self-worth protection strategy', *Gender and Education*, 14:2(2002), 37–51.
Jackson, R.M., 'Social structure and process in friendship choice', in C.S. Fischer, R.M. Jackson, C.A. Stueve, K. Gerson, and L. McCallister Jones with M. Baldassare(eds.), *Networks and Places*(New York: Free Press, 1977), 59–76.
Jameson, F., *Postmodernism, or the Cultural Logic of Late Capitalism*(London: Verso, 1991).
Jamieson, L., 'Theories of family development and the experience of being brought up', *Sociology*, 21(1987), 591–607.
Jamieson, L., *Intimacy: Personal Relationships in Modern Societies*(Cambridge: Polity Press, 1998).
Jamieson, L., 'Intimacy transformed? A Critical look at the "pure relationship"',

Sociology, 33:3(1999), 477–94.
Jeffries, S., *The Spinster and Her Enemies: Feminism and Sexuality 1880–1930*(New York: Routledge & Kegan Paul, 1986).
Johnson, L., *The Modern Girl: Girlhood and Growing Up*(Milton Keynes: Open University Press, 1993).
Jones, C., 'Becoming a girl', *Gender and Education*, 5:2(1993), 157–66.
Jones, C., 'Lara Croft: Fantasy games mistress', *BBC New Online*, 6 July 2001. Available at: http://news.bbc.co.uk/hi/english/uk/newsid_1425000/1425762.stm.
Jones, S., 'Information, Internet and community: Notes towards an understanding of community in the information age', in *Cybersociety 2.0.*(London: Sage, 1998), 1–34.
Jowell, R., J. Curtice, A. Park, K. Thomson, L. Jarvis, C. Bromley and N. Stratford(eds.), *British Social Attitudes: Focusing on Diversity*, 17th Report,(London: Sage, 2001).
Katz, J.E., R.E. Rice and P. Aspden, 'The Internet, 1995–2000: Access, civic involvement, and social interaction', *American Behavioral Scientist*, 45:3(2001), 404–18.
Kaufmann, J.C., 'One person households in Europe', *Population*, 49:4/5(1994), 935–58.
Knorr-Cetina, K., 'Postsocial relations: Theorizing sociality in a postsocial environment', in G. Ritzer and B. Smart(eds.), *Handbook of Social Theory*(London: Sage, 2001), 520–37.
Kosnick, K., 'Building bridges - media for migrants and the public service mission in Germany', *European journal of Cultural Studies*, 3:3(2000), 321–44.
Kraut, R., V. Lundmark, M. Patterson, S. Kiesler, T. Mukhopadhyay and W. Scherlis, 'Internet paradox: A social technology that reduces social involvement and psychological well-being?', *American Psychologist*, 53:9(1998), 1017–31.
Kuhn, A., *Family Secrets*(London: Verso, 1995).(西山けい子訳『家庭の秘密——記憶と創造の行為』世界思想社，2007 年)
Labour Research, 'The downside of workplace romance', *Labour Research*, 81:12(1992), 15–17.
Lamont, M. and A. Lareau, 'Cultural capital: Allusions, gaps and glissandos in

recent theoretical developments', *Sociological Theory*, 6(1988), 153–68.

Lasch, C., *Haven in a Heartless World: The Family Besieged*(New York: Basic Books, 1977).

Lasch, C., *The Culture of Narcissism*(London: Abacus, 1979).(石川弘義訳『ナルシシズムの時代』ナツメ社，1981 年)

Lasch, C., *The Minimal Self*(London: Picador, 1984).(石川弘義訳『ミニマルセルフ——生きにくい時代の精神的サバイバル』時事通信社，1986 年)

Lasch, C., *The Revolt of the Elites: and the Betrayal of Democracy*(New York: Norton, 1995).(森下伸也訳『エリートの反逆——現代民主主義の病い』新曜社，1997 年)

Lasch, S., 'Reflexivity and its doubles: Structure, aesthetics, community', in U. Beck, A. Giddens and S. Lasch(eds.), *Reflexive Modernization: Politics, Tradition and Aesthetics in the Modern Social Order*(Cambridge: Polity Press, 1994).(「再帰性とその分身——構造、美的原理、共同体」松尾精文・小幡正敏・叶堂隆三訳『再帰的近代化——近現代における政治、伝統、美的原理』而立書房，1997 年)

Lehne, G., 'Homophobia among men: Supporting and defining the male role', in M. Kimmel and M. Messner(eds.), *Men's Lives*(New York: Macmillan, 1989), 416–29.

Lejeune, A. and M. Lewis, *The Gentlemen's Clubs of London*(London: Macdonald & Janes, 1979).

Leung, L. and R. Wei, 'Who are the mobile phone have-nots?', *New Media and Society*, 1:2(1999), 209–26.

Lévinas, E., *Totality and Infinity*, trans. A. Lingis(Pittsburgh: Duquesne University Press, 1969).(熊野純彦訳『全体性と無限(上)(下)』岩波書店，2005・2006 年)

Lévinas, E., *Ethics and Infinity – Conversations with Philippe Nemo*, trans. R.A. Cohen(Pittsburgh: Duquesne University Press, 1985).(西山雄二訳『倫理と無限——フィリップ・ネモとの対話』筑摩書房，2010 年)

Lévinas, E. and R. Kearney, 'Dialogue with Emmanuel Levinas', in R.A. Cohen(ed.), *Face to Face with Levinas*(Albany, NY: State University of New York Press, 1986).

Levy, A., *Female Chauvinist Pigs: Women and the Rise of Raunch Culture*(New York: Simon & Schuster, 2005).

Levy, P., *Collective Intelligence: Mankind's Emerging World in Cyberspace*(New York: Plenum Trade, 1997).（米山優・清水高志・曽我千亜紀・井上寛雄訳『ポストメディア人類学に向けて——集合的知性』水声社，2015 年）
Lewis, J., 'The power of popular television: The case of the Cosby Show', in T. O'Sullivan and Y. Jewkes(eds.), *The Media Studies Reader*(London: Arnold, 1997), 91–100.
Lewis, J., *The End of Marriage? Individualism and Intimate Relations*(Cheltenham: Edward Elgar, 2001).
Lichterman, P., *The Search for Political Community: American Activists Reinventing Commitment*(Cambridge: Cambridge University Press, 1996).
Liebow, E., *Tally's Corner: A Study of Negro Streetcorner Men*(Boston, MA: Little, Brown, 1967).（吉川徹監訳『タリーズコーナー——黒人下層階級のエスノグラフィ』東信堂，2001 年）
Ling, R., '"We will be reached": The use of mobile telephony among Norwegian Youth', *Information Technology and People*, 13:2(2000), 102–20.
Lloyd, G., *The Man of Reason: 'Male' and 'Female' in Western Philosophy*(London: Methuen, 1984).
Lupton, D., *The Emotional Self*(London: Sage, 1998).
Lupton, D. and L. Barclay, *Constructing Fatherhood: Discourses and Experiences*(London: Sage, 1997).
Lyman, P., 'The fraternal bond as a joking relationship: A case study of the role of sexist jokes in male group bonding', in M. S. Kimmel(ed.), *Changing Men: New Directions in Research on Men and Masculinity*(Newbury Park, CA: Sage, 1987), 148–63.
Lynch, L., 'Cruising the libraries', in K. Jay and J. Glasgow(eds.), *Lesbian Texts and Contexts*(New York: New York University Press, 1990), 39–48.
Lynch, S., 'Aristotle and Derrida on friendship', *Contretemps*, 3 July 2002, 98–108. Available at: http://www.usyd.edu.au/contretempts/3July2002/lynch.pdf(accessed 02/06/2003).
Lynd, R. and H. Lynd, *Middletown: A Study in American Culture*(New York: Harcourt, Brace, 1929).（中村八朗訳『ミドゥルタウン』青木書店，1990 年）
Lyotard, J.-F., *The Postmodern Condition: A Report on Knowledge*(Manchester: Manchester University Press, 1984).（小林康夫訳『ポスト・モダンの条件——知・社会・言語ゲーム』書肆風の薔薇，1986 年）

Mac an Ghaill, M., *The Making of Men: Masculinities, Sexualities and Schooling* (Buckingham: Open University Press, 1994).

MacFarlane, A., *The Origins of English Individualism: The Family, Property and Social Transition* (Cambridge: Cambridge University Press, 1978).（酒田利夫訳『イギリス個人主義の起源——家族・財産・社会変化』南風社，1997 年）

McCall, L., *Complex Inequality: Gender, Class and Race in the New Economy* (London: Routledge, 2001).

McCarthy, H., *Girlfriends in High Places* (London: Demos, 2004).

McDowell, L., 'Work, workfare, work/life balance and an ethic of care', *Progress in Human Geography*, 28:2 (2004), 145–63.

McIntosh, M., 'The homosexual role', *Social Problems*, 16 (1968), 182–92.

McLennan, G., 'Maintaining Marx', in G. Ritzer and B. Smart (eds.), *Handbook of Social Theory* (London: Sage, 2001), 43–53.

McRobbie, A., *Postmodernism and Popular Culture* (London: Routledge, 1994).

McRobbie, A., 'Bridging the gap: Feminism, fashion and consumption', *Feminist Review*, 55 (Spring 1997a), 73–89.

McRobbie, A., 'Pecs and penises: The meaning of girlie culture', *Soundings*, 5 (1997b), 157–66.

Maffesoli, M., 'Jeux de Masques: Postmodern tribalism', *Design Issues*, 4 (1988), 141–51.

Maffesoli, M., 'Post-modern sociality', *Telos*, 85 (1990), 89–92.

Maffesoli, M., *The Shadow of Dionysus: A Contribution to the Sociology of the Orgy* (New York: State University of New York, 1993).

Maffesoli, M., *The Time of the Tribes: The Decline of Individualism in Mass Society* (London: Sage, 1996).（古田幸男訳『小集団の時代——大衆社会における個人主義の衰退』法政大学出版局，1997 年）

Martin, P., 'We'll mate again', *Sunday Times Magazine*, 27 April 2003, 21–8.

Martino, W., '"Cool boys", "party animals", "squids" and "poofters": Interrogating the dynamics and politics of adolescent masculinities in school', *British Journal of Sociology of Education*, 20:2 (1999), 239–63.

Marx, K., *The Economic and Philosophic Manuscripts of 1844* (New York: International Publishers, 1971).（城塚登・田中吉六訳『経済学・哲学草稿』岩波書店，1964 年）

Marx, K., *Capital*, vol. 1 (Harmondsworth, Middlesex: Penguin in association

with London: New Left Review, 1976).（向坂逸郎訳『資本論』岩波書店，1967 年）

Matheson, J. and C. Summerfield, *Social Trends*, 30(London: The Stationery Office, 2000).

Mayes, T., 'Submerging in "therapy news"', *British Journalism Review*, 1:4(2000), 30–5.

Megoran, N., 'Book review of Castells *The Power of Identity*, Volume 2 of *The Information Age: Economy, Society and Culture*(Oxford: Blackwell, 1999)', *International Journal of Urban and Regional Research*, 23:2(1999), 398–400.

Mehra, B., C. Merkel and A. Peterson Bishop, 'The internet for empowerment of minority and marginalized users', *New Media and Society*, 6:6(2004), 781–802.

Mele, C., 'Cyberspace and disadvantaged communities: The Internet as a tool for collective action', in M.A. Smith and P. Kollock(eds.), *Communities in Cyberspace*(London: Routledge, 2000), 290–310.

Melucci, A., *Challenging Codes: Collective Action in the Information Age*(Cambridge: Cambridge University Press, 1996).

Messner, M., 'Like family: Power, intimacy, and sexuality in male athletes' friendships', in P.M. Nardi(ed.), *Men's Friendships*(London: Sage, 1992), 215–37.

Messner, M., 'Friendship, intimacy and sexuality', in S.M. Whitehead and F.J. Barrett(eds.), *The Masculinities Reader*(London: Polity, 2004), 253–66.

Mikula, M., 'Gender and video games; The political valency of. Lara Croft', *Continuum: Journal of Media and Cultural Studies*, 17:1(2003), 79–87.

Miller, S., *Men and Friendship*(London: Gateway Books, 1983).

Mills, C.W., *The Sociological Imagination*(Oxford: Oxford University Press 1959).（鈴木広訳『社会学的想像力』紀伊國屋書店，1995 年）

Mills, M., *Challenging Violence in Schools: An Issue of Masculinities*(Buckingham: Open University Press, 2001).

Mirza, H., 'Redefining black womanhood', in S. Jackson and S. Scott(eds.), *Gender: A Sociological Reader*(London: Routledge, 2002), 303–10.

Moody-Adams, M.M., 'Gender and the complexity of moral voices', in C. Card (ed.), *Feminist Ethics*(Kansas: University Press of Kansas, 1991), 195–212.

Morgan, D., 'Men, masculinity and the process of sociological enquiry', in H.

Roberts(ed.), *Doing Feminist Research*(London: Routledge & Kegan Paul, 1981), 83–113

Morgan, D., *Family Connections; An Introduction to Family Studies*(Cambridge: Polity Press, 1996).

Morris, K., *Girl Power: The Lives and Friendships of a Group of Adolescent Girls in a Rural Area*, PhD thesis, Bristol University, 1997.

Mosquera, M., 'More than half of U.S. households now have Internet access', *TechWeb News*(2000). Available at: http://www.techweb.com/wire/story/TWB200011218S0011.

Moss, P.(ed.), *Father Figures: Fathers in the Families of the 1990s*(Edinburgh: HMSO, 1995).

Mossberger, K., C.J. Tolbert and M. Stansbury, *Virtual Inequality: Beyond the Digital Divide*(George town: Georgetown University Press, 2003).

Munt, S., E. Bassett and K. O'Riordan, 'Virtually belonging: Risky connectivity and coming out online', *International Journal of Sexuality and Gender Studies*, 7:2 (2002), 125–37.

Murdock, G.P. and D. White, 'Standard cross-cultural sample', *Ethnology*, 8 (1969), 329–69.

Nardi, P.M., '"Seamless Souls": An introduction to men's friendships', in P.M. Nardi(ed.), *Men's Friendships*(London: Sage, 1992), 1–14.

Nardi, P.M., *Gay Men's Friendships: Invincible Communities*(Chicago, IL: Chicago University Press, 1999).

National Opinion Poll Research Group Archived Surveys(2000), 'Mobile phones: The teens' must-have'. Available at: http://www.nop.co.uk/news/news_archive_survey2000.shtml(accessed 17/07/2000).

National Opinion Poll Research Group Internet Surveys(2001), 'Half of 7–16s Have a Mobile Phone'. Available at: http://www.nop.co.uk/news/news_survey_half_of_7–16s.shtml(accessed 29/01/2001).

National Statistics, *Living in Britain: Results from the 2000/01 General Household Survey*(London: HMSO, 2001).

Nayak, A. and M.J. Kehily, 'Playing it straight: Masculinities, homophobias and schooling', *Journal of Gender Studies*, 5:2(1996), 211–30.

Nelson, A., T.L.N. Tu and A.H. Hines, *Technicolor: Race, Technology and Everyday Life*(New York: New York University Press, 2001).

Nie, N.H., 'Sociability, interpersonal relations, and the Internet: Reconciling conflicting findings', *American Behavioural Scientist*, 45:3(2001), 419–35.

Nie, N.H. and L. Erbring, *Internet and Society: A Preliminary Report*(Stanford, CA: Stanford Institute for the Quantitative Study of Society, 2000).

Nie, N.H. and H. Sackman, *The Information Utility and Social Choice*(Montvale, NJ: AFIPS, 1970).

Nolletti, A. Jnr., 'Male companionship movies and the Great American Cool', *Jump Cut*, December 1976, 12–13,

O'Connor, P., *Very Close Relationships*, unpublished PhD thesis, University of London, 1987.

O'Connor, P., 'The adult mother-daughter relationship: A uniquely and universally close relationship?', *Sociological Review*, 38:2(1990), 293–323.

O'Connor, P., *Friendships between Women: A Critical Review*(London: The Guilford Press, 1992).

O'Connor, P. and G.W. Brown, 'Supportive relationships: Fact or fancy?', *Journal of Social and Personal Relationships*, 1(1984), 159–76.

OECD, *The Well-Being of Nations: The Role of Human and Social Capital, Education and Skills*(Paris, OECD, 2001).

Office for National Statistics, *National Statistics Omnibus Survey*(London: Office for National Statistics, 2001).

Office for National Statistics, *Social Trends*, 33(2003). Available at: www.statistics.gov.uk/socialtrends(accessed 20/02/2005).

Oldenburg, R., *The Great Good Place*(New York: Marlowe, 1999).(忠平美幸訳『サードプレイス――コミュニティの核になる「とびきり居心地よい場所」』みすず書房，2013 年)

Oliker, S., *Best Friends and Marriage*(California: University of California Press, 1989).

Oram, A., 'Repressed and thwarted, or bearer of the New world? The spinster in inter-war feminist discourses', *Women's History Review*, 1:3(1992), 413–33.

Orbach, S. and L. Eichenbaum, *Between Women*, 2nd edn(London: Arrow, 1994).

Orlikowski, W.J., 'Learning from notes: Organizational issues in groupware implementation', in R. Kling(ed.), *Computerization and Controversy: Value Conflicts and Social Choices*, 2nd edn(Sandiego, CA: Academic Press, 1996), 173–

89.

Oswald, R.F., 'Family and friendship relationships after young women come out as bisexual or lesbian', *Journal of Homosexuality*, 38:3(2000), 65–83.

Owen, D., 'The digital divide', in K. Mossberger, C.J. Tolbert and M. Stansbury (eds.), *Virtual Inequality: Beyond the Digital Divide*(Georgetown: Georgetown University Press, 2003).

Owen, D., A.E. Green, M. McLeod, I. Law, T. Challis and D. Wilkinson, 'The use of and attitudes towards information and communication technologies (ICT)by people from black and minority ethnic groups living in deprived areas', Centre for Research in Ethnic Relations and Institute for Employment Research, University of Warwick(Nottingham: Department of Education and Skills, 2003).

Paetcher, C., *Educating the other: Gender, Power and schooling*(London: Falmer Press, 1998).

Pahl, J., *Money and Marriage*(Basingstoke: Macmillan, 1989).（室住真麻子・木村清美・御船美智子訳『マネー＆マリッジ――貨幣をめぐる制度と家族』ミネルヴァ書房，1994 年）

Pahl, R.E., *After Success*(Cambridge: Polity Press, 1995).

Pahl, R.E., *On Friendship*(Cambridge: Polity Press, 2000).

Pahl, R.E. and L. Spencer, 'The politics of friendship', *Renewal*, 5:34(1997), 100–7.

Pahl, R.E. and L. Spencer, *Rethinking Friendship: Personal Communities and Social Cohesion*, ESRC report(2001). Available at: http://www.regard.ac.uk/cgi-bin/regardng.

Parekh, B., *Rethinking Multiculturalism, Cultural Diversity and Political Theory*(Basingstoke: Macmillan Press - now Palgrave, 2000).

Park, R., *Human Communities*(Glencoe: Free Press, 1952).

Parkman, F., *The Oregon Trail*(Madison: University of Wisconsin Press, 1969).

Parks, M.R., and K. Floyd, 'Making friends in Cyberspace', *Journal of Communication*, 46:1(1996), 80–97.

Parsons, T., *The Structure of Social Action*, 2nd edn(New York: McGraw-Hill, 1949).（稲上毅・厚東洋輔訳『社会的行為の構造』木鐸社，1976–1989 年）

Parsons, T., *The Social System*(New York: Free Press, 1951).（田野崎昭夫監訳『社会体系と行為理論の展開』誠信書房，1992 年）

Parsons, T., 'The social structure of the family', in R.N. Anshen (ed.), *The Family, Its Function and Destiny* (New York: Harper, 1959), 241–74.
Parsons, T., 'Youth in the context of American Society', *Daedalus*, 91 (1962), reprinted in T. Parsons, *Social Structure and Personality* (New York: Collier Macmillan, 1970).
Parsons, T., *Social Structure and Personality* (New York: Free Press, 1964a). (武田良三監訳『社会構造とパーソナリティ』新泉社，1973年)
Parsons, T., *Essays in Sociological Theory* (New York: Free Press, 1964b).
Parsons, T., *Societies: Evolutionary and Comparative Perspectives* (Englewood Cliffs, NJ: Prentice-Hall, 1966). (矢沢修次郎訳『社会類型——進化と比較』至誠堂，1971年)
Parsons, T. and R.F. Bales, *Family Socialization and The Interaction Process* (London: Routledge & Kegan Paul, 1956). (橋爪貞雄ほか訳『家族——核家族と子どもの社会化』黎明書房，2001年)
Pateman, C., *The Sexual Contract* (Cambridge: Polity Press, 1988).
Pease, B., *Recreating Men: Postmodern Masculinity Politics* (London: Sage, 2000).
Pease, B., *Men and Gender Relations* (Melbourne: Tertiary Press, 2002).
Phillips, T., 'Imagined communities and self-identity: An exploratory and quantitative analysis', *Sociology*, 36:3 (2002), 597–617.
Phoca, S. and R. Wright, *Introducing Postfeminism* (Trumpington: Icon, 1999). (竹村和子・河野貴代美訳『イラスト図解 "ポスト"フェミニズム入門』作品社，2003年)
Plant, S., *The Most Radical Gesture* (London: Routledge, 1992).
Pleace, N., R. Burrows, B. Loader, S. Muncer and S. Nettleton, 'On-line with the friends of Bill W: Social support and the Net', *Sociological Research Online*, 5:2 (2000). Available at: http://www.socresonline.org.uk/5/2/pleace.html.
Pleck, E. and J. Pleck, *The American Man* (Englewood Cliffs, NJ: Prentice-Hall, 1980).
Plotz, D., 'Iraq the computer game: What virtual world games can teach the real world about reconstructing Iraq', *Slate*, 19 June 2003. Available at: http://www.slate.com/id/2084604/device/html40/ (accessed 19/04/2006).
Plummer, K., *Telling Sexual Stories: Power, Change and Social Worlds* (London: Routledge, 1995). (桜井厚ほか訳『セクシュアル・ストーリーの時代——語りのポリティクス』新曜社，1998年)

Pool, I. de S., *Forecasting the Telephone: A Retrospective Technology Assessment*(Norwood, NJ: Ablex, 1983).

Poster, M., *The Second Media Age*(Cambridge; Polity Press, 1995).

Pressley, S.A., 'Metropolitan Club ends ban on women members', *Washington Post*, 26 June 1988, B1(quoted in Spain, 1992).

Putnam, R., 'The prosperous community: Social capital and public life', *American Prospect*, 13(1993a), 35–42.

Putnam, R., with R. Leonardi and R. Nanetti, *Making Democracy Work: Civic Traditions in Modern Italy*(Princeton, NJ: Princeton University Press, 1993b).(河田潤一訳『哲学する民主主義——伝統と改革の市民的構造』NTT 出版, 2001 年)

Putnam, R., *Bowling Alone*(New York: Simon & Schuster, 2000).(柴内康文訳『孤独なボウリング——米国コミュニティの崩壊と再生』柏書房, 2006 年)

Rainey, N.A., *Successful Ageing: The Role of Friendship in the Psychological Well-Being of Elderly People*, PhD thesis, Queen's University Belfast, 1994, 44–6207, B2b.

Rawlins, W.K., *Friendship Matters: Communication Dialectics, and the Life Course*(New York: Aldine De Gruyter, 1992).

Raymond, J., *A Passion for Friends*(London: The Women's Press, 1986).

Redman, P., 'Tarred with the same brush: Homophobia and the role of the unconscious in school-based cultures of masculinity', *Sexualities*, 4(2001), 483–99.

Reeves, R., 'We bowl alone, but work together', *New Statesman*, 2 April 2001, 23–4.

Reid, E.M., 'Virtual worlds, culture and imagination', in S.G. Jones(ed.), *Cybersociety: Computer-Mediated Communication and Community*(California: Sage, 1996a), 164–83.

Reid, E.M., 'Communication and community on Internet relay chat: Constructing communities', in M. Goodwin(ed.), *High Noon on the Electronic Frontier*(Cambridge, MA: MIT Press, 1996b).

Reid, H.M. and G.A. Fine, 'Self-disclosure in men's friendships: Variations associated with intimate relations', in P.M. Nardi(ed.), *Men's Friendships*(London: Sage, 1992), 132–52.

Reis, H.T. and P. Shaver, 'Intimacy as an interpersonal process', in S.W. Duck et al.(eds.), *Handbook of Personal Relationships*(Chichester: Wiley, 1988), 367–8.

Renolds, E., 'Other' boys: Negotiating non-hegemonic masculinities in the primary school', *Gender and Education*, 16:2(2004), 247–66.
Rheingold, H., *The Virtual Community*(Reading, MA: Addison-Wesley, 1993).（会津泉訳『バーチャルコミュニティ――コンピューター・ネットワークが創る新しい社会』三田出版会，1995 年）
Rheingold, H., *The Virtual Community*: Homesteading on the Electronic Frontier, 2nd edn(Cambridge, MA: MIT Press, 2000).
Richards, J., '"Passing the Love of Women": Manly love and Victorian society', in J.A. Mangan and J. Walvin(eds.), *Manliness and Morality: Middle-Class Masculinity in Britain and America, 1800–1940*(Manchester: Manchester University Press, 1987), 92–122.
Ridley, J., *The Freemasons*(London: Constable, 1999).
Riesman, D., R. Denney and N. Glazer, *The Lonely Crowd, A Study of Changing American Character*, 2nd edn(New Haven, CT: Yale University Press, 1951).（加藤秀俊訳『孤独な群衆』みすず書房，1964 年）
Robinson, W.I., *Promoting Polyarchy: Globalization, US Intervention and Hegemony*(New York: Cambridge University Press, 1996).
Rofes, E., 'Dancing bears, performing husbands, and the tyranny of the family', in R.E. Goss and A.S. Strongheart(eds.), *Our Families, Our Values: Snapshots of Queer Kinship*(Binghampton, NJ: The Harrington Park Press, 1997).
Rojek, C., *Decentring Leisure: Rethinking Leisure Theory*(London: Sage, 1995).
Rose, N., *Governing the Soul: The Shaping of the Private Self*(London: Routledge, 1990).
Rose, N., 'Inventiveness in politics', *Economy and Society*, 28(1999), 467–93.
Ross, C.D.(ed.), *Patronage, Pedigree and Power in Later Medieval England*(Gloucester: Sutton, 1973).
Rosaldo, M. and L. Lamphere(eds.), *Woman, Culture and Society*(Palo Alto, CA: Stanford University Press, 1974).
Rotundo, A., 'Romantic friendship: Male intimacy and middle-class youth in the northern United States, 1800–1900', *Journal of Social History*, 23:1(1989), 1–25.
Rowe, K., *The Unruly Woman: Gender and the Genres of Laughter*(Austin: University of Texas Press, 1995).
Rubin, L.B., *Intimate Strangers: Men and Women Together*(New York: Perennial,

1983).

Rubin, L.B., *Just Friends: The Role of Friendship in our Lives*(New York: Harper & Row, 1985).

Rudolph, I., '"Sex" and the married girl', *TV Guide*, 6 June 1998, 12–14.

Rueschemeyer, D. and T. Skocpol(eds.), *States, Social Knowledge, and the Origins of Modern Social Policies*(Princeton, NJ: Princeton University Press, 1996).

Rundell, J., 'Modernity, enlightenment, revolution and romanticism: Creating social theory', in G. Ritzer and B. Smart(eds.), *Handbook of Social Theory* (London: Sage, 2001), 13–29.

Salisbury, J. and D. Jackson, *Challenging Macho Values: Practical Ways of Working with Adolescent Boys*(London: Falmer Press, 1996).

Sapadin, L., 'Friendship and gender: Perspectives of professional men and women', *Journal of Social and Personal Relationships*, 5:4(1988), 387–403.

Schiller, D., *Digital Capitalism*(Cambridge, MA: MIT Press, 1999).

Schmalenbach, H., *On Society and Experience: Selected Papers*, ed. G. Lüschen and G. P. Stone(Chicago: Chicago University Press, 1977).

Schwartz, B., 'The social psychology of the gift', *American Journal of Sociology*, 73:1(1967), 1–11.

Schwartz, E., *Netactivism: How Citizens Use the Internet*(Sebastopol, CA: Songline Studies, 1996).

Sedgwick, E.K., *Between Men: English Literature and Male Homosocial Desire*(New York: Columbia University Press, 1985).(上原早苗・亀澤美由紀訳『男同士の絆――イギリス文学とホモソーシャルな欲望』名古屋大学出版会，2001年)

Segal, L., *Slow Motion: Changing Masculinities, Changing Men*(London: Virago, 1990).

Seidler, V., 'Rejection, vulnerability and friendship', in P.M. Nardi(ed.), *Men's Friendships*(London: Sage, 1992).

Seidman, S., *Romantic Longings: Love in America, 1830–1980*(New York: Routledge, 1991).(椎野信雄訳『アメリカ人の愛し方――エロスとロマンス』勁草書房，1995年)

Sella, M., 'The electronic fishbowl', *New York Times Magazine*, 21, May 2000, 50–104.

Sevenhuijsen, S., *Citizenship and the Ethics of Care: Feminist Considerations on Justice,*

Morality and Politics(London: Routledge, 1998).

Sharpe, S., *Double Identity: The Lives of Working Mothers*(Harmondsworth: Penguin, 1984).

Sherrod, D., 'The bonds of men: Problems and possibilities in close male relationships', in H. Brod(ed.), *The Making of Masculinities: The New Men's Studies*(Boston MA: Allen & Unwin, 1987), 213–40.

Sherrod, D., 'The influence of gender on same-sex friendships', in C. Hendrick (ed.), *Close Relationships*(Newbury Park, CA: Sage, 1989), 164–86.

Siapera, E., 'Asylum politics, the Internet and the public sphere', in *Javnost-The Public*, 11:1(2004), 79–100.

Siapera, E., 'Minority activism on the web: The Internet, minorities and asylum politics', *Journal of Ethnic and Migration Studies*, 31:3(2005), 499–519.

Siegel, J., V. Dubrovsky, S. Kiesler and T. McGuire, 'Group processes in computer-mediated communication', *Organizational Behaviour and Human Decision Processes*, 37(1986), 157–87.

Silver, A., 'Friendship and trust as moral ideals: An historical approach', *European Journal of Sociology*, 30(1989), 274–97.

Silver, A., 'Friendship in commercial society: Eighteenth-century social theory and modern sociology', *American Journal of Sociology*, 95(1990), 1474–504.

Silver, A., '"Two different sorts of commerce", or, friendship and strangership in civil society', in J. Weintraub and K. Kumar(eds.), *Public and Private in Thought and Practice: Perspectives on a Grand Dichotomy*(Chicago: University of Chicago Press, 1996), 43–74.

Simmel, G., [1905]'The metropolis and mental life', in K.H. Wolff(ed. and trans.), *The Sociology of Georg Simmel*(Glencoe, IL: Free Press, 1950a). (居安正訳「大都市と精神生活」,『ジンメル著作集 12　橋と扉』所収, 白水社, 1976 年)

Simmel, G., [1901–8] *The Sociology of Georg Simmel*, trans., ed. and introduction Kurt H. Wolff(London: The Free Press, 1950b).

Simmel, G., *Conflict and the Web of Group Affiliations*(Glencoe, IL: Free Press, 1955).

Simmel, G., *On Individuality and Social Forms*, ed. and introduction D.N. Levine (Chicago: University of Chicago Press, 1971).

Simon, B.L., 'Impact of shift work on individuals and families', *Families in Sociol-*

ogy, 71.(June l990), 342–8.

Singleton, A., 'Men getting real? A study of relationship change in two men's groups', *Journal of Sociology, The Australian Sociological Association*, 39:2(2003), 131–47.

Skeggs, B., *Formations of Class and Gender*(London: Sage, 2002).

Skelton, C., *Schooling the Boys: Masculinities and Primary Education*(Buckingham: Open University Press, 2001)

Skolnick, A., *The Intimate Environment: Exploring Marriage and the Family, 5th edn* (New York: Harper Collins, 1992).

Slouka, M., *War of the Worlds: Cyberspace and the High-tech Assault on Reality*(New York: Basic Books, 1995).

Smart, B., 'Sociology, morality and ethics: On being with others', in G. Ritzer and B. Smart(eds.), *Handbook of Social Theory*(London: Sage, 2001), 509–20.

Smart, C., 'The "new" parenthood: Fathers and mothers after divorce', in E.B. Silva and C. Smart(eds.), *The New Family?*(London: Sage, 1999), 100–14.

Smart, C. and B. Neale, *Family Fragments?*(London: Polity, 1999).

Smith, A.,[1759, 1790], *The Theory of Moral Sentiments*(Oxford, Clarendon Press, 1976).(水田洋訳『道徳感情論(上)(下)』岩波書店，2003 年)

Smith, C.B., M.L. Mclaughlin and K.K. Osborne, 'From terminal ineptitude to virtual sociopathy: How conduct is regulated on Usenet', in F. Sudweeks, M. Mclaughlin and S. Rafaeli(eds.), *Networks and Netplay: Virtual Groups on the Internet*(Cambridge, MA: MIT Press, 1998), 95–112.

Smith-Rosenberg, C., 'The female world of love and ritual: Relations between women in nineteenth-century America', *Signs*, 1:1(1975), 1–29.

Smith-Rosenberg, C., *Disorderly Conduct*(New York: Oxford University Press, 1986).

Social Exclusion Unit, *Bringing Britain Together: A National Strategy for Neighbourhood Renewal*(London: The Stationery Office, 1998).

Social Exclusion Unit, *Teenage Pregnancy*(London, The Stationery Office, 1999).

Spain, D., 'The spatial foundations of men's friendships and men's power', in P. M. Nardi(ed.), *Men's Friendships*(London: Sage, 1992), 59–73.

Sproull, L.S. and S.B. Kiesler, *Connections: New Ways of Working in the Networked Organization*(Cambridge, MA: MIT Press, 1991).(加藤丈夫訳『コネクションズ——電子ネットワークで変わる社会』アスキー，1993 年)

Stacey, J., 'Virtual social science and the politics of family values in the United States', in G. Jagger and C. Wright(eds.), *Changing Family Values*(London: Routledge, 1999), 185–205.

Stack, C.B., *All Our Kin: Strategies for Survival in a Black Community*(New York: Harper & Row, 1974).

Stacey, J., 'Virtual social science and the politics of family values in the United States', in G. Jagger and C. Wright(eds.), *Changing Family Values*(London: Routledge, 1999).

Starr, R., 'Men's Clubs, Women's Rights', *The Public Interest*, 89(1987), 57–70.

Stehr, N., 'Modern societies as knowledge societies', in G. Ritzer and B. Smart (eds.), *Handbook of Social Theory*(London: Sage, 2001).

Stewart, A., 'Hope and despair: Making sense of politics in the twenty-first century', *British Journal of Sociology*, 53:3(2002), 467–90.

Stock, Y. and P. Brotherton, 'Attitudes towards single women', *Sex Roles*, 7:1 (1981), 73–8.

Stoll, C., *Silicon Snake Oil: Second Thoughts on the Information Highway*(New York: Doubleday, 1995).(倉骨彰訳『インターネットはからっぽの洞窟』草思社, 1997年)

Stone, A.R., *The War of Desire and Technology at the Close of the Mechanical Age* (Boston, MA: MIT Press, 1996).(半田智久・加藤久枝訳『電子メディア時代の多重人格——欲望とテクノロジーの戦い』新曜社, 1999年)

Stone, C., *Networking: The Art of Making Friends*(London: Vermillion, 2000).

Strain, L.A. and N.L. Chappell, 'Confidants: Do they make a difference in quality of life?', *Research on Aging*, 4(1982), 479–502.

Strathern, M., *After Nature: English Kinship in the Late Twentieth Century*(Cambridge: Cambridge University Press, 1992).

Sudweeks, F. and S. Rafaeli, 'How do you get a hundred strangers to agree: Computer mediated communication and collaboration', in T.M. Harrison and T.D. Stephen(eds.), *Computer Networking and Scholarship in the 21st Century University*(New York: SUNY Press, 1996), 115–36.

Suitor, J.J., 'Friendship networks in transitions: Married mothers return to school', *Journal of Social and Personal Relationships*, 4(1987), 445–61.

Swain, S., 'Covert intimacy: Closeness in men's friendships', in B. Risman and P. Schwartz(eds.), *Gender in Intimate Relationships: A Microstructural Approach*

(Belmont, CA: Wadsworth, 1989), 71–86.

Swain, S., 'Men's friendships with women: Intimacy, sexual boundaries and the informant role', in P.M. Nardi(ed.), *Men's Friendships*(London: Sage, 1992), 153–71.

Tarrow, S., 'Fishnets, Internets and catnets: Globalization and transnational collective action', in M. Hanagan, L. Moch and W. Te Brake(eds.), *Challenging Authority: The Historical Study of Contentious Politics*(Minneapolis: University of Minnesota Press, 1998), 228–44.

Taylor, A. and R. Harper, 'The gift of the *gab*?: A design oriented sociology of young people's use of mobiles!', *Computer Supported Cooperative Work*(*CSCW*), 12:3(2003), 267–96.

Taylor, S., *Sociology: Issues and Debates*(Basingstoke: Palgrave, 1999).

Thompson, J.B., *The Media and Modernity*(Cambridge: Polity Press, 1995).

Thompson, K., 'Religion, values and ideology', in R. Bocock and K. Thompson (eds.), *Social and Cultural Forms of Modernity*(Cambridge: Polity Press, 1991), 321–66.

Thomson, R., 'Diversity, values and social change: Renegotiating a consensus on sex education', *Journal of Moral Education*, 26:3(1997), 257–71.

Tiger, L., *Men in Groups*(London: Nelson, 1969).(赤阪賢訳『男性社会――人間進化と男の集団』創元社，1976 年)

Tincknell, E. and D. Chambers, 'Performing the crisis: Fathering, gender and representation in two 1990s films', *Journal of Popular Film and Television*, 29:4 (Winter 2002), 146–55.

Tincknell, E., D. Chambers, J. Van Loon and N. Hudson, '"Begging for it": "New femininities", social agency and moral discourse in contemporary teenage and men's magazines', *Feminist Media Studies*, 3:1(2003), 47–63.

Tocqueville, A. de, *Democracy in America*, first published in 2 vols, 1835 and 1840 (New York: Doubleday, 1969).(松本礼二訳『アメリカのデモクラシー(第一巻・第二巻)』岩波書店，2005・2008 年)

Tönnies, F.,[1887]*Community and Society*, trans. C. Loomis(New York: Harper & Row, 1963).(杉之原寿一訳『ゲマインシャフトとゲゼルシャフト――純粋社会学の基本概念(上・下)』岩波書店，1957 年)

Tönnies, F.,[1887], *Community and Association*(London: Routledge, 1974).

Tremlett, G., *Clubmen: History of the Working-Men's Clubs and Institute Union*(Lon-

don: Martin, Secker & Warburg, 1987).
Turkle, S., *Life on the Screen*(New York: Simon & Schuster, 1995).(日暮雅通訳『接続された心——インターネット時代のアイデンティティ』早川書房, 1998 年)
Turner, B., 'Outline of a general theory of cultural citizenship', in N. Stevenson (ed.), *Culture and Citizenship*(London: Sage, 2001).
Tysome, T., 'Women set up old-girl network' *Times Higher Education Supplement*, 14 February 2003, 6.
Van Every, J., 'From modern nuclear family households to postmodern diversity?', in G. Jagger and C. Wright(eds.), *Changing Family Values*(London: Routledge, 1999), 165–84.
Valverde, J.M., 'The personal is the political: Justice and gender in deconstruction', *Economy and Society*, 28:2(1999), 300–11.
Verbrugge, L.M., 'The structure of adult friendship choices', *Social Forces*, 56 (1977), 576–97.
Virilio, P., *Polar Inertia*(London: Sage, 2000).
Wakeford, N., 'Sexualised bodies in cyberspace', in W. Chernaik, M. Deegan and A. Gibson(eds.), *Beyond the Book: Theory, Culture and the Politics of Cyberspace*(London: Centre for English Studies, University of London, 1996), 93–104.
Walby, S., *Patriarchy at Work*(Cambridge: Polity Press, 1986).
Walkerdine, Y., *The Mastery of Reason: Cognitive Development and the Production of Meaning*(New York: Routledge, 1987).
Walkerdine, V. and H. Lucey, *Democracy in the Kitchen*(London: Virago, 1989).
Walters, W., 'Social capital and political sociology: Re-imagining politics?', *Sociology*, 36:2(2002), 377–97.
Walther, J.B., 'Interpersonal effects in computer-mediated interaction', *Communication Research*, 19(1992), 52–90.
Warrier, S., 'Gujarati Prajapatis in London: Family roles and sociability networks', in R. Ballard(ed.), *Desh Pardesh: The South Asian Presence in Britain* (London: Hurst, 1994), 191–212.
Webber, M.M., 'Urbanization and communications', in G. Gerbner, L.P. Gross and W.H. Meoldy(eds.), *Communications Technology and Social Policy*(Chichester: John Wiley, 1973), 293–303.

Weber, M., *From Max Weber - Essays in Sociology*, ed. and trans. H.H. Gerth and C. Wright Mills(London: Routledge & Kegan Paul, 1970).(山口和男・犬伏宣宏訳『マックス・ウェーバー——その人と業績』ミネルヴァ書房，1964年)

Weber, M., *Economy and Society*, ed. G. Roth and C. Wittich, 2 vols(Berkeley: University of California Press, 1978).

Webster, F., 'Is this the information age? Towards a critique of Manuel Castells', *The City*, December 1997, 71–84.

Weeks, J., *Sex, Politics and Society: The Regulation of Sexuality Since -1800*(New York: Longman, 1981).

Weeks, J., *Against Nature: Essays on History, Sexuality and Identity*(London: Rivers Oram Press, 1991).

Weeks, J., *Invented Moralities: Sexual Values in an Age of Uncertainty*(Cambridge: Polity Press, 1995).

Weeks, J., C. Donovan and B. Heaphy, 'Everyday experiments: Narratives of non-heterosexual relationships', in E.B. Silva and C. Smart(eds.), *The New Family?*(London: Sage, 1999), 83–99.

Weeks, J., B. Heaphy and C. Donovan, *Same Sex Intimacies: Families of Choice and Other Life Experiments*(London: Routledge, 2001).

Wellman, B., 'Men in networks: Private communities, domestic friendships', in P.M. Nardi(ed.), *Men's Friendships*(London: Sage, 1992).

Wellman, B., 'Are personal communities local? A Dumptarian reconsideration', *Social Networks*, 18(1996), 347–54.

Wellman, B., 'Physical place and cyberplace: The rise of personalized networking', *International Journal of Urban and Regional Research*, 25(2001), 227–52.

Wellman, B. and M. Gulia, 'Net surfers don't ride alone', in B. Wellman(ed.), *Networks in the Global Village*(Boulder, CO: Westview, 1999), 331–66.

Wellman, B. and S. Wortley, 'Different strokes from different folks: Community ties and social support', *American Journal of Sociology*, 96(1990), 558–88.

Wellman, B., A. Quan Haase, J. Witte and K. Hampton, 'Does the Internet increase, decrease, or supplement social capital?', *American Behavioural Scientist*, 45:3(2001), 436–55.

Werbner, P., 'The dialectics of cultural hybridity', in P. Werbner and T. Modood (eds.), *Debating Cultural Hybridity*(London: Zed, 1997), 1-26.

Weston, K., *Families We Choose: Lesbians, Gays, Kinship*(New York: Columbia University Press, 1991).
Westwood, S., 'Domestic labourers: Or stand by your man - while he sits down and has a cup of tea', in S. Jackson and S. Scott(eds.), *Gender: A Sociological Reader*(London: Routledge, 2002), 159–64.
Whelehan, I., *Overloaded: Popular Culture and the Future of Feminism*(London: The Women's Press, 2000).
Whitehead, S., *Men and Masculinities: Key Themes and New Directions*(Oxford: Polity Press, 2002).
Whitty, M. and J. Gavin, 'Age/sex/location: Uncovering the social cues in the development of online relationships', *Cyberpsychology and Behavior*, 4(2001), 623-30.
Whyte, M., *The Status of Women in Preindustrial Societies*(Princeton, NJ: Princeton University Press, 1978).
Whyte, W.F., *Street Corner Society: The Social Structure of an Italian Slum*(Chicago: University of Chicago Press 1943).(奥田道大・有里典三訳『ストリート・コーナー・ソサエティ』有斐閣，2000年)
Whyte, W.H., *The Organization Man*(New York: Simon and Schuster, 1956).(岡部慶三ほか訳『組織のなかの人間――オーガニゼーション・マン』創元社，1959年)
Wilkinson, H., *No Turning Back: Generations and the Genderquake*(London: Demos, 1995).
Wilkinson, H.(ed.), *Family Business*(London: Demos, 2000).
Williams, W., 'The relationship between male-male friendship and male-female marriage: American Indian and Asian comparisons', in P.M. Nardi(ed.), *Men's Friendships*(London: Sage, 1992), 186–200.
Willmott, P., *Friendship Networks and Social Support*(Cambridge: Polity Studies Institute, 1987).
Wilska, T.A., 'Mobile phone use as part of young people's consumption styles', *Journal of Consumer Policy*, 26(2003), 441–63.
Wilson, E., *The Sphinx in the City: Urban Life, the Control of Disorder and Women*(California: University of California Press, 1992).
Wincapaw, C., 'The virtual spaces of lesbian and bisexual women's electronic mailing lists', *Journal of Lesbian Studies*, 4:1(2000), 45–59.

Winstead, B.A., V.J. Derlega, M.J. Montgomery and C. Pilkington, 'The quality of friendships at work and job satisfaction', *Journal of Social and Personal Relationships*, 12:2(1995), 199–215.

Wiseman, J., 'Friendship: Bonds and binds in a voluntary relationship', *Journal of Social and Personal Relationships*, 3(1986), 191–211.

Witte, J.C., L.M. Amoroso and P.E. Howard, 'Method and representation in Internet-based survey tools: Mobility, community, and cultural identity in survey 2000', *Social Science Computing Review*, 18:2(2000), 179–95.

Wittel, A., 'Toward a network sociality', *Theory, Culture and Society*, 18:6(2001), 51–76.

Wittrock, B. and P. Wagner, (1996)'Social science and the building of the early welfare state', in D. Rueschemeyer and T. Skocpol(eds.), *States, Social Knowledge, and the Origins of Modern Social Policies*(Princeton, NJ: Princeton University Press, 1996), 90–113.

Wood, B., 'Urbanisation and local government', in H. Halsey(ed.), *British Social Trends since 1900*(Basingstoke: Macmillan, 1988), 322–56.

Wood, J., 'Groping towards sexism: Boys' sex talk', in A. McRobbie and M. Nava(eds.), *Gender and Generation*(Basingstoke: Macmillan, 1984).

World Values Survey: http://www.worldvaluessurvey.com/.

Wright, P.H., 'Men's friendships, women's friendships, and the alleged inferiority of the latter', *Sex Roles*, 8(1982), 1–20.

Yates, S., 'Sexes in battle of the texts', *Sheffield Hallam University News*, 9 November 2005. Available at: http://www.shu.ac.uk/cgibin/news_full.pl?id_num=PR862&db=05.

Yoon, K., 'Retraditionalising the mobile: Young people's sociality and mobile phone use in Seoul, South Korea', *European Journal of Cultural Studies*, 6:3(2003), 327–44.

Young, M. and P. Willmott, *Family and Kinship in East London*(London: Routledge & Kegan Paul 1957).(Reprinted by Penguin in 1962.)

Zeldin, T., *An Intimate History of Humanity*(London: Vintage, 1998).（森内薫訳『悩む人間の物語』日本放送出版協会，1999 年）